Ingrid M. Naegele

Schulschwierigkeiten in Lesen, Rechtschreibung und Rechnen

– vorbeugen, verstehen, helfen –

Ein Elternhandbuch

Mit Beiträgen von Dieter Haarmann, Ilona Löffler, Ursula Meyer-Schepers, Renate Valtin und Klaus R. Zimmermann

BELTZ
Taschenbuch

Folgende Symbole finden Sie in diesem Buch:

Ausgewählte Literatur zum behandelten Thema

Tipps und Strategien, die beim Lernen helfen

Fragen, über die Sie nachdenken sollten

Achtung: So sollte es nicht sein/sollten Sie es nicht machen

Weiterführende Hinweise

Darauf sollten Sie achten

Praxisbeispiel

www.beltz.de

Beltz Taschenbuch 829
2 3 4 5 05 04 03 02

Umschlaggestaltung: Federico Luci, Köln
Umschlagabbildung: © Ingrid M. Naegele
Satz: Mediapartner Satz und Repro GmbH, Hemsbach
Druck und Bindung: Druckhaus Beltz, Hemsbach
Printed in Germany

ISBN 3 407 22085 5

Inhaltsverzeichnis

Vorwort

LRS – diese drei Buchstaben sind für viele Kinder, Jugendliche, Eltern und auch Lehrerinnen und Lehrer zu einer Art Schreckensformel geworden.

LRS – das ist die Abkürzung für *L*ese-*R*echtschreib-*S*chwierigkeiten, *L*ese-*R*echtschreib-*S*chwäche oder auch *L*ese-*R*echtschreib-*S*törungen. Zumindest signalisiert dieses Kürzel massiven Ärger mit der Schule: verhauene Diktate, schlechte Noten in Deutsch, häusliche Auseinandersetzungen, Verlust des Selbstbewusstseins und der Lernfreude, Sitzenbleiben, Nachhilfe, Schulangst bis zur Schulverweigerung. Und wenn nicht das Richtige dagegen getan wird, folgt im schlimmeren Fall irreparables Schulversagen: Scheitern beim Übergang in die gewünschte mittlere oder höhere Schule, Scheitern beim Schulabschluss (auch in der Hauptschule), Scheitern in der Berufsausbildung und im Berufsleben, wenn nicht schon vorher eine Überweisung in die Sonderschule droht.

LRS – dazu sagte man früher »Legasthenie«. Das klang zwar auch bedrohlich, dafür aber medizinisch und verhieß Heilung nach Regeln ärztlicher Kunst. Diese Hoffnung erwies sich leider als trügerisch. Freilich: Geschäftstüchtige Zeitgenossen behaupten heute noch, gegen das Übel LRS Wundermethoden gefunden zu haben. Sie lassen sich zwar bei Hilfe suchenden, ahnungslosen Eltern Gewinn bringend vermarkten, nützen den Kindern aber kaum in der erhofften Weise.

LRS sind ein viel zu kompliziertes Problem, als dass wir sie auf *einen* Nenner bringen könnten; ihre Wurzeln sind zu vielfältig und verflochten, als dass wir *einen* Verursacher dingfest machen könnten; und die Möglichkeiten der Vorbeugung wie der Therapie sind zu differenziert und müssen zu sehr auf das einzelne Kind abgestimmt werden, als dass wir sie auf *eine* Allheilmethode festlegen könnten. Wer dies annimmt, macht sich und anderen etwas vor. Das muss man wissen, will man nicht falschen Propheten auf den Leim gehen.

LRS haben in den seltensten Fällen etwas mit einer organischen Erkrankung oder einer angeborenen Schädigung zu tun. Dies wenigstens ist von der Forschung mit Sicherheit festgestellt worden. Deshalb wird in der Folge auch nur von Lese-Rechtschreib-Schwierigkeiten die Rede sein, wenn auch dieser Begriff gegenüber »Legasthenie« oder »Lese-Rechtschreib-Schwäche« arg umständlich klingen mag. Immerhin lässt dieser Ausdruck offen, *wer* hier die Schwierigkeiten hat: die Kinder mit dem Erlernen oder die Schule mit dem Vermitteln von Lesen und Rechtschreiben. Denn noch etwas hat sich herausgestellt.

LRS sind nicht nur ein Problem der Kinder, sondern auch eines der Schule. Oft versagt sie und nicht das Kind. Aber LRS werden zum beherrschbaren Problem, wenn man sich die – auf andere Weise einfache – Tatsache vergegenwärtigt, dass Kinder sehr verschiedenartige Wesen sind: ausgesprochene Individualisten und nicht über einen Leisten zu schlagen oder über einen Kamm zu scheren.

Im Fernsehen haben wir inzwischen Dutzende von Programmen für jeden Geschmack, nur in der Schule sollen die Kinder lediglich über *einen* Kanal lernen – im Gleichschritt. An dieser Einsicht hat auch jede Maßnahme gegen Lese- und Rechtschreibschwierigkeiten anzusetzen: Jedes Kind ist anders, jedes Kind lernt anders, jedes Kind reagiert anders.

LRS verlieren so ihre Schrecken. Man kann nämlich etwas dagegen tun, wenn man von den vielfältigen Verursachungsmöglichkeiten weiß, wenn man die zahlreichen zur Verfügung stehenden Hilfsmittel und -maßnahmen kennt und wenn man das notwendige Maß an Verständnis, Geduld und Liebe für das Kind aufbringt. Von zwei Seiten kann man das Übel angehen: einmal *in der Schule* und den mit ihr zusammenarbeitenden Institutionen und *zu Hause* mithilfe von Eltern, Geschwistern, Verwandten, Bekannten und Freunden. Beide Seiten, Schule und Elternhaus, haben sich dabei als Partner zu verstehen, die im Interesse und zum Wohle des Kindes (und nicht rechthaberisch zur eigenen Profilierung) zusammenarbeiten. Und wenn trotzdem gelegentlich Missverständnisse, Reibereien und Konflikte auftauchen, sind sie zu bewältigen, wenn man auf beiden Seiten über das Problem Bescheid weiß. Lehrer/-innen wissen auch nicht immer alles oder gar alles besser; für sie könnte dieses Elternhandbuch ebenso nützlich sein.

- Das Problem ist zunächst einmal als *subjektive Notlage* ernst zu nehmen, als bedrückende persönliche Sorge der Eltern – meist der Mutter – und Angst, seelische Belastung des Kindes – aber nie ohne berechtigte Hoffnung bei kundiger Hilfe (Teil I).
- Da *Vorbeugen* besser als Heilen ist, drängt sich die Frage auf, wie Lese- und Rechtschreibschwierigkeiten zu vermeiden sind (Teil II, Kapitel 1), auf welche »Signale«, auf welche Besonderheiten der Entwicklung des Kindes man achten sollte (Teil II, Kapitel 2). Etwas theoretisches Grundwissen über das LRS-Problem hilft dabei (Teil II, Kapitel 3).
- Wenn sich trotzdem massive Schwierigkeiten beim Lesen- und Rechtschreibenlernen im Unterricht zeigen, ist es keineswegs zu spät. Die Eltern und ihr Kind haben *rechtlichen Anspruch* auf Hilfe und Förderung durch die Schule wie durch soziale Einrichtungen. Niemand wird allein gelassen, man muss nur seine Rechte kennen (Teil II, Kapitel 4).
- Wie ist nun dem Kind konkret zu helfen? Es gibt häusliche *Förder- und Übungsmöglichkeiten*, die sinn- und vor allem maßvoll anzuwenden sind; blinder Eifer schadet auch hier nur, sogar das Üben hat seine »Naturgesetze«, ohne deren Beachtung alle Anstrengungen nutzlos blieben (Teil III, Kapitel 5).

- Und es gibt grundlegende Formen des Lernens von Anfang an, die sich zu Hause wie in der Schule bewährt haben: vor allem das so wirkungsvolle *Lernen im Spiel*, das ganz vom Kind ausgeht, es ganz erfasst und erfüllt (Teil III, Kapitel 6), und das Lernen durch sachgerechtes Tun (»learning by doing«), das *aktive Lesen- und Schreibenlernen* an interessanten und für das Kind wichtigen Texten anstelle von »Trockenskiübungen« an inhaltsleeren Formen, Buchstaben oder Silben (Teil III, Kapitel 7 und 8). Lesen lernt man halt nur durch Lesen, Schreiben nur durch Schreiben – auch in den Fremdsprachen (Teil III, Kapitel 9).
- Ähnliches gilt auch für das Rechnen, das immer mehr Kindern Schwierigkeiten bereitet. Und das vor allem, wenn der Unterricht ihnen keine Gelegenheiten bietet, »Mathe« im wortwörtlichen Sinne zu »begreifen«, d. h. Mengen- und Zahlenbegriffe sowie Rechenoperationen an konkretem Material spielend, handelnd, experimentierend »handgreiflich« zu erfahren und zu erleben. Maria Montessori hat hier bahnbrechende Arbeit geleistet, aber auch unabhängig von ihrem Lernmaterial gibt es viele Möglichkeiten, Kindern mit Rechenschwäche oder gar »Dyskalkulie« (Vorsicht bei imponierenden Fachausdrücken) zu helfen (Teil III, Kapitel 10).
- Entscheidend wichtig für das Kind ist, dass es aus anregenden, sachbezogenen und fesselnden Lernaktivitäten verlässliche Arbeitstechniken und -verfahren entwickelt, ein sicheres »Know-how« des Lernens, das in Fleisch und Blut übergeht und jederzeit zur Verfügung steht, zum Beispiel beim Vokabellernen für den Fremdsprachenunterricht (Teil III, Kapitel 10), beim Gedicht- und Einmaleinslernen, beim Einprägen schwieriger Wörter oder allen möglichen Lernanforderungen und -aufgaben überhaupt (Teil III, Kapitel 11).
- Zu den erwähnten Übungsgesetzen gehört, dass Üben, Lernen und Arbeiten unter Verkrampfung, ständigem Druck, permanenter Angst vor Versagen oder Strafe mehr schadet als nützt, dass vielmehr jede Lernanstrengung, jede Anspannung ihren Ausgleich finden muss in *Entspannung*, Ruhe, Locke-

rung und Stille. Für entsprechende Übungen gibt es Tipps und Anregungen (Teil III, Kapitel 12).

- Und wenn alles nicht hilft, wenn häusliche Hilfe und schulische Förderung versagen, muss die Fachfrau, der Fachmann zu Rate gezogen und möglicherweise eine *Therapie* vereinbart werden. Therapien und Therapeuten bzw. Therapeutinnen gibt es viele, doch nicht alle sind solide und verlässlich bzw. nicht jede Therapie ist für jedes Kind die passende. Leicht fällt eine verängstigte Mutter, ein besorgter Vater auf viel versprechende Anzeigen oder Anpreisungen herein. Also gilt es sorgfältig aus dem professionellen Förder- und Therapieangebot *auszuwählen.* Hierzu gibt es erprobte Maßstäbe und Kriterien, Auskunftsstellen und Literatur, ebenso unverbindliche Aussagen über die zu erwartenden *Kosten* und die Möglichkeiten ihrer *Erstattung* (Teil IV, Kapitel 13). Denn am Geld darf die Hilfe nicht scheitern!
- Was man schwarz auf weiß besitzt ...: Im Anhang dieses Elternhandbuchs schließlich finden sich die *amtlichen Richtlinien* der Kultusministerkonferenz zur Förderung von Kindern mit Lese- und Rechtschreib-Schwierigkeiten (viele Schulleiter/-innen und Lehrer/-innen kennen sie gar nicht!), *Auszüge aus der ICD-10, Lese- und Literaturhinweise, Anschriften* von Stellen und Institutionen, an die man sich wenden kann, sowie ein *Stichwortregister* zur schnellen Orientierung (Teil V).

LRS – was sich als so kompliziert herausstellte, wird nun doch wieder einfach, wenn man es durchschaut und in den Griff bekommt. Dazu verhilft dieses Elternhandbuch zum LRS-Problem. Der Inhalt wurde erarbeitet, angewandt und erprobt von einer erfahrenen Diplompädagogin (und Mutter von vier Kindern) während langjähriger Tätigkeit in der Schule, in der wissenschaftlichen Forschung, in der Lehreraus- und -fortbildung und nicht zuletzt in eigener Privatpraxis. Ingrid M. Naegele kann Eltern helfen. Sie hat es selbst immer wieder erfahren und vermitteln können. Wer auf ihren Rat, wer auf ihr Elternhandbuch hört, der könnte aus den drei Schreckensbuchstaben LRS neue und hoffnungsvolle Bedeutung für sein Kind gewinnen:

> **LRS** = **L**ANGSAM **R**EIFT **S**ICHERHEIT
> beim Lesen und Rechtschreiben.

Dieter Haarmann

... damit es nicht so weit kommt ...

Einleitung

Für wen ist dieser Ratgeber gedacht?

Einige Fragen vorweg

? zum Lesen und Schreiben:

- ? Hat Ihre Tochter oder hat Ihr Sohn Schwierigkeiten beim Lesenlernen?
- ? Wird mal von rechts gelesen, mal von links, werden Buchstaben verwechselt oder nicht wieder erkannt?
- ? Versteht Ihr Kind nicht, was es gelesen hat?
- ? Weigert es sich, freiwillig oder mit Ihnen zu lesen?
- ? Ist die Schrift krakelig und schwer zu lesen?
- ? Macht es beim Schreiben viele Fehler?

? zum Rechnen:

- ? Ist Mathematik für Ihr Kind ein Angstfach?
- ? Hat Ihr Kind mit der im Deutschen üblichen Schreibweise zwei- und mehrstelliger Zahlen Probleme?
- ? Rechnet Ihr Kind hauptsächlich, indem es zählt?
- ? Macht es überdurchschnittlich viele Fehler beim Rechnen?
- ? Weicht Ihr Kind der Beschäftigung mit Zahlen weitgehend aus?
- ? Erhält es im Fach Mathematik keine ausreichenden Noten?

? zu beiden Bereichen:

- ? Sind die Lehrer besorgt über die schwachen Leistungen im Fach Deutsch oder Mathematik?

? Kann sich Ihr Kind inzwischen nur schwer beim Lernen konzentrieren?
? Gibt es Kontaktprobleme mit Gleichaltrigen?
? Ermüdet es leicht?
? Versucht Ihr Kind Hausaufgaben aus dem Weg zu gehen, vergisst sie oder braucht viel zu lange?
? Schafft Ihr Kind seine Hausaufgaben nur mit Ihrer Unterstützung?
? Vertrösten die Lehrer Sie mit dem Hinweis, dass der Knoten irgendwann platze?

Treffen auf Ihr Kind mehrere dieser Fragen zu, dann können Ihnen die Ratschläge dieses Buches sicherlich helfen, die auf langjährigen Erfahrungen mit Betroffenen fußen.

Zeigt Ihre Tochter oder Ihr Sohn zusätzlich mehrere der folgenden Verhaltensweisen, so sollten Sie die Alarmzeichen sehr ernst nehmen, die Hinweise in den einzelnen Kapiteln beachten und professionelle Hilfe suchen:

? Haben zusätzliches häusliches Üben und Nachhilfe bislang die Situation eher verschlimmert?
? Reagiert Ihr Kind leicht gereizt, aggressiv oder zieht es sich zurück?
? Wurde bereits der Verdacht einer Aufmerksamkeitsstörung geäußert?
? Fühlt es sich von MitschülerInnen wegen seiner Probleme ausgegrenzt?
? Fürchtet es sich vor bestimmten LehrerInnen?
? Möchte es am liebsten überhaupt nicht mehr zur Schule gehen?
? Hat es bereits eine Klasse wiederholt und weiterhin Schwierigkeiten?
? Klagt Ihr Sohn oder Ihre Tochter über Bauch-, Kopfschmerzen oder sonstige Beschwerden und Ängste oder macht wieder ins Bett?
? Kaut es an den Fingernägeln oder hat es Ticks entwickelt?

Ausgangspunkt dieses Ratgebers ist die Hilflosigkeit und Verwirrung vieler Eltern, Kinder – und auch einer ganzen Reihe von LehrerInnen – im Dickicht widersprüchlicher Theorien gegenüber den Problemen beim Lesen und vor allem dem »Schulkreuz« Rechtschreibung, wie es Konrad Duden einmal genannt hat.

Da immer mehr Kinder und Jugendliche inzwischen auch wegen ausgeprägter Rechenschwierigkeiten auffallen und gezielte Hilfe benötigen, bin ich dankbar, dass der Fachmann Klaus R. Zimmermann dazu an mehreren Stellen dieses Ratgebers Informationen gibt. Diese Kinder scheitern beim Begreifen mathematischer Zusammenhänge, sie verstehen nicht die den Rechenaufgaben zugrunde liegenden Operationen und stehen der Welt der Zahlen überhaupt hilflos gegenüber. Viele der in diesem Ratgeber diskutierten Fragen und vorgestellten Hilfsangebote lassen sich auf Kinder mit Rechenschwierigkeiten übertragen, einige Kinder haben auch mit Startproblemen in beiden Bereichen zu kämpfen.

Es schmerzt, mit ansehen zu müssen, welche Odyssee betroffene Eltern oft schon mit ihren Kindern auf der Suche nach Hilfe hinter sich haben und wie sie darunter leiden, von Schule und Gesellschaft im Stich gelassen zu werden.

Hier soll dieser Ratgeber helfen, der bereits mehrere sehr erfolgreiche Vorläufer hat, die inzwischen vergriffen sind. Unter den Titeln »Schulversagen in Lesen und Rechtschreiben – Ursachen, Auswirkungen, Abhilfen« und »Häusliche Hilfen bei Lese- und Rechtschreib-Schwierigkeiten« sind 1991 und 1992 zwei Elternratgeber im gleichen Verlag erschienen, dann 1995 das Elternhandbuch »Lese-Rechtschreib-Schwierigkeiten«.

Neue wissenschaftliche Erkenntnisse und praktische Erfahrungen mit Kindern, die Rechtschreibreform und die neuen Medien machten eine Neubearbeitung notwendig. Anregungen von KollegInnen und Eltern wurden aufgenommen.

Besonderer Dank gilt meinem Mann Klaus R. Zimmermann für die Beiträge zu Rechenschwierigkeiten, Dieter Haarmann für das Vorwort, Ilona Löffler und Ursula Meyer-Schepers für die Darstellung ihrer therapeutischen Einrichtungen, Renate

Valtin für ihre Forschungsergebnisse, meiner Kollegin Heike Urban für die kollegialen Kommentare und natürlich den betroffenen Kindern und ihren Eltern für ihr Vertrauen und ihre Texte.

Marie Ashauer vom Beltz Verlag bin ich für ihre sorgfältige, zeitaufwändige Lektorierung dankbar.

Welches Anliegen hat dieses Buch?

Dieser Ratgeber wendet sich an alle, Eltern, Lehrkräfte und Fachleute, die betroffenen Kindern und Jugendlichen helfen wollen. Er ist kein Trainingsprogramm. Er ist keine Alternative zu Förderunterricht oder einer Therapie. Was er will, ist:

- *sensibilisieren* für die Unterschiedlichkeit der kindlichen Lernprozesse,
- *informieren* über das Entstehen und Verfestigen von Lese-Rechtschreib-Schwierigkeiten (im Folgenden oft als LRS abgekürzt) sowie Rechenproblemen,
- *beraten* über schulische und außerschulische Fördermaßnahmen,
- *anregen*, sich mit den Fragestellungen weiter zu beschäftigen,
- *helfen* durch sinnvolle Anregungen und Unterstützung, damit das Verfestigen und Ausweiten von Lernproblemen (Lesen, Schreiben und Rechnen) auf andere Lernbereiche verhindert und die Entwicklung des Selbstwertgefühls und der Lernmotivation nicht beeinträchtigt wird.

Alle Kinder sind von Natur aus neugierig und möchten diese Welt für sich entdecken. Sie wollen auch lesen, schreiben und rechnen lernen – nur forcieren Erwachsene dies manchmal zu früh oder falsch, stellen Anforderungen, die die Kinder noch nicht erfüllen können und blockieren damit ihre Lernentwicklung.

Manche Kinder – und es scheinen immer mehr zu werden – können die Erwartungen und Ansprüche, die Eltern, Erzieher-

Innen, LehrerInnen und Gesellschaft an sie stellen, nicht erfüllen, weil die Rahmenbedingungen nicht stimmen.

Eltern spüren oft frühzeitig, dass ihr Kind noch Zeit braucht, bestimmte Lernschritte noch nicht leisten kann. Sie suchen Rat, leiden mit ihrem Kind und verlassen sich auf die Aussagen von so genannten Experten. Wenn Kinder am Schulanfang mehr und besseren Unterricht in kleineren Klassen und vor allem fachlich kompetente, Kinder liebende LehrerInnen hätten und Eltern mehr Geduld und Vertrauen in die Lernbereitschaft ihrer Kinder aufbrächten, müssten nicht so viele Kinder Lern- und Verhaltensauffälligkeiten entwickeln.

Eltern meinen es in der Regel gut und wollen das Beste. Manchmal überfordern sie dabei ihr Kind, wie *Jans* Mutter, die ihrem vierjährigen Sohn besonders gute Startchancen geben wollte, einem Frühlese-Ratgeber vertraute und enttäuscht war, dass ihr gut gemeintes Training bei ihm nicht fruchtete. Jetzt macht sie sich Vorwürfe, weil er mit acht Jahren das Lesenlernen verweigert und therapeutische Hilfe braucht. Ähnlich ging es dem Vater, der mit seinen Kindern aufgrund eigener traumatischer Schulerlebnisse regelmäßig Diktate übte, damit jedoch seine Beziehung zu ihnen belastete und, wegen des ausbleibenden Schulerfolgs der Kinder, auch das Familienleben in Mitleidenschaft gezogen war.

In den vergangenen Jahren ist zwar die Erforschung der Ursachen und Auswirkungen von Lese-Rechtschreib-Schwierigkeiten fortgeschritten, dabei hat sich ganz klar gezeigt, dass es nicht eine für alle Betroffenen gültige »Medizin«, d.h. ein auf alle übertragbares Behandlungskonzept geben kann. Jedes Kind ist einzigartig, wie Dieter Haarmann es im Vorwort formuliert hat. Ähnliches gilt auch für den Bereich des Entstehens und Behandelns von Rechenschwierigkeiten, deren Ausmaß erst jetzt immer stärker ins Zentrum der Beobachtung kommt. Hier besteht noch großer Untersuchungsbedarf.

Ein Kennzeichen unserer Zeit ist die Suche nach schnellen, einfachen Lösungen, die in der Presse und im Fernsehen mit ihren Versprechen auf rasche Heilung große Publizität erhalten.

Hüten Sie sich davor. Kaum je halten sie ernsthaften Effektivitätsprüfungen stand. Diese »Wunderkuren« reichen von Pillen, Vitaminen, bestimmten Diäten über Neurolinguistisches Programmieren (NLP), Augentraining, speziellen Brillen oder Hörgeräten, bestimmten homöopathischen Mittel bis zum Delfinstreicheln in Florida.

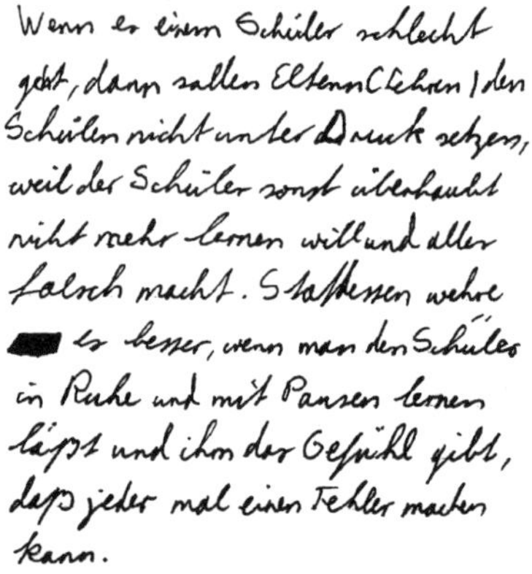
Wenn es einem Schüler schlecht
geht, dann sollen Eltern(Lehren)/den
Schülen nicht unter Druck setzen,
weil der Schüler sonst überhaubt
nicht mehr lernen will und alles
falsch macht. Stattessen wehre
[redacted] es besser, wenn man den Schüler
in Ruhe und mit Pausen lernen
läßt und ihm das Gefühl gibt,
daß jeder mal einen Fehler machen
kann.

Es fällt Eltern von Kindern mit Lernproblemen nicht leicht, akzeptieren zu müssen, dass es eben kein Schnellverfahren gibt, um lang andauernde komplexe Lernschwierigkeiten verschwinden zu lassen. Eltern sollten, wie Sirius oben rät, verstehen, dass der Weg zur Schriftsprache oder zum Zahlenverständnis Zeit, Anstrengung und Geduld kostet, dafür aber das Glück und die Zukunft ihres Kindes sichert. Jedes Kind kann Lesen, Schreiben und Rechnen lernen!

Wetten, dass Sie Fehler machen?

Die meisten Erwachsenen sind überzeugt, dass sie keine Probleme beim Lesen haben und die deutsche Orthographie beherrschen. Sie glauben daher, genau zu wissen, wie ihr Kind zu lernen habe. Tatsächlich erfordert das Lehren von Lesen und Schreiben aber eine kompetente Ausbildung in Theorie, Methodik und Didaktik des Schriftspracherwerbs, die leider vielen LehrerInnen fehlt, und Einfühlungsvermögen in die unterschiedlichen kindlichen Denkvorgänge.

Dabei ist es so einfach, auch perfekte Leser und Schreiber aufs Glatteis zu führen.

Versuchen Sie doch einmal, folgenden Ausspruch von Mark Twain in einer Ihnen unbekannten »Geheimschrift« zu lesen:

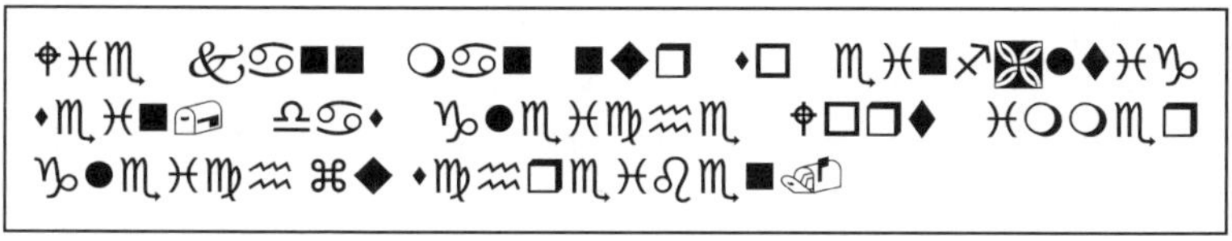

Sie stutzen, weil Sie die »Buchstaben« nicht kennen? Dann merken Sie einmal, wie einem Leseanfänger zumute ist! Nur haben Sie es viel leichter, da Sie bereits die »Strukturprinzipien« der Buchstabenschrift (Links-Rechts-Folge, Zeichen-Buchstaben-Entsprechung u.a.) kennen und zudem aufgrund von Erfahrungen logische Schlussfolgerungen ziehen können.

Um einmal direkt die Schwierigkeiten der deutschen Orthographie zu spüren, bitte ich Sie, im folgenden Text auf Fehlersuche zu gehen. Es handelt sich um ein altes bekanntes Prüfdiktat, das auch nach der Rechtschreibreform noch Probleme macht.

»Der (g/k)lei(s/ß)nerische Me(s/ß)ner war ein Schal(ck/k), angetan mit B(ä/e)ffchen, Pe(r/rr)ü(ck/k)e und Kra(v/w)atte aus Batist. Nie(s/ß)wurz hatte er in Sta(n/nn)iol gewickelt und zwei Gro(s/ß) nu(m/mm)erierter A(t/tt)rappen speichelle(g/ck)eri(ch(sch) aufgepflanzt.

Auch beim Rechnen können Sie feststellen, dass nicht nur Kinder, sondern gleichermaßen Erwachsene zu mechanischem Rechnen neigen. Beantworten Sie, ohne lange nachzudenken ganz spontan die folgenden Fragen:

? *Martin* hat neun Pokemon-Karten. Alle bis auf fünf verschenkt er. Wie viele Pokemonkarten verbleiben ihm?
? *Meike* hat sechs Birnen. Sie hat zwei Birnen weniger als *Janine*. Wie viele Birnen hat *Janine?*

Geben Sie zu, auch bei Ihnen haben diese aus der Literatur bekannten Beispiele zunächst einen Mechanismus auslöst, der dazu führte, die genannten Zahlen voneinander abzuziehen. So bekamen Sie als Ergebnis jeweils die Zahl 4. Wenn Sie allerdings die Fragen genau lesen, werden Sie leicht feststellen, dass natürlich fünf Pokemons und acht Birnen die richtige Lösung sein müssen. Es geht Ihnen dabei so wie Kindern mit Rechenschwierigkeiten, die automatisch die Subtraktion durchführen, wenn sie die Begriffe »bis auf« oder »weniger als« lesen.

Auflösung der Rätsel auf Seite 19

– Wie kann man nur so einfältig sein, das gleiche Wort immer gleich zu schreiben.

– Der gleisnerische Mesner (auch: Messner) war ein Schalk, angetan mit Beffchen, Perücke und Krawatte aus Batist. Nieswurz hatte er in Stanniol gewickelt und zwei Gros numerierter (nummerierter) Attrappen speichelleckerisch aufgepflanzt.

Eine Anmerkung zur Schreibweise in diesem Band: Die ständige weibliche und männliche Ansprache benötigt viel Platz und ist ermüdend. Klammern und Striche (Lehrer[inne]n oder Schüler/inne/n) sind schwierig zu schreiben und nur die männliche Form passt nicht mehr. Deshalb verwende ich die – zugegebenermaßen gewöhnungsbedürftige – international übliche Form des großen I und hoffe, es stört Sie als LeserInnen so wenig wie das ss der Rechtschreibreform.

Teil I: Schicksale

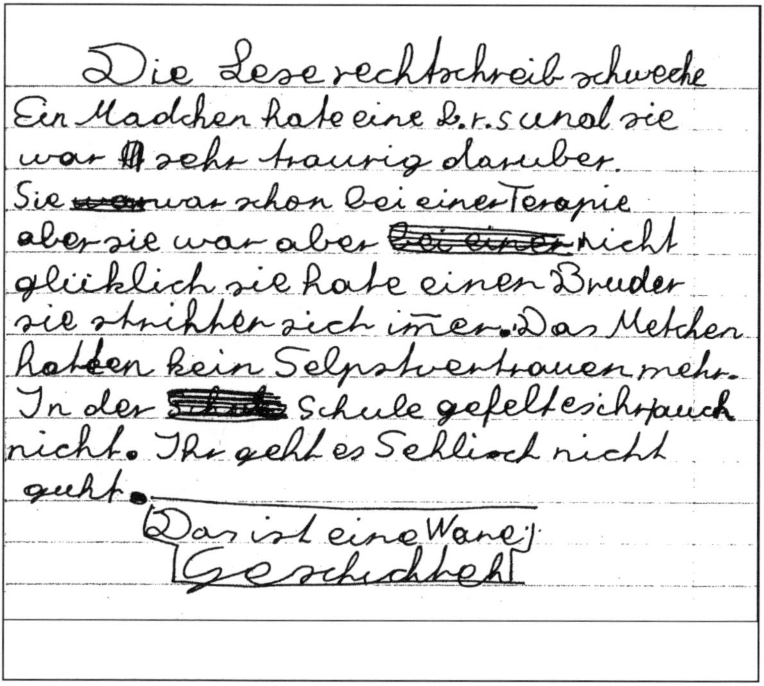

Die Leserechtschreibschweche
Ein Madchen hate eine L.r.s und sie
war ~~A~~ sehr traurig daruber.
Sie ~~war~~ war schon bei einer Terapie
aber sie war aber ~~bei einer~~ nicht
glücklich sie hate einen Bruder
sie strihten sich imer. Das Metchen
hatten kein Selpstvertrauen mehr.
In der ~~Schule~~ Schule gefelt es ihr auch
nicht. Ihr geht es Sehliech nicht
guht.
Das ist eine Ware
Geschichte!

Stellvertretend sollen hier *Jan, Nadja, Boris* und der Politiker Nelson Rockefeller direkt zu Wort kommen.

Während die Texte für sich selbst sprechen, werden Sie die Bilder des neunjährigen *Boris* ohne Kommentar nur schwer verstehen.

Jan – auf der Suche nach Hilfe

Jan, ein 16-jähriger Gymnasiast, beschreibt hier seine Erfahrungen mit den so genannten Experten. Leider handelt es sich um keinen Einzelfall.

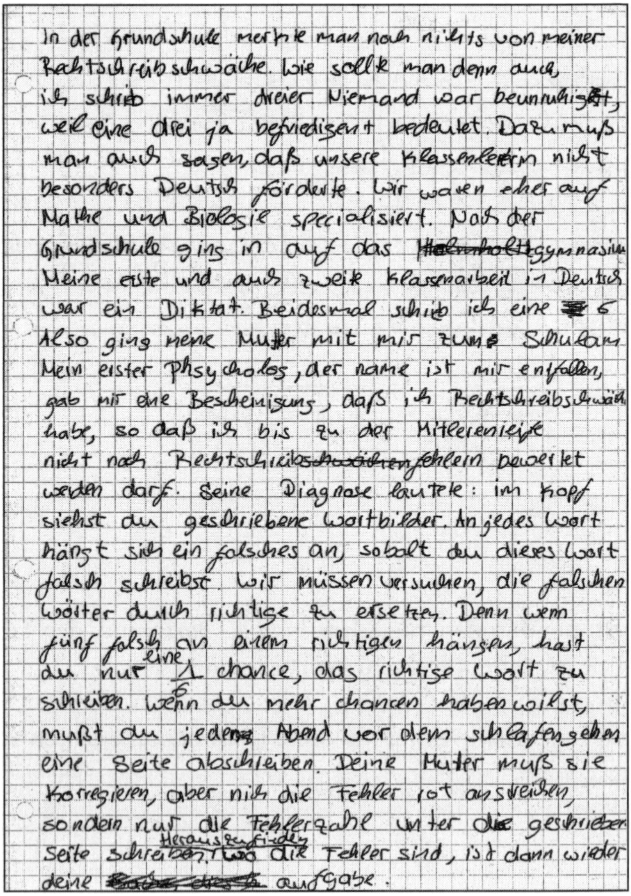
In der Grundschule merkte man noch nichts von meiner
Rechtschreibschwäche. Wie sollte man denn auch,
ich schrieb immer dreier. Niemand war beunruhigt,
weil eine drei ja befriedigent bedeutet. Dazu muß
man auch sagen, daß unsere Klassenlehrerin nicht
besonders Deutsch förderte. Wir waren eher auf
Mathe und Biologie specialisiert. Nach der
Grundschule ging ich auf das ~~[illegible]~~gymnasium
Meine erste und auch zweite Klassenarbeit in Deutsch
war ein Diktat. Beidesmal schrieb ich eine ~~[illegible]~~ 6
Also ging meine Mutter mit mir zum Schulam
Mein erster Phsycholog, der name ist mir entfallen,
gab mir eine Bescheinigung, daß ich Rechtschreibschwäch
habe, so daß ich bis zu der Mitlerenreife
nicht nach Rechtschreib~~schwächen~~fehlern bewertet
werden darf. Seine Diagnose lautete: im Kopf
siehst du geschriebene Wortbilder. An jedes Wort
hängt sich ein falsches an, sobalt du dieses Wort
falsch schreibst. Wir müssen versuchen, die falschen
Wörter durch richtige zu ersetzen. Denn wenn
fünf falsch an einem richtigen hängen, hast
du nur eine $\frac{1}{6}$ chance, das richtige Wort zu
schreiben. Wenn du mehr chancen haben willst,
mußt du jeden Abend vor dem schlafengehen
eine Seite abschreiben. Deine Muter muß sie
korregieren, aber nicht die Fehler rot anstreichen,
sondern nur die Fehlerzahl unter ~~die~~ geschrieben
Seite schreiben. ~~Wo~~ Herauszufinden, wo die Fehler sind, ist dann wieder
deine ~~[illegible]~~ aufgabe.

In der Grundschule merkte man noch nichts von meiner Rechtschreibschwäche.
Wie sollte man denn auch, ich schrieb immer dreier. Niemand war beunruhigt, weil eine drei ja befriedigent bedeutet. Dazu muß man auch sagen, daß unsere Klassenlererin nicht besonders Deutsch förderte. Wir waren eher auf Mathe und Biologie specialisiert.

Nach der Grundschule ging in auf das Gymnasium. Meine erste und auch zweite Klassenarbeit in Deutsch war ein Diktat. Beidesmal schieb ich eine 6 Also ging meine Mutter mit mir zum Schulamt. Mein erster Psycholog, der name ist mir entfallen, gab mir eine Bescheinugung, daß ich Rechtschreibschwächen habe, so daß ich bis zu der Mitlerenreife nicht nach Rechtschreibfehlern bewertet werden darf. Seine Diagnose lautete: im Kopf siehsst du geschriebene Wortbilder. An jedes Wort hängt sich ein falsches an, sobalt du dieses Wort falsch schreibst. Wir müssen versuchen, die falschen Wörter durch richtige zu ersetzen. denn wenn fünf falsch an einem richtigen hängen, hast du nur eine 1/6 chance, das richtige Wort zu schreiben. Wenn du mehr chancen haben wilst, muss du jeden Abend vor dem schlafengehen eine Seite abschreiben. Deine Mutter muss sie korregieren, aber nich die Fehler ro anstreichen, sondern nur die Fehlerzahl unter die geschriebene Seite schreiben. Herauszufinden wo die Fehler sind, ist dann wieder deine aufgabe.

Gesagt getahn. Zwei Jahre setzte ich mich hin und schrieb eine Seite ab. Doch nach den zwei Jahren wollte meine Mutter einen neuen Termin. Diesmal war er bei einer anderen Psychologegin, denn der erstewar weggezogen.
Die zweite erzälte mir, daß das tägliche abschreibennichts geracht hätte und es auch nichts bringen würde. Nachdem sie mit mir zwei Tage Tests durchführte, gab sie mir den Raht, mich mit meinen kindlichen problemen zwischen meiner Mutter und mir zu beschäftigen. Sie wollte meinen Fall irgendwie an höhere Stellen gehen und ihn, so weit wie ich das verstanden hatte auch poblik machen, obwohl ich nicht weiß warum und wofür, die Testergebnisse verstand ich sowieso nicht. Z.B. hieß es, ich wäre in Sprachen hoch begabt, hoch begabt heißt für mich nicht drei und vier. Na ja, ich vergas diese Fraueh balt, weil ich nicht verstand, wie ein Kind die Probleme aus der Kindheit herausfinden kann, die für Regelverletzungen führen.

Nach wiederum 1 1/2 Jahren wurde mir durch Herrn … sie empfolen.

Er erzählte mir, daß sie in kurzer Zeit Rechtschreibfehler beseitigt haben. Hoffentlich waren das keine einzelfälle, den ich hatte nicht for mein ganzes Leben mit dieser Rechtschreibschwäche zu verbringen.

Nadja – Angst vor Fehlern

Nadja, acht Jahre alt und Schülerin einer dritten Grundschulklasse, gelingt es, ihre Ängste und negativen Erfahrungen mit Schrift in Worte zu fassen.

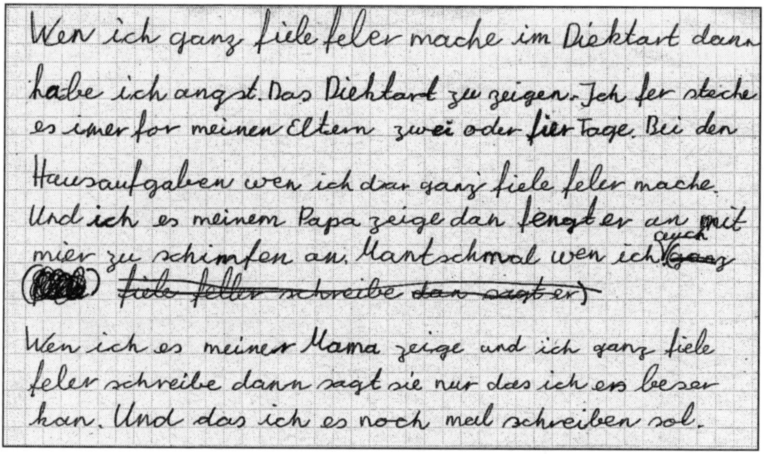
Wen ich ganz fiele feler mache im Diektart dann
habe ich angst. Das Diektart zu zeigen. Ich fer steche
es imer for meinen Eltern zwei oder fier Tage. Bei den
Hausaufgaben wen ich dar ganz fiele feler mache.
Und ich es meinem Papa zeige dan fengt er an mit
mier zu schimfen an. Mantschmal wen ich auch ~~ganz~~
~~fiele feller schreibe dan sagt er~~)

Wen ich es meiner Mama zeige und ich ganz fiele
feler schreibe dann sagt sie nur das ich es beser
han. Und das ich es noch mal schreiben sol.

Wen ich ganz fiele feler mache im Diektat dann habe ich angst. Das Diektat zu zeigen.Ich ver steche es immer for meinen Eltern zwei oder fier Tage. Bei den Hausaufgaben wen ich da ganz fiele feler Mache Und ich es meinem Papa zeige dan fengt er an mit mier zu schimfen an. Mantschmal wen ich auch (…)

Wen ich es meiner Mama zeige und ich ganz fiele feler schreibe dann sagt sie nur das ich es beser kann. Und das ich es noch mal schreiben sol.

Boris – Malen als Therapie

Selbst seiner Mutter konnte *Boris* lange Zeit nicht die Erniedrigungen und Frustrationen mitteilen, unter denen er die ersten beiden Schuljahre wegen seiner verzögerten Lese- und vor allem Schreibentwicklung durch seine Klassenlehrerin zu leiden hatte. Erst als er Ticks entwickelte, wurde die Mutter hellhörig, wechselte die Klasse, später sogar die Schule. Dann brach all das Angestaute in grellen bunten Bildern aus ihm heraus, immer wieder malte er ähnliche Bilder, die er hinterher vernichtete – wie eine Katharsis.

Unten links wird die Lehrerin gefoltert, der Kopf wurde bereits abgeschlagen, die Füße und Hände zerfetzt. Darüber wartet bereits eine Maschine auf ihr Skelett, um es oben rechts so zu zertrümmern, dass nichts übrig bleibt bzw. unten rechts verbrannt wird. Selbst ihr Haus muss vernichtet werden (»Ich brenne Vs Bude ap«).

Rockefeller – ein Politiker mit LRS

Hier (in Auszügen) der Rat eines Mannes, der erfolgreich seine Lese-Rechtschreib-Probleme bekämpfte und als Gouverneur des Staates New York und Vizepräsident der Vereinigten Staaten Karriere machte:

»Akzeptiere keinesfalls das Urteil irgendeines Menschen, dass du faul, blöd oder zurückgeblieben seist. Es ist gut möglich, dass du gescheiter als die meisten Gleichaltrigen bist.

- ✔ Du kannst lernen, mit deinen Problemen zu leben und deine so genannte Behinderung in einen positiven Vorteil umzuwandeln.
- ✔ Meine Lese-Rechtschreib-Probleme zwangen mich, meine Konzentrationsfähigkeit besonders zu entwickeln, die mir während meiner beruflichen und politischen Karriere unschätzbar geholfen hat.
- ✔ Meine eigenen Erfahrungen mit der Überwindung meiner Dyslexie möchte ich in den folgenden Thesen für jeden einzelnen Betroffenen so zusammenfassen:
  - Akzeptiere die Tatsache, dass du ein Problem hast! Versuch nicht, es zu verstecken!
  - Hör auf, dich selbst zu bemitleiden!
  - Mach dir klar, dass du es nicht als Ausrede benutzt, sondern als Herausforderung!
  - Nimm die Herausforderung an!
  - Arbeite härter und übe geistige Disziplin – die Fähigkeit für volle Konzentration – und

- gib niemals auf!

Vielleicht hilft es anderen LRS-Kindern, wenn sie wissen, dass ich das gleiche Schicksal hatte.«

Aus: Nelson Rockefeller: Don't Accept Anyone's Verdict That You Are Lazy, Stupid or Retarded. TV Guide October 16, 1978. In: Huston, A.M.: Understanding Dyslexia, Lanham 1992, S. 155f.; Übersetzung I.M.N.

LESE-TIPPS

Bücher für junge und ältere Erwachsene, die sich mit Schulversagen beschäftigen

Gardell, J.: Die lustige Stunde. Thom, Leipzig 1994

Genuneit, J.: Lesen- und Schreibenlernen in der schönen Literatur. In: Stark, W./Fitzner, Th./Schubert, Ch. (Hrsg.): Schulische und außerschulische Prävention von Analphabetismus. Klett, Stuttgart

Hoeg, P.: Der Plan von der Abschaffung des Dunkels. rororo Tb, Reinbek

Jandl, E.: lechts und rinks – gedichte statements peppermints. dtv, München

Keßmann, E.: Christiane, Goethes Geliebte und Gefährtin. Artemis & Winkler, Zürich

Lebert, B.: Crazy. Kiepenheuer & Witsch, Köln 1999

Nadolny, S.: Die Entdeckung der Langsamkeit. Piper, München

Pennac, D.: Wie ein Roman. Diogenes, Zürich

Rendall, R.: Urteil in Stein. Goldmann Tb München

Schlink, B.: Der Vorleser, Roman. Diogenes, Zürich

Sapphire: Push. Vintage, London (deutsch: Rowohlt, Reinbek)

Teil II: Informationen

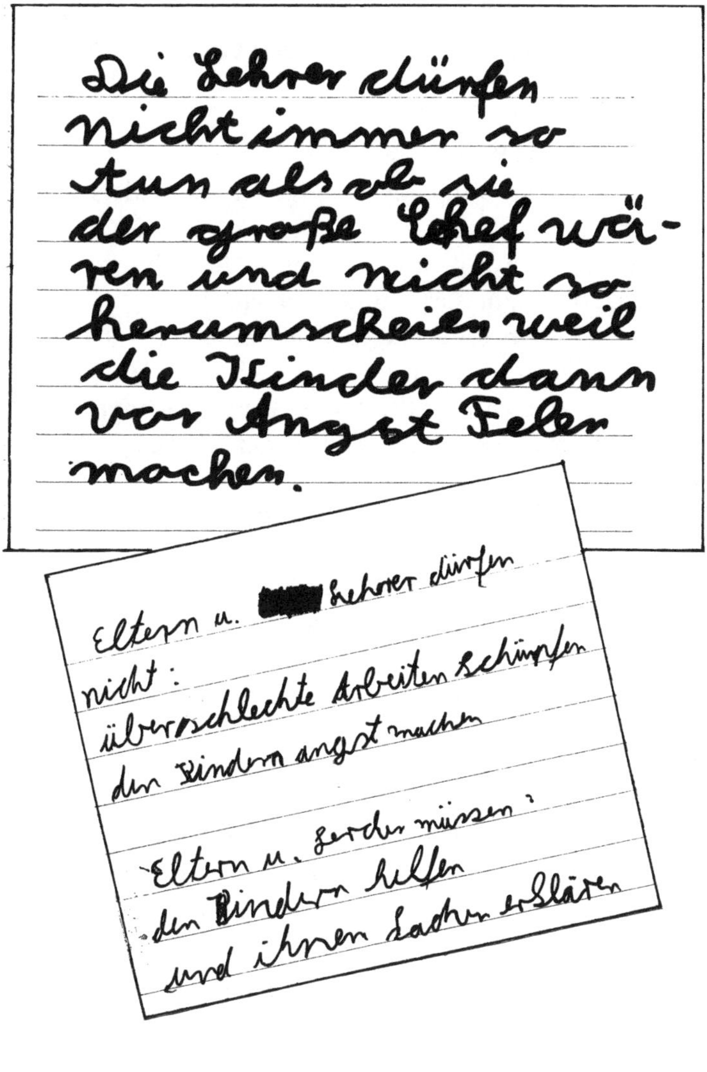

1. Vorbeugen ist besser als heilen

Wie kann ich mein Kind schon vor Schulbeginn auf das Lesen, Schreiben und Rechnen vorbereiten?

✔ Tipps, die helfen:

- ✔ Lesen Sie Ihrem Kind regelmäßig vor. Besonders geeignet sind Texte, die sich reimen!
- ✔ Schauen Sie sich mit ihm gemeinsam Bilderbücher an und lassen Sie dazu fantasieren und erzählen!
- ✔ Zeigen Sie Ihrem Kind Fingerspiele mit lustigen Reimen, die es auswendig lernen kann!
- ✔ Versuchen Sie nicht, Ihr Kind im Lesen und Schreiben zu unterrichten, beantworten Sie jedoch seine Fragen und fördern Sie sein Neugierverhalten.
- ✔ Falls Ihr Kind nach Buchstaben fragt, nennen Sie sie, aber lautieren Sie »*lll*« statt zu buchstabieren »*ell*«!
- ✔ Lassen Sie Ihr Kind viel malen, dazu »schreiben« und dies vorlesen, werten Sie es jedoch nicht als falsch ab, sondern freuen Sie sich an seiner Leistung. Schreiben Sie sich die »Übersetzung« hinten auf das Blatt für später und datieren Sie es!
- ✔ Geben Sie Ihrem Kind vielfältige Materialien (Knete, Moosgummi, Sand) zum Spielen!
- ✔ Bei Spaziergängen gehen Sie mit Ihrem Kind auf Buchstaben- und Wörterjagd! »Welche Zeichen erkennst du wieder?«
- ✔ Spielen Sie Sprachspiele! Bekannte Lieder wie »Drei Chinesen mit dem Kontrabass« oder »Jetzt fahr'n wir übern See …« regen das Nachdenken über Sprache an, das zum Lesenlernen so wichtig ist.

- ✔ Schreiben Sie selbst und lassen Sie Ihr Kind daran teilnehmen!
- ✔ Ballspiele oder Seilspringen sind eine hervorragende Vorbereitung auf den Umgang mit Zahlen und Buchstaben! Gerade, wenn dies einem Kind schwer fällt, sollten sie ihm dabei zu Erfolg helfen – zunächst mit einem großen Schaumstoffball oder ganz einfachen Hüpfübungen über ein Seil!
- ✔ Kaufladenspiele oder Würfelspiele sind gute Möglichkeiten, Zahlen mit Händen und Augen zu erfassen vor dem eigentlichen schulischen Rechnen.

Wann müssen Sie als Eltern wachsam sein?

Kinder, deren Entwicklung im Vergleich zu den Altersgenossen verzögert oder gestört ist, benötigen besondere Unterstützung und Hilfe, möglichst schon vor Schuleintritt.

Probleme beim Lesen-, Schreiben- und Rechnenlernen können – müssen aber nicht – u.a. entstehen durch:

- ➪ verzögerte oder gestörte Sprachentwicklung,
- ➪ Stammeln, Lispeln, Poltern oder Stottern,
- ➪ unbehandelte oder unerkannte Beeinträchtigungen im Seh- und Hörvermögen,
- ➪ Entwicklungsverzögerungen und Krankheiten, z.B. nach einer komplizierten Geburt,
- ➪ motorische Ungeschicklichkeit,
- ➪ Schwierigkeiten mit der räumlichen Orientierung,
- ➪ Vermeiden von Spielen mit einfachem Zählen, z.B. Würfelspiele
- ➪ erhöhtes Aufmerksamkeitsbedürfnis,
- ➪ lang andauernde Krisen im Elternhaus.

Machen Sie sich ernsthafte Sorgen, sollten Sie zur Abklärung mit Ihrem Kind eine kinderärztliche, logopädische, motopädische oder psychotherapeutische Beratung aufsuchen.

Welche Rolle spielt die Lese- und Schreiblehrmethode für das Entstehen von LRS?

Zum Glück ist der alte Streit zwischen Vertretern der »Buchstaben«-Methode (synthetisch) und »Ganzwort«-Methode (analytisch) ausgestanden, denn Lesen ist weder durch das isolierte Buchstabenlernen noch das reine Wortbildeinprägen zu erlernen. Beide Verfahren hatten übrigens ungefähr die gleiche Anzahl an SchülerInnen mit LRS »produziert«.

Der Leselernprozess ist für Kinder eine komplizierte geistige Handlung, die immer das Zusammenspiel beider Vorgänge erfordert, er ist also ein analytisch-synthetisches Vorgehen.

Neuere Fibeln gehen deshalb von Schlüsselwörtern wie »OMA« und kleinen, sinnvollen Sätzen aus, an denen die Kinder das Durchgliedern in Lautbestandteile »O M A« und Neuschaffen von Wörtern erlernen. Sie entdecken dabei eigenständig die Schriftsprache. In einem solchen Unterricht gehören Lesen und Schreiben selbstverständlich von Anfang an zusammen.

Da Kinder sehr unterschiedliche Erfahrungen mit Schrift und Vorstellungen über Sprache mitbringen, versuchen kompetente LehrerInnen, in ihrem Unterricht an diesen Vorerfahrungen anzuknüpfen und vielfältige Lese- und Schreibanlässe zu bieten. Ein stures Vorgehen, das von allen Kindern zur gleichen Zeit die gleiche Leistung verlangt, sollte es heute nicht mehr geben, ist aber leider immer wieder Schulrealität und manchmal die Ursache für LRS! Falls Ihr Kind nach der so genannten »Reichen«-Methode anhand einer Anlauttabelle ohne Fibel Lesen lernt, ist es besonders wichtig, dass es über die Fähigkeit verfügt, Gesprochenes in seine lautlichen Bestandteile zu zerlegen (vgl. Kapitel 2 S. 44).

Ist Druckschrift die beste Leseschrift?

Ja! Aus ihrer Umwelt ist Kindern die Druckschrift (Gemischt-Antiqua) vertraut, die leichter nachzuvollziehen ist. Sie hat sich in den letzten Jahren gegenüber der Schreibschrift als Erstleseschrift und erster Schreibschrift durchgesetzt. Inzwischen gibt es bereits Fibeln, die nur mit großen Druckbuchstaben als Erstlese- und Erstschreibschrift beginnen. Die Hochschullehrerin und Fibelautorin Prof. Dr. Renate Valtin begründet dies so:

- ➪ Die Kinder müssen sich nicht gleichzeitig zwei unterschiedliche Zeichensysteme merken.
- ➪ Großbuchstaben sind auffallender und klarer und aus Überschriften und Werbung bekannt.
- ➪ Die großen Buchstaben sind leichter voneinander zu unterscheiden als kleine Buchstaben.
- ➪ Anfangsschwierigkeiten, die viele Kinder beim Lesen mit der Lage ähnlicher Buchstaben haben, können mit Großbuchstaben vermieden werden: »b« – »d«, »p« –»q«, »u« – »n«, »a« – »e«.

Quelle: Fara und Fu, Schroedel 1997

Wie schreiben Kinder am Schulanfang?

Kinder »schreiben« schon lange vor dem ersten Schultag. Sie verfassen Kritzelbriefe, malen Sprechblasen, kopieren Werbezeichen, beschriften Bilder. Dabei entdecken sie allmählich die Funktion der Schrift, wenn sie zu Hause angeregt werden.

Hier ein Brief der fünfjährigen *Isabel* über ihren Wellensittich:

Welche Erstschrift erlernen Kinder heute?

In den Grundschulen hat sich als Erstschreibschrift – wie als Erstleseschrift – vielerorts die Druckschrift durchgesetzt – wegen der Klarheit der Form und dem leichteren Nachschreiben. Bereits hier sollte beim Schreiben auf den »richtigen« Schreibbewegungsablauf geachtet werden, um späteres mühsames Umlernen zu vermeiden. Bis zur Durchführung eines Schreiblehrgangs – meist ab der zweiten Hälfte des ersten Schuljahres – drucken die Kinder mit Stempelkästen oder kopieren die Druckbuchstaben.

Als erste verbundene Schrift setzt sich immer mehr die Vereinfachte Ausgangsschrift (VA) oder die Schulausgangsschrift (SAS) gegenüber der Lateinischen Ausgangsschrift (LA) durch. Die VA ist in allen Bundesländern zugelassen, die SAS war die Normalschrift in der ehemaligen DDR. VA und SAS eignen sich neben der Druckschrift auch gut als Schönschreibkurs für ältere Kinder mit unleserlicher Handschrift.

Gründe für die SAS und die VA sind u.a.:
- ✔ größere Ähnlichkeit zur Druckschrift;
- ✔ klareres Schriftbild;
- ✔ leichteres Erlernen, da ihnen die Wellenlinien und Schleifen fehlen, die Erstklässler oft nur mühsam erlernen;
- ✔ bessere Übereinstimmung von schreibmotorischer Bewegung mit sinnvollen Struktureinheiten des Wortes

Vorsicht!

Da bei der Vereinfachten Ausgangsschrift die meisten Buchstaben an der Mittellinie beginnen, gibt es bei manchen SchülerInnen mit bestimmten Buchstaben Probleme, vor allem mit dem so genannten »Köpfchen-e«. Um dies zu vermeiden, hat der Autor dieser Schrift, Heinrich Grünewald, in einem Beitrag der Fachzeitschrift »Grundschule« (1998, Heft 9, S. 26ff.) ausdrücklich auch die Verwendung des normalen »e« als legitim verteidigt.

Kaufen Sie Ihrem Kind nur Bücher in Druckschrift!

Druckschrift

Schulausgangsschrift

Lateinische Ausgangsschrift

Vereinfachte Ausgangsschrift

österr. Schulschrift von 1995

Schweizer Primarschulschriften

Bei der Einführung der Schreibschrift ist unbedingt darauf zu achten, dass die Buchstaben im richtigen Bewegungsablauf eingeübt werden. In den Schreiblehrgängen ist fast immer bei der Einführung eines Buchstabens der richtige Bewegungsablauf mit Pfeilen markiert.

Da die Lehrerin in der Klasse nur Stichproben machen kann, ist es wichtig, dass Eltern den Übergang zur Schreibschrift aufmerksam mitverfolgen und bei Auffälligkeiten mit der Schule Kontakt aufnehmen. Es ist nämlich sehr schwer, fast unmöglich, eine einmal falsch eingeschliffene Schreibbewegung wieder rückgängig zu machen. Andererseits stören falsche Bewegungen den Schreibfluss, es dauert länger, und damit gerät der Schreiber oft unter Zeitdruck und in Gefahr, mehr Fehler zu machen.

Schreib-Übungshefte zu den unterschiedlichen Ausgangsschriften in unterschiedlichen Stufen/Lineaturen gibt es direkt zu den einzelnen Erstlesewerken oder z.B. von folgenden Verlagen: Pelikan, Hannover; Herlitz, Berlin; und Volk & Wissen, Berlin.

Was tun gegen Schreibverkrampfungen?

Schreibverkrampfungen haben oft mit falscher Griff- und Sitzhaltung, zu großem Schreibdruck und/oder Stress zu tun. Lassen Sie Ihr Kind mit Ton arbeiten, der den Händen beim Kneten Kraft und Ausdauer verleiht. Katharina Springer begründet seine entwicklungsfördernde Wirkung (Linz, S. 95) u.a. damit: »Der Wille des Kindes wird angesprochen. Ist das Material zur Bearbeitung bereit, muss es wiederum sachgemäß behandelt werden. Es ist für das Kind eine große Herausforderung. Der Umgang mit dem fertigen Stück verlangt erneut Sorgfalt (...) Man kann also sagen, der Ton wirkt von sich aus erzieherisch.« Deshalb stimmt noch lange nicht die Behauptung des amerikanische Dyslexie-Gurus Ron Davis, Buchstabenkneten sei die Lösung des LRS-Problems.

Am Schulanfang schreiben viele Kinder noch mit dem so genannten »Pfötchen«-Griff, der mit den anatomischen Veränderungen beim Wachstum der Finger durch den »Schreib«-Griff ersetzt werden muss. Wenn Kinder beim Schreibenlernen zu viel Muskelkraft aufwenden, den Stift zu fest halten und zu stark auf die Schreibunterlage drücken, entstehen Verkrampfungen, gegen die Lockerungsübungen der Arme und Hände helfen. Lassen Sie Ihr Kind zu Musik auf Tapetenrollen malen (mit Fingerfarben oder Wachsmalstiften) oder unter der Dusche, Schwämme in beiden Händen schwingend, die Kacheln schrubben. Falls Sie eine Wandtafel haben, kann Ihr Kind auch mit einem Schwamm oder quer gehaltener Kreide rhythmisch Buchstaben und Wörter malen. Bei der Einführung der Schreibschrift achten Sie aber bitte auf den richtigen Bewegungsablauf der einzelnen Buchstaben.

Positiv wirken auch kleine Sprüche, die das Kind selbst zu den einzelnen Lockerungsübungen erfinden kann.

Hier einige von *Benedikts* Sprüchen:

Zum Kreis: O,O,O, das geht so!

Zur Acht: Achter, Achter fliegen rum, sie sind
überhaupt nicht dumm!

Zum M: Muh, muh macht die Kuh!

Am besten gefällt den Kindern jedoch:
Zicke zacke Hühnerkacke.

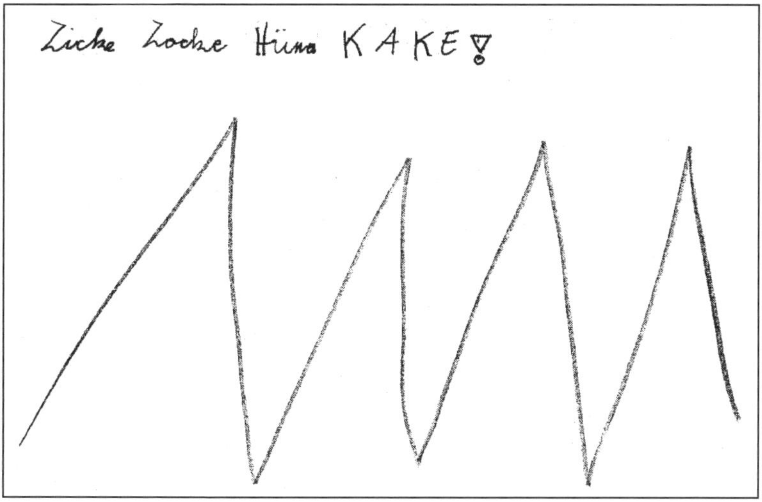

LESE-TIPPS

- Brüggebors, G.: So spricht mein Kind richtig. Entwicklungen und Störungen beim Sprechenlernen. Wie Eltern und Erzieher helfen können. rororo, Reinbek 1987
- Englbrecht, A./Weigert, H.: Lernbehinderungen verhindern. Diesterweg, Frankfurt/M. 1991
- Naegele, I.M./Haarmann, D. (Hrsg.): Darf ich mitspielen? Kinder verständigen sich in vielen Sprachen. Beltz, Weinheim 1993, 4. Aufl.
- Naegele, I.M./Haarmann, D. (Hrsg.): Schulanfang heute. Ein Handbuch für Elternhaus, Kindergarten und Schule. Beltz, Weinheim 1999
- Nitsch, C./v. Schilling, C.: Schule ohne Bauchweh. Mosaik, München 1997
- Nitsch, C.: Geschichten, die Kinder kreativ und glücklich machen. Mosaik, München 1997
- Pousset, R.: Fingerspiele und andere Kinkerlitzchen. rororo, Reinbek 1998
- Wilmes-Mielenhausen, B.: Zeig mir, wo die Stille wohnt. Eltern und Kinder entdecken Wege der Entspannung. Christophorus, Freiburg 1999, 2. Aufl.

2. Das Problem zeigt sich im Unterricht …

… *in der Grundschule beim Lesen, Schreiben und Rechtschreiben*

Wie können Lese- und (Recht-)Schreibprobleme vermieden werden?

Vier grundlegende Einsichten der Lernforschung samt deren praktischen Konsequenzen sollten Sie kennen, wenn Sie Ihr Kind in seinen Lernbemühungen und -schwierigkeiten verstehen und ihm dabei helfen wollen. Diese Einsichten zeigen die entscheidenden neuralgischen Stellen, die wichtigsten Risikopunkte beim Lesen- und Rechtschreibenlernen auf, die Sie von Anfang an im Visier haben sollten, damit ernsthafte Schwierigkeiten erst gar nicht auftreten oder – wenn sie sich bemerkbar machen- kein größeres Unheil anrichten.

- ➪ Kinder können erst dann Lesen und (Recht-)Schreiben lernen, wenn sie das System unserer Schriftsprache mit ihren Beziehungen zwischen Sprachlauten und Schriftzeichen, zwischen Buchstaben, Wörtern und Sätzen, zwischen Wortsinn, Wortklang und Schriftbild erkannt und verstanden haben (siehe Übersicht auf S. 51).
- ➪ Ein Kind erfasst die Schriftsprache weder intuitiv auf einen Schlag noch gradlinig auf stetig ansteigender Erfolgsbahn, sondern in unregelmäßigen Schritten, Phasen, Sprüngen, also mit Stocken, Brüchen und auch Umwegen (vgl. Entwicklungsstufen auf S. 46).
- ➪ Lesen und (Recht-)Schreiben werden nicht eingleisig, sondern auf vielen Wegen und Sinneskanälen erlernt. Auge, Ohr, Hand, Gedächtnis, Einsichts- und Kombinationsvermögen sind allerdings beim einzelnen Kind unterschiedlich stark ausgeprägt und ausgebildet, sodass jedes Kind seine starken

und seine schwachen Zugänge zur Schriftsprache besitzt (vgl. Übersicht S. 209).

➪ Das Kind benötigt bei diesen schwierigen Leistungen ein förderliches häusliches und schulisches Umfeld, Eltern und LehrerInnen, die Mut machen und an den Lernerfolg des Kindes glauben (siehe Übersicht S. 120 Auswirkungen auf Lernen).

Das Schriftsystem entdecken

Alle Kinder müssen die Funktion und den Aufbau unserer Schrift begreifen lernen, und das, was die Erfinder unseres Schriftsystems geleistet haben, für sich neu erschließen.

Die wichtigsten historischen Schriftsysteme

Die Bilderschrift
(z.B. ägyptische Hieroglyphen oder indianische Piktogramme)

Jeder Begriff und z.T. auch Vorgang wird mit einem besonderen Bildzeichen wiedergegeben.

Brief eines Cheyenne-Indianers. Mit diesem Brief rief der Indianer »Turtle-Following-His-Wife« seinen Sohn »Kleiner Mann« ins Territorium zurück. Der Brief deutet auch an, dass das Fahrgeld in Höhe von 53 Dollar überwiesen wurde. (Aus: I.J. Gelb, Von der Keilschrift zum Alphabet. Kohlhammer Verlag, Stuttgart 1958, S. 38)

Nachteil: Die Bildzeichen sind nicht eindeutig, daher kann der Sinn der Mitteilung in Bilderschrift unterschiedlich ausgelegt, also auch missverstanden werden.

Die Wort- oder Begriffsschrift
(z.B. chinesische oder japanische Schrift)

Jedes Wort wird mit einem besonderen abstrakten Schriftzeichen wiedergegeben oder auch kombiniert.

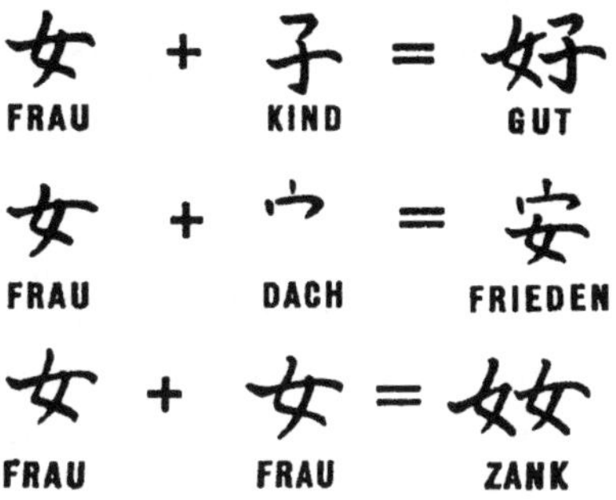

Nachteil: Es muss eine Unmenge einzelner Wortzeichen gelernt werden, die vollständig nur von wenigen »Schriftgelehrten« beherrscht werden können. Schreibmaschinen und Computer müssen sich mit einem stark eingeschränkten Mindestwortschatz begnügen.

(Quelle: K. Sirch, Rechtschreibunterricht. Klett, Stuttgart 1971, S. 16)

Die Alphabetschrift
(z.B. griechisches und lateinisches Alphabet)

Buchstaben geben die Lautfolge eines gesprochenen Wortes wieder. So ist es möglich, aus relativ wenigen Buchstaben unendlich viele Wörter zu bilden. Manche Alphabetschriften verzichten sogar auf Vokale. Das sähe, ins Deutsche übertragen, etwa so aus:

»Wnn S dsn Stz lsn, wrdn S dn bstn Bws dfr fndn, dss mn ch d dtsch Sprch hn Vkl schrbn knn.«

(I.J. Gelb a.a.O., S. 83)

Nachteil: Es gibt viel mehr Laute als Buchstaben. Z.B. kann ein »e« lang oder kurz, offen oder dumpf ausgesprchen werden; v, f, ph klingen jeweils gleich, ebenso x, chs und cks. Der Rat: »Schreib, wie du sprichst«, klappt also in vielen Fällen nicht.

Dieter Haarmann

Diese Entdeckung geschieht nicht auf einen Schlag, sondern in charakteristischen Schritten oder Stufen, die bei allen Kindern, schnell oder langsam lernenden, zu beobachten sind. Alphabetische Schriften sind schwer zu erlernen und wurden auch erst spät in der Geschichte der Menschheit erfunden.

Kinder lernen also erst ganz allmählich und schrittweise, die Zusammenhänge zwischen geschriebener und gesprochener Sprache zu begreifen.

- ➪ Vielen SchulanfängerInnen ist z.B. nicht klar, dass ein geschriebener Satz alle Redeteile enthält.
- ➪ Fünfjährige und auch sechsjährige Kinder meinen z.B., dass in einem Satz nur die Hauptwörter und die Tuwörter aufgeschrieben werden, nicht aber die Artikel oder andere Wortarten.
- ➪ Kinder müssen erst lernen, was ein Satz, ein Wort und eine Silbe ist. Dies sind wichtige Schritte, zu denen manche Kinder viel Zeit benötigen.
- ➪ Außerdem müssen Kinder die Buchstaben-Laut-Beziehungen kennen, um beim Lesen eines Wortes die Schriftzeichen in Laute übertragen zu können. Schreiben erfordert das Wissen, dass gesprochenen Lauten Buchstaben oder Buchstabengruppen (sch, au, ei) zugeordnet werden. Nur wenn diese in der richtigen Reihenfolge hintereinander von links nach rechts angeordnet werden, ergibt das Geschriebene Sinn. Erschwert werden diese Prozesse, weil sich eine Reihe von Buchstaben in ihrer Form ähneln und sich – wie der Henkel eines Bechers – nur durch die Lage im Raum unterscheiden: p-b-d-q, u-n, e-a, m-n.

Kinder brauchen Zeit!

Die Zeitspanne, die zum Erlangen dieser Einsichten benötigt wird, variiert von Kind zu Kind und hängt auch mit den vorschulischen Erfahrungen, der Lernmotivation, den Interessen und den Reaktionen der Eltern zusammen. Wenn von allen Erstklässlern zur gleichen Zeit die gleiche Leistung erwartet wird, müssen also einige Kinder überfordert sein.

Eltern und LehrerInnen sollten zunächst einmal dem Kind vielfältige Anregungen und genügend Zeit für das Erlernen der Schriftsprache zugestehen und Geduld haben. Sie sollten sich klarmachen, dass *alle* Kinder kritische Phasen durchlaufen, dass also Fehler ganz natürlich sind.

Ferner sollten Eltern darauf achten, dass im Anfangsunterricht die individuell sehr unterschiedliche Lernausgangslage des einzelnen Kindes im Zentrum des Lese- und Schreiblernprozesses steht und ein starres Vorgehen nach einer Fibel vermieden wird. Unterschiedliche Lernangebote und ausreichend Zeit für das eigene Lerntempo sind Kernthesen für den Anfangsunterricht.

Dabei taucht die Frage auf:

Gibt es typische LRS-Fehler?

Auf jeder Stufe der Entwicklung des Lesen- und Schreibenlernens treten typische Fehler auf, die von allen Kindern gemacht werden. Typisch für LRS-Kinder ist, dass sie länger auf den Stufen 1–4 (s. Schaubild auf S. 51) verharren und mehr Zeit benötigen, um die entsprechenden Einsichten zu erlangen.

Oft schreiben Kinder das gleiche Wort immer wieder unterschiedlich, weil sie die orthographisch richtige Schreibweise noch nicht kennen bzw. sie es nicht mit einem ihm verwandten Wort in Verbindung bringen, es »ableiten« können oder eine falsche Analogie bilden: z.B. gehgangen von gehen.

Viele Erwachsene verdrehen auch Buchstaben, wenn sie unter Stress oder Übermüdung tippen oder der Text beim Vorlesen zu schwierig ist.

Entwicklungsstufen des Schreiben- und Lesenlernens

Es folgt ein Modell für die Schreib- und Lese-Entwicklung von der Schriftsprachexpertin Renate Valtin, Professorin an der Humboldt-Universität zu Berlin.

Schreibenlernen

Beim Schreibenlernen durchläuft das Kind verschiedene Etappen. Mit ungeübten, so genannten »freien« Texten (Geschichten, Briefen, Notizen) oder Wörtern können auch Eltern diese Leistungen anhand des Stufenmodells einordnen und erkennen, welche Fähigkeiten ihr Kind schon erworben hat, gleichzeitig auch, auf welcher Ebene die Hilfsangebote erfolgen sollten.

Stufe 0: Kritzelstufe

Schon dreijährige Kinder beginnen das Schreiben Erwachsener nachzuahmen. Schreiben ist für sie Nachvollziehen der Schreibbewegung und Hinterlassen von Spuren auf Papier, meist ohne Einsicht, dass diese Spuren kommunikative Bedeutung haben.

Stufe 1: Pseudowörter

Die Kinder haben begriffen, dass Schreiben etwas mit Buchstaben zu tun hat. Sie schreiben einzelne Buchstaben (meist Großantiqua) oder malen buchstabenähnliche Zeichen ohne jeglichen Bezug zur Lautung der Wörter. Nach drei Monaten Schulunterricht wurde z.B. der Satz »Ich bin ein Junge/ein Mädchen« wie folgt verschriftlicht:

Ich bin ein Mädchen

Stufe 2: Skelettartige Schreibungen

Die wichtigsten Laute werden nun wiedergegeben, häufig wird auch zumindest jede Silbe durch wenigstens einen Buchstaben markiert.

FST (Faust), MS (Maus), VOG (Vogel).

Auf dem Weg zur nächsten Stufe sind Kinder, die Übergangskonsonanten auslassen:

GAS (Gans), flik (flink), keis (Kreis)

Stufe 3: Schreiben nach dem Prinzip
»Schreibe, wie du sprichst«

Die Kinder orientieren sich dabei vorwiegend an ihrer eigenen Artikulation, d.h. an ihrer Umgangssprache. Sie sprechen Wörter langsam vor sich her und notieren dabei die bei der Aussprache auftauchenden Laute, z.B. »aien« oder »aein« für »ein«, »ont« für »und«.

Durch das gedehnte Mitsprechen entstehen auch künstlich andersartige Laute: »esch« statt »ich«, »ben« statt »bin«. Gelegentlich werden Übergangskonsonanten ausgelassen: »ot« oder »ut« statt »und« oder Buchstaben ergänzt »Farter«.

Der »ch«-Laut wird von Kindern mit verzögerter Sprachentwicklung manchmal als »r« wiedergegeben: »mart« anstelle von »macht«.

Auf dieser Stufe gibt es noch Kinder, die keine oder nur gelegentlich Lücken zwischen den Wörtern lassen. Satzzeichen werden meist willkürlich gesetzt.

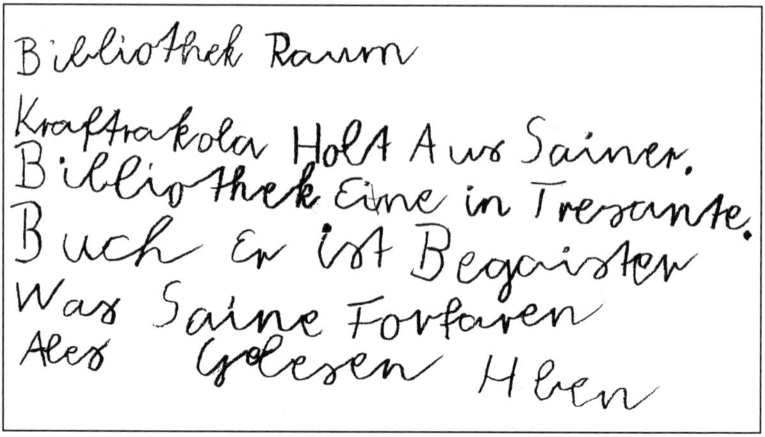
Bibliothek Raum
Kraftrakola HolA Aus Sainer.
Bibliothek Eine in Tresante.
Buch Er ist Begaister
Was Saine Forfaren
Ales Gelesen Hben

Stufe 4: Erste Verwendung orthographischer Muster

Kinder erkennen, dass es Schreibweisen gibt, die vom Lautlichen abweichen, z.B. »Vater«.

Auf dieser Stufe entstehen viele Fehler dadurch, dass Kinder fälschlich orthographische Regelungen dort anwenden, wo sie nicht gefordert sind. Wir sprechen dann von »Übergeneralisierungen«, z.B. »er vragt« (fragt), »mier« (mir), »Oper« (Opa).

Manche Kinder fangen auch an, alle Wörter mit Dehnungs-h zu schreiben.

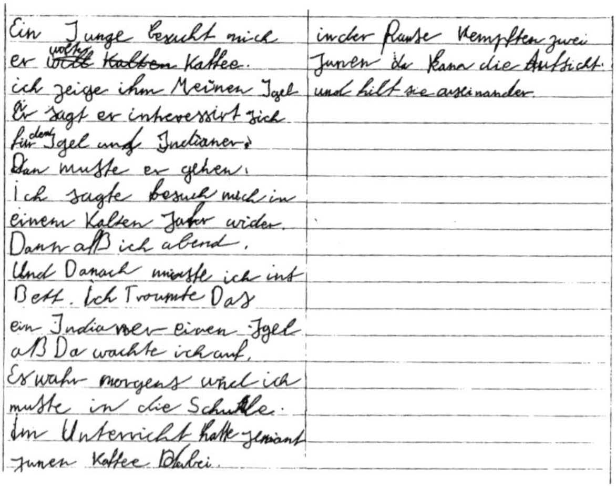
Ein Junge besucht mich
er wollte Kaffee.
ich zeige ihm Meinen Igel
Er sagt er interessirt sich
für den Igel und Indianer.
Dan muste er gehen.
Ich sagte besuch mich in
einem Kalten Jahr wider.
Dann aß ich abend.
Und Danach muste ich ins
Bett. Ich Troumte Das
ein Indianer einen Igel
aß Da wachte ich auf.
Es wahr morgens und ich
muste in die Schuhle.
Im Unterricht hatte jemand
Junen Kaffee Dabei.
in der Pause kempften zwei
Junen da kam die Aufsicht.
und hilt sie auseinander.

Stufe 5: Übergang zur entwickelten Rechtschreibfähigkeit

Neben dem wachsenden Bestand an gelernten Wörtern verfügen die Kinder jetzt über Strategien, die sie beim Schreiben unbekannter Wörter anwenden. Je nach Verfügbarkeit und Übung kommen sie damit zur richtigen orthographischen Wiedergabe von Wörtern. Vor allem unter Stress (bei Zeit- und Leistungsdruck, beim Schreiben von langen und schwierigen Wörtern, z.B. mit Konsonantenhäufungen, bei nachlassender Konzentration gegen Ende eines Diktats oder Textes) ist zu beobachten, dass Kinder auf eine einfachere Strategie als die zunächst angewendete zurückgreifen. Meist verlassen sie sich dann auf das Schreiben nach Gehör, das höchst fehlerträchtig ist.

Lesenlernen

Auch beim Lesen lassen sich solche Entwicklungsstufen beobachten:

Stufe 1: »Als-ob-Lesen«

Kinder ahmen die äußerlich sichtbaren Verhaltensweisen geübter Leser nach und tun so, als ob sie lesen. Sie halten sich ein Buch (manchmal verkehrt herum) vor die Nase, murmeln vor sich hin oder wiederholen bzw. erfinden Geschichten und sprechen mit unnatürlicher Betonung.

Stufe 2: »Naiv-ganzheitliches« Lesen

Die Kinder haben noch keine Einsicht in die Buchstaben-Laut-Beziehung und erraten Wörter, wobei sie sich an einzelnen Buchstaben, gelegentlich auch Einzelheiten von Buchstaben, orientieren (Coca-Cola).

Fragt man Kinder dieser Stufe, woran sie ein Wort erkannt haben, erhält man höchst eigenartige Antworten. *Jochen* erkennt seinen in Schreibschrift geschriebenen Namen »an dem Regenwurm«, d.h. dem Häkchen des J. *Ute* erkennt das ebenfalls in Schreibschrift geschriebene Wort »Maus« an den »Mauseöhrchen« des »M«.

Nur selten können Kinder dieser Stufe den Buchstaben einem Lautwert zuordnen.

Stufe 3: Benennen von Lautelementen

Die Kinder haben ansatzweise erkannt, dass Buchstaben Laute darstellen und erraten Wörter häufig aufgrund des Anfangsbuchstabens (»Telefon« statt »Toilette«).

Stufe 4: Buchstabenweises Erlesen

Das Kind kennt inzwischen die meisten Buchstaben und deren Laute und versucht nun, jedes Wort buchstabenweise zu lesen. Vielen Kindern gelingt dabei aber noch nicht die Bedeutungsentschlüsselung. So liest *Katja*: »Gar-ten«, erkennt aber das Wort nicht.

Entwicklungsmodell für das Lesen und Schreibenlernen

Stufe	Fähigkeiten und Einsichten des Kindes	**Lesen**	**Schreiben**
1	Nachahmung äußerer Verhaltensweisen	»Als-ob-Lesen«	Kritzeln
2	Kenntnis einzelner Buchstaben	Naiv-ganzheitliches Lesen	Malen von Buchstabenreihen, Malen des eigenen Namens
3	Beginnende Einsicht in den Buchstaben-Laut-Bezug, Kenntnis einiger Buchstaben/Laute	Benennen von Lautelementen, häufig am ersten Buchstaben orientiert	Skelettschreibungen (*Hs* für Hase)
4	Einsicht in die Buchstaben-Laut-Beziehung	Buchstabenweises Erlesen (G-a-r-t-e-n), gelegentlich ohne Sinnverständnis	Nach dem Prinzip »Schreibe, wie du sprichst« (*Rola* – Roller/*hoite* – heute/*mia* – mir)
5	Verwendung orthographischer Muster	Fortgeschrittenes Erlesen: Verwendung größerer Einheiten (z.B. mehrgliedrige Schriftzeichen, Silben, Endungen wie -en, -er)	Verwendung orthographischer Muster (Auslautverhärtung, Umlaute), gelegentlich auch falsche Generalisierungen (*Oper* statt Opa)
6	Automatisierung von Teilprozessen	Entfaltete Lesefähigkeit	Dudenschreibweise

Stufe 5: Fortgeschrittenes Erlesen: Nutzen von größeren Einheiten

Das Kind lernt allmählich, größere Verarbeitungseinheiten als den Einzelbuchstaben zu verwenden. Es erkennt mehrgliedrige Schriftzeichen und beginnt, Silben zu nutzen (»Spa-zier-gang«) oder bekannte Einheiten »ein«, »er«, »aus«, »vor«, »und«. Da das Erlesen noch sehr viel Aufmerksamkeit kostet, haben die Kinder häufig keine Kraft mehr für die Vorauserwartung innerhalb des Satzes.

Stufe 6: Entfaltete Lesefähigkeit

Das Kind gelangt zu flüssigem Lesen und kann sich stärker auf den Inhalt konzentrieren.

Das Schaubild auf Seite 51 fasst zusammen, welche Einsichten und Fähigkeiten das Kind beim Schriftspracherwerb erworben hat, getrennt nach Schreiben und Lesen.

Ein Beispiel aus dem zweiten Schuljahr:

Petra zeigt gegen Ende des Schuljahres folgende Schreibungen, die früher als »Wortruinen« bezeichnet wurden: »*gät*« (gräbt), »*Schngnad*« (Stricknadel), »*schmpk*« (Spruch), »*kot*« (knurrt), »*schit*« (schlüpft), »*fag*« (Zweig), »*fat*« (fragt). Eine Einordnung nach dem Stufenmodell zeigt, dass Petra bereits erste Einsichten in die Lautorientierung unserer Schrift gewonnen hat. Wichtige Laute werden wiedergegeben. Bei Konsonantenhäufungen wird jedoch in den meisten Fällen nur ein Konsonant wiedergegeben, bei einigen Wörtern fehlen auch die Vokale. Wie aus einem Buchstabendiktat ersichtlich, kennt *Petra* die meisten Buchstaben (bis auf sp, st und ch). Bei einigen Wörtern greift *Petra* allerdings auf willkürliche Schreibungen zurück, z.B. »Luch« (Wurst), bzw.

hängt an ein Wortskelett einfach weitere Buchstaben, meistens »en«, an, wie bei »bumen« (dünner), »schupen« (Sprung), »Macken« (Nacht). Am letzten Wort ist erkennbar, dass sie optisch ähnliche Buchstaben verwechselt.

Wie kann *Petra* geholfen werden? Für sie ist es wichtig, anhand des Schriftbildes Wörter zu durchgliedern, dabei leise mitzusprechen und auf die Buchstaben-Laut-Beziehung vor allem bei Konsonantenhäufungen aufmerksam gemacht zu werden und ihre Problemwörter mit Unterstützung durch Karteiarbeit zu automatisieren.

Ein Beispiel aus einer vierten Klasse:

Johanna hat den Zusammenhang von Lautung und Schreibung noch nicht begriffen. Außer Häufigkeitswörtern wie »und« und »ich« ist die Welt der Schrift für sie ein Buch mit sieben Siegeln: Sie muss zunächst erkennen, dass räumlich ähnliche Zeichen unterschiedliche Bedeutung haben »d-b-g-p«, »e-a«, die unterschiedliche Lautwerte repräsentieren. Vor allem fehlt ihr die Einsicht, dass der Lautfolge eine Buchstabenentsprechung von links nach rechts folgt: »ZlPi« (Pilz).

Renate Valtin

LESE-TIPPS

Mahlstedt, D.: Lernkiste Lesen und Schreiben. Fibelunabhängige Materialien zum Lesen- und Schreibenlernen für Kinder mit Lernschwächen. Beltz Weinheim, 3. Aufl., 1999

Welche Signale weisen auf Probleme hin?

Sie als Eltern kennen Ihr Kind am besten und merken oft am ehesten, wann und wo es Schwierigkeiten zeigt. Je früher Sie Hilfe suchen, umso besser für alle Betroffenen! Kontakt zur Klassen-/Deutschlehrerin oder dem Lehrer sollte unbedingt gesucht werden, wenn Sie sich Sorgen machen, weil Ihr Kind

- ➪ beim Lesenlernen häufig geübte »bekannte« Buchstaben nicht wieder erkennt und mit den richtigen Lauten benennen kann;
- ➪ ab Ende der ersten Klasse häufig geübte Wörter des Grundwortschatzes nicht erlesen oder schreiben kann und Wortruinen liefert;
- ➪ sehr langsam und verkrampft schreibt.

Manchmal sind diese Lernprobleme Ihres Kindes gekoppelt mit

- ➪ auffälligem oder besonders zurückgezogenem Verhalten im Unterricht;
- ➪ Angst vor der Schule;
- ➪ Vergessen von Hausaufgaben;
- ➪ Kopf-/Bauchschmerzen, häufigen Erkältungen oder sonstigen körperlichen Reaktionen.

Was tun bei ungenauem Sprechen?

Wie soll ein Kind richtig schreiben können, wenn es bestimmte Laute nicht unterscheiden oder aussprechen kann? Von daher überrascht es nicht, dass Forschungsergebnisse Zusammenhänge zwischen Sprachauffälligkeit und LRS zeigen.

Bei ungenauer Artikulation und/oder Rückstand in der grammatikalischen Sprachentwicklung sollten Eltern wachsam sein und überlegen, wie sie ihrem Kind helfen können. »Einfache, klare und überschaubare Satzmuster, die dem Kind als sprachliches Vorbild angeboten werden müssen, sind die beste Hilfe zur Überwindung dieser Störung«, schreibt der Direktor des Landessprachheilzentrums Rheinland-Pfalz, Reinhild Marx, in einem Faltblatt für Eltern und ErzieherInnen. Auch Lispeln, Poltern, Näseln oder Stottern können einem Kind nur vorübergehend zu schaffen machen, vielleicht aber auch tiefer liegende Nöte anzeigen.

Zeit für Gespräche, Vorlesen, Erzählen, Spiele, Lieder und Reime helfen, dass Wortschatz, Aussprache und Satzbau leichter angeeignet und erweitert werden. Sind die Probleme jedoch langwierig und tiefer liegend, so sollte möglichst früh eine logopädische Behandlung oder eine Sprachheiltherapie in Erwägung gezogen werden. Eine solche Behandlung gehört noch zum Leistungskatalog der Krankenkassen.

Adressen von SprachtherapeutInnen und LogopädInnen finden Sie im Branchenverzeichnis, erhalten Sie bei den Gesundheitsämtern, Krankenkassen oder der Bundesvereinigung Stotterer-Selbsthilfe e.V., Gereonswall 112, 50670 Köln.

LESE-TIPPS

- Brüggebors, G.: So spricht mein Kind richtig. rororo, Reinbek 1987
- Nagl-Jancak, E./Thabet, E.: Laß Dir Zeit. Stottern will verlernt sein. Fischer, Frankfurt/M. 1989
- Stengel, I.: Sprachschwierigkeiten bei Kindern. Klett-Cotta, Stuttgart 1984, 4. Aufl.

Haben LinkshänderInnen mehr Probleme?

lichtung

manche meinen
lechts und rinks
kann man nicht velwechsern
werch ein illtum!

Ernst Jandl

Zu den überholten, aber langlebigen Gerüchten gehört die Auffassung, dass Linkshändigkeit Legasthenie verursachen würde. Die VertreterInnen dieser Behauptung meinen, dass die Verarbeitung von Sinneseindrücken im Gehirn bei Linkshändern komplizierter sei als bei Rechtshändern. Diese Vermutung konnte bis heute nicht bewiesen werden. Ebenso ungeklärt ist, ob die Händigkeit angeboren oder in früher Kindheit erworben wird.

Bekannt ist, dass eine erzwungene Umstellung eines ausgeprägten Linkshänders auf rechts Lern- und Orientierungsschwierigkeiten bis hin zu Neurosen bewirken kann. Linkshänder haben es allerdings in unserer auf Rechtshänder ausgerichteten Welt immer noch schwerer, da sie oft auf Unverständnis stoßen. Allen Erkenntnissen zum Trotz gibt es leider immer noch LehrerInnen und Eltern, die glauben, dass sie einem Kind dadurch helfen, dass sie es auf rechts umzutrainieren versuchen.

Diana Paul empfiehlt in ihrem »Linkshänderbuch«: »Bei einem Linkshänder muss das Licht von der rechten Seite kommen, damit vermieden wird, dass der Schatten seiner Hand das Papier verdunkelt (...) Das Papier sollte links von der Mitte liegen und leicht im Uhrzeigersinn nach rechts gedreht sein (...) ein Schreibgerät, das leicht über das Papier gleitet« (S. 220). Zu ihren Ratschlägen gehören auch drei- oder sechseckige Bleistifte, Musik oder Singen beim Schreibenlernen. Wichtig ist, die Geschicklichkeit der Hände von klein auf durch vielfältige

Spiele und Übungen zu stärken, z.B. Ballspiele, großflächiges Malen, Kneten, Schneiden, Bauen und Basteln.

Ist die Bevorzugung der linken Hand ausgeprägt, sollte keine Umstellung erfolgen.

Auffallend ist eher, dass viele Beidhänder durch den ständigen Wechsel mit Zahlen und Buchstaben länger Orientierungsschwierigkeiten haben. Hier ist eine frühzeitige Festlegung der Schreibhand förderlich. Überprüfen kann man die Händigkeit mit einfachen Dingen:

- Ball fangen und werfen,
- schneiden und malen,
- mit einer Bürste die Fingernägel schrubben lassen,
- Perlen einfädeln u.a.

Problem Schreibhaltung

Viele Kinder gewöhnen sich – wenn Anleitung fehlt – eine falsche Griffhaltung an, die bei ansteigender Schreibgeschwindigkeit zu Verkrampfungen des abgeknickten Handgelenks führen kann und eine zusätzliche Fehlerquelle sein kann. Vor allem LinkshänderInnen gewöhnen sich zunächst gern eine Schreibhaltung »von oben« an, bei der die Schreibhand über das Geschriebene geführt wird. Dies hilft zwar beim Lesen, dabei verwischt jedoch die Hand das Geschriebene. Da Tinte meist erst ab zweitem/drittem Schuljahr benutzt wird, wird das Problem erst dann akut. Jetzt ist jedoch der Schreibablauf bereits so automatisiert, dass er kaum zu korrigieren ist. Hier sind dann nur noch kleine Korrekturen möglich: das Kippen der Schreibunterlage nach links sowie der Ersatz des Füllers durch einen Kuli, Faserstift oder Bleistift oder neuerdings einen speziell für Linkshänder entwickelten Tintenroller!

Tipps für Linkshänder beim Schreiben

- ✔ Ihr Kind benötigt spezielle Schreib- und Schneidegeräte für Linkshänder. Ein dicker Dreiecksstift eignet sich besonders, da er auf dem Mittelfinger flach aufliegen kann. Später eignen sich Dreiecks-Tintenroller oder Spezialfüller.
- ✔ In der Klasse sollte ein Linkshänder immer auf dem linken Eckplatz sitzen, damit sich die Arme beim Schreiben nicht stören.
- ✔ Das Licht sollte von rechts kommen.
- ✔ Linkshänder brauchen eine andere Schreibhaltung und Lage des Schreibpapiers.
- ✔ Um zu vermeiden, dass die Schrift von der nachrückenden Hand verwischt wird, soll die Hand beim Schreiben stets »von unten« zur Zeile geführt werden.
- ✔ Immer wieder sollte Zeit für Lockerungsübungen eingeplant werden, damit die Schreibhaltung nicht verkrampft.
- ✔ Eltern sollten darauf achten, dass ihr Kind beim Abschreiben den Text rechts hingelegt bekommt, da er sonst von der schreibenden Hand verdeckt wird.

Auf dem Weg zur korrekten Schreibhaltung …

Frühzeitig sollte auch darauf geachtet werden, dass Kreise, Zahlen und später Buchstaben in der »richtigen Form« eingeübt werden, damit sich später ein durchgehender ökonomischer Schreibfluss entwickeln kann.

LESE-TIPPS

- Sattler, J.B.: Übungen für Linkshänder. Schreiben und Hantieren mit links. Auer, Donauwörth, 2. Aufl. 1997
- Meyer, R.W. u.a.: Linkshändig? Ein Ratgeber. Humboldt, München 1991
- Smits, R.: Alles mit der linken Hand. Geschick und Geschichte einer Begabung. Rowohlt, Berlin 1994

Ein Kinderbuch, das Linkshändigkeit aus der Sicht einer Betroffenen zum Thema hat:

- Hüttner, D.: Die linke Pinke. rororo, Reinbek 1988

Was unterscheidet gute und schwache Leser?

Vor allem die Motivation und das Interesse am Lesen!

Untersuchungen haben gezeigt, dass schwache Leser viel langsamer entziffern und so nur einen Teil der Wörter eines Satzes inhaltlich und grammatikalisch richtig verstehen. Sie haben oft nur eine Lesestrategie parat – meist das buchstabenweise Zusammenziehen –, auch bei Wörtern, die sie kennen. Gute Leser korrigieren sich häufiger selbst und haben je nach Text unterschiedliche Lösungsstrategien parat. Ausführlich wird das Thema in Kapitel 7 behandelt.

Hat mein Kind »besondere« Lese- und Rechtschreib-Schwierigkeiten?

Die Beantwortung dieser Frage muss immer im Zusammenhang mit dem konkreten Unterricht und seinen Lernzielen gesehen werden. In fast allen Bundesländern sollen die Kinder zwei Jahre Zeit für den Leselernprozess und die Grundlagen des Schreibens haben.

Folgende Auffälligkeiten und Merkmale beim Lesen, Schreiben und Rechtschreiben zeigen an, dass ein Kind Hilfe braucht:

- Beim *Lesen* fehlt das Verstehen des Gelesenen, um den Inhalt sinngemäß wiederzugeben. Es fällt eine wesentlich erhöhte Anzahl von Lesefehlern, so genannte »Verlesungen« bei klassen- bzw. stufengemäßen Lesetexten auf. Es geht sehr langsam, Endungen werden verschluckt, ähnliche Buchstaben verwechselt, Wörter erraten oder von rechts statt links gelesen.

- Beim *Schreiben* benutzt das Kind im Vergleich zu seinem mündlichen Wortbestand einen deutlich eingeschränkten Wortschatz, was sich besonders negativ auf den schriftlichen Ausdruck auswirkt.

  Auch ist der Schreibfluss in vielen Fällen gestört:
  - Manche schreiben zu schnell, vergessen dabei Buchstaben oder Satzteile,
  - andere können das Gehörte nicht in die richtige Buchstabenabfolge umsetzen und
  - wieder andere verkrampfen sich und werden zu langsam.

- Beim *Rechtschreiben* fällt eine wesentlich verringerte Rechtschreibsicherheit auf, die abgelesen werden kann an einem zu geringen Bestand richtiger Wörter aus einem stufengemäßen Grundwortschatz sowie an zu vielen Fehlern bei schriftlichen Arbeiten, insbesondere bei ungeübten Texten.

- Im *Arbeits- und Sozialverhalten* können sich durch länger andauernde Misserfolgserlebnisse bei dem betroffenen Kind einzelne oder mehrere Auffälligkeiten zeigen wie
  - deutliches Vermeidungsverhalten gegenüber Lesen und Schreiben bis hin zur völligen Verweigerung,
  - übersteigerte oder herabgesetzte Ansprüche gegenüber diesen und manchmal auch weiteren Fächern,
  - mangelnde Selbsteinschätzung,
  - auffälliges Verhalten in der Gruppe (aggressiv/zurückgezogen),
  - Schuleschwänzen, bis hin zu psychosomatischen Beschwerden wie Erbrechen, Magenschmerzen, Durchfall, Schlafstörungen.

Die Frage, ob Ihr Kind »besondere« Lese-Rechtschreib-Probleme hat, hängt natürlich auch von den schulischen Anforderungen und Erwartungen der Lehrkraft in der Klasse Ihres Kindes ab, die sehr stark differieren können. Besonders prägend ist der Anfangsunterricht. Idealerweise wird die Lehrerin oder der Lehrer der ersten und zweiten Klasse den Kindern genügend Zeit und Anregungen geben, damit sie eigenständig und individuell unterschiedlich lesen, schreiben und rechnen lernen und keine »besonderen« Schwierigkeiten entstehen.

Es darf aber nicht verschwiegen werden, dass erste Klassen immer häufiger von Lehrkräften unterrichtet werden, die keine spezielle Ausbildung im kindlichen Schriftspracherwerb haben oder die neueren Erkenntnisse der letzten Jahre ignorieren. Noch immer gibt es Schulanfänger, die mit geradezu provozierenden Materialien lernen müssen (z.B. »Uli der Fehlerteufel«). In solchen Klassen werden manche Kinder sehr viel schneller Mühe haben, dem Unterricht und den Erwartungen der Lehrerin und Eltern zu folgen, und die Gefahr des Scheiterns beim Lesen- und Schreibenlernen ist groß. Andererseits gibt es auch einzelne Kinder, deren Entwicklung aus unterschiedlichen Gründen in einzelnen Bereichen so verzögert ist, dass sie zusätzliche Hilfen benötigen, die im Unterricht nur im Rahmen von differenzierten Förderangeboten gegeben werden können.

Wie kann meinem Kind im Unterricht geholfen werden?

Zunächst einmal ist Förderung Aufgabe jeden Unterrichts. Je nach Leistungsfähigkeit können Kinder an unterschiedlichen Themen arbeiten und ihre Erfahrungen in verschiedenen Schwierigkeitsgraden machen. Diktate können in abgestufter Form geschrieben werden, sodass alle Kinder eine echte Erfolgschance haben: Abschreiben, Lückentext, nur eine Hälfte des Textes mitschreiben u.a.

Für Hausaufgaben liegen für jede Klassenstufe Zeitgrenzen vor, die bei normaler Bearbeitung nicht überschritten werden sollen. Entsprechend sollten natürlich für langsame und schnelle Kinder unterschiedliche Aufgabenstellungen vereinbart werden.

Förderung kann ganz unterschiedlich gestaltet sein, indem z.B. eine zweite Lehrerin mit unterrichtet oder die Kinder in Gruppen arbeiten. Manchmal kann aber auch ein gesonderter Förderkurs die beste Hilfe sein.

In allen Bundesländern gibt es Richtlinien oder Erlasse für Kinder mit ausgeprägten Lese- und/oder Rechtschreibproblemen. In diesen Erlassen geht es um frühzeitige Hilfe durch einen verbesserten Anfangsunterricht, damit mögliche Schwierigkeiten vermieden werden, sowie um Fördermaßnahmen, die in jedem Bundesland geregelt sind.

Leider gibt es derartige Erlasse und damit Schonräume für Kinder mit Rechenschwierigkeiten nur in wenigen Bundesländern (siehe S. 101).

Wie führt man positive Gespräche mit der Lehrerin oder dem Lehrer?

Eltern haben manchmal Angst vor solchen Gesprächen, da sie unliebsame Erinnerungen an ihre eigene Schulzeit bedeuten können. Keine Sorge, auch LehrerInnen können Angst vor Eltern haben.

Bedenken Sie, dass Elternabende nicht der Ort für Gespräche über einzelne Kinder sind. Sie sollten regelmäßige Gespräche mit den LehrerInnen Ihres Kindes führen, auch wenn keine akuten Probleme anstehen. Zu den Sprechstunden sollten Sie sich anmelden, damit sich die Lehrkraft auf das Gespräch vorbereiten kann. Vermeiden Sie im Beisein Ihres Kindes negative Kritik an der Lehrerin. Ihr Kind gerät sonst in einen Interessenkonflikt, da es zum Lernen vor allem in den ersten Klassen ein positives Verhältnis zur Lehrperson braucht. Um Ihr Kind besser verstehen zu können und es richtig einschätzen zu können, sollte die Schule über eventuell vorliegende Krankheiten, Krisen oder besondere aktuelle Ereignisse informiert sein. Ein positives, vertrauensvolles Klima ist für alle Teile wichtig.

Leider findet oft erst dann ein Gespräch statt, wenn bereits Probleme vorhanden sind und Misstrauen auf beiden Seiten besteht. Die Eltern haben aufgrund der Berichte ihres Kindes das Gefühl, dass es abgelehnt oder falsch behandelt wird. Hier noch zu einer sachlichen Klärung zu kommen ist oftmals schwierig.

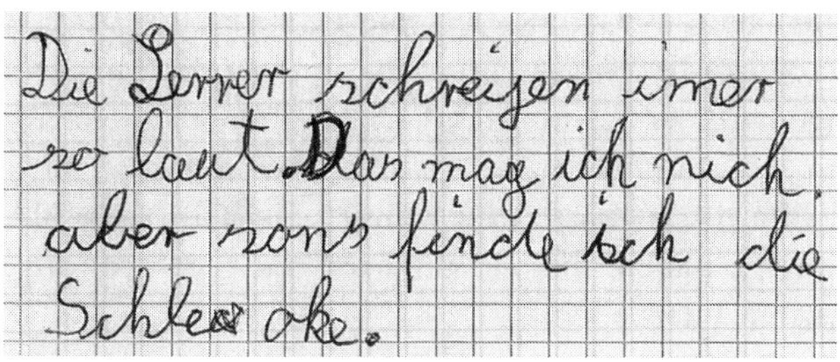
Die Lerrer schreien imer so laut. Das mag ich nich. aber sons finde ich die Schle oke.

Tipps für Gespräche mit Lehrkräften

- ✔ Suchen Sie frühzeitig Kontakt zur Schule. Besuchen Sie die Elternabende sowie Sprechstunden regelmäßig, damit Sie das Unterrichtskonzept der Lehrerin kennen lernen, auch wenn keine akuten Probleme vorhanden sind.
- ✔ Unterstützen Sie die Bemühungen der Schule, wenn es um sinnvolle pädagogische Maßnahmen geht. Arbeiten Sie, soweit es Ihre Zeit erlaubt, aktiv mit, dann entstehen weniger Missverständnisse und Misstrauen.
- ✔ Elternabende sind ungeeignet für Gespräche über einzelne Kinder. Diese erfolgen am besten nach Voranmeldung in der wöchentlichen Sprechstunde, damit sich die Lehrerin auf das Gespräch vorbereiten kann und genügend Zeit vorhanden ist.
- ✔ Schreiben Sie sich zu Hause Ihre Fragen auf und belegen Sie, falls Sie Kritik äußern wollen, diese möglichst mit konkreten Unterlagen (z.B. Notizen über die Dauer der Hausaufgaben, Auffälligkeiten, Ängste).
- ✔ Versuchen Sie zunächst die positiven Aspekte zu loben und nach der Einschätzung der Lehrerin von Ihrem Kind zu fragen, bevor Sie Ihre Beobachtungen und Sorgen vortragen.
- ✔ Lassen Sie die Lehrerin ihren Standpunkt darlegen und fragen Sie nach, falls Sie etwas nicht verstehen.
- ✔ Bemühen Sie sich um eine sachliche Darstellung, vor allem von Vorfällen, die Sie nur aus der Sicht Ihres Kindes kennen.
- ✔ Haben Sie das Gefühl, dass die Lehrerin Ihre Ängste und Sorgen um Ihr Kind nicht ernst nimmt oder ihre Beobachtungen z.B. zu bestimmten Lernschritten als ungewünschte Einmischung ansieht, so sprechen Sie zunächst mit anderen Eltern der Klasse und bringen Sie, falls diese ähnliche Probleme haben, diesen Punkt auf die Tagesordnung beim nächsten Elternabend.

- ✔ Bei Auseinandersetzungen sollten Sie immer den Dienstweg einhalten, d.h. zunächst mit den betroffenen LehrerInnen, dann mit dem Klassenlehrer oder der Klassenlehrerin, danach mit der Schulleitung, dem Schulamt oder dem Kultusministerium. Bei großen Konflikten zwischen Eltern und KlassenlehrerInnen bleibt manchmal nur ein Klassen- bzw. Schulwechsel übrig.
- ✔ Der Schulpsychologische Dienst kann bei Konflikten vermittelnd helfen, dafür ist er u.a. da.

Gerade Eltern von Kindern mit Lernproblemen trauen sich oft nicht, auf Elternabenden die Schwierigkeiten der schwächeren Schüler anzusprechen und offen den Umfang oder die Probleme mit den Hausaufgaben zu diskutieren. Häufig fühlen sie sich als Minderheit und meinen, dass sie von den Eltern der leistungsstärkeren SchülerInnen überstimmt oder – wie es leider vorkommt – lächerlich gemacht werden. Sie haben auch Angst, dass eine solche Diskussion eher zu noch mehr Zusatzaufgaben führt. Es empfiehlt sich, Kontakt mit Eltern aufzunehmen, deren Kinder ähnliche Schwierigkeiten haben, und gemeinsam die Probleme der Kinder beim Elternabend zur Sprache zu bringen.

Was passiert im Förderunterricht?

Das hängt weitgehend von der Kompetenz und Einstellung der Lehrkraft ab. Nach langjährigen Erfahrungen in der Schule und Kontakten zu vielen LehrerInnen glaube ich, dass SchülerInnen mit LRS und Rechenschwierigkeiten am besten ein integrativer Förderunterricht hilft, in dem Spiel, Gespräch, Arbeits- und Lerntechniken, Lesen, Schreiben und Rechtschreiben bzw. Rechnen enthalten sind. Die Interessen der Betroffenen sollten im Unterricht berücksichtigt werden.

Was zeichnet gute Förderarbeit aus?

- Positive Annahme der Kinder mit all ihren Schwierigkeiten und Stärken;
- Lob und Ermutigung bei allen Tätigkeiten;
- Schaffung eines Vertrauensverhältnisses;
- Anbahnen von Erfolgserlebnissen durch kleine Lernschritte;
- Schaffung neuer Motivation für das Lesen, Schreiben und Rechnen in sinnvollen Projekten;
- Aufgabenstellungen, die dem individuellen Lern- und Motivationsstand angemessen sind und gleich überprüft werden;
- Positivbewertung bei allen Spielen und Arbeiten der SchülerInnen;
- Einsatz von sinnvollen Materialien und Medien;
- Wechsel der Übungsformen;
- Berücksichtigung der unterschiedlichen Wahrnehmungs- und Auffassungsbereiche (Auge, Ohr, Hand, Kopf) bei den Lernangeboten;
- Konsequenz beim Einüben von Lern- und Arbeitstechniken, bei der Durchführung von Aufgabenstellungen oder Spielen;
- möglichst intensive Zusammenarbeit mit den KollegInnen und den Eltern.

Am Beginn der Förderarbeit steht immer das Kennenlernen der Kinder, sofern der Förderunterricht nicht in den Händen der Klassenlehrerin liegt.

Wie kann ich von *Christian* weniger Fehler erwarten, wenn ich weiß, dass seine Abneigung gegen alles Schreiben mit den zu hohen Erwartungen des Vaters zusammenhängt, für den als Lehrer Lesen und Schreiben überaus wichtig sind? Zunächst muss dieses Problem mit den Eltern beraten werden und müssen hier Einstellungsänderungen bewirkt werden.

Wie soll *Angela* richtige Wortbilder liefern, wenn sie nicht in der Lage ist, bildlich ähnliche Buchstaben zu unterscheiden (wie d-b), oder keine Unterschiede zwischen den Lauten G/K, B/P hört? Also müssen vorher mit ihr gezielte Übungen zu diesen speziellen Problemen durchgeführt werden.

Wie soll *Pinar* die schriftliche Multiplikation mit mehrstelligen Zahlen zügig rechnen können, wenn sie das kleine Einmaleins noch nicht ausreichend »beherrscht«? Deshalb muss also zunächst diese Lücke geschlossen werden.

Zunächst sollten Spiele und Gespräche im Mittelpunkt stehen, damit die SchülerInnen ausgeglichen und motiviert sind und die Gruppe entspannt und angstfrei lernen kann. Mit der Zeit nehmen die »Kulturtechniken Lesen und Rechtschreiben oder Rechnen« immer größeren Raum ein.

In vielen Schulen liegen die Förderstunden zu ungünstigen Zeiten. Dies muss für die Betroffenen nicht nachteilig sein, wenn Spiele und Gespräche einen wichtigen Platz behalten und Zeit für gemeinsames Essen eingeplant wird. Auf diese Weise versäumen die Kinder keinen Regelunterricht und Förderung fällt nicht in die musischen Fächer oder Sport. Es leuchtet sicherlich ein, dass ein solcher Unterricht ohne Material und Spiele nicht auskommen kann.

LESE-TIPPS

- Naegele, I.M./Valtin, R. (Hrsg.): LRS – Legasthenie – in den Klassen 1–10. Handbuch der Lese-Rechtschreib-Schwierigkeiten. Band 1 und 2, Beltz, Weinheim 2002 und 2001

Beispiel für schulische Förderung

Verlaufsprotokoll einer Förderstunde (3./4. Klasse) während eines Märchenprojekts.

Zeit 7.50–9.25 Uhr.

Anwesend: Mario, Maria, Martin, Arne, Stefan, Daniel, Melanie, Nina, Sven
Fehlend: Ufuk

Sitzkreis/Kreisgespräch

7.50 Uhr: Trotz der Kälte warten bereits alle Kinder vor der Tür. Nach dem Aufschließen legen sie Taschen und Ranzen ab und jeder holt sich einen Stuhl zum Sitzkreis in der Mitte. Da die Gruppe an einem Märchenwettbewerb teilnehmen will, lesen wir bereits seit vier Wochen jede Stunde mitgebrachte Märchen, hören Kassetten an und haben auch schon eine eigene Geschichte, »Der Elefant und die Maus«, erfunden und aufgenommen. Auch heute haben wieder einige Schüler Bücher und Bänder mitgebracht.

Sven: Lustige Streiche der Leute von Mols;
Stefan: Das kleine Gespenst;
Martin: Michel von Lönneberga (Kassette);
Maria: Grimms Märchen

Alle wollen möglichst gleichzeitig vorlesen oder erzählen. Zunächst macht – wie jede Stunde – das noch leere Stundenprotokoll im Sitzkreis die Runde. Jeder trägt seinen Namen ein, wir besprechen, was wir in den beiden Stunde vorhaben und legen die Reihenfolge der Aktivitäten fest: Lesen, Schreiben, Spielen. (Auf dem Protokollblatt werden während der Stunde von den SchülerInnen oder von mir die Aktivitäten festgehalten.)

Vorlesen

8.10 Uhr: Sven hat zu Hause eine Geschichte zum gemeinsamen Lesen ausgesucht. Er stellt sein Buch kurz vor – wir haben das schon die letzten Wochen geübt – und beantwortet Verständnisfragen.

Er beginnt mit dem Lesen, reicht das Buch nach einem Absatz an seine Nachbarin Melanie weiter, dann folgt Nina … bis die Geschichte reihum fertig vorgelesen ist. Daniel gefällt das Buch so gut, dass er es sich von Sven ausleiht. Maria will nun aus ihrer Grimm-Sammlung das Märchen »Der Geist in der Flasche« vorlesen. Nur ungern lässt sie sich unterbrechen, um ihr Buch an Arne weiterzureichen. Wieder macht es die Runde. Manchmal müssen Nachbar oder Nachbarin beim Vorlesen helfen, wenn die Sätze zu lang sind oder zu schwierige Wörter enthalten.

Vorlesen/Erzählen

Das Vorstellen und Lesen der Geschichte »Das kleine Gespenst« vertagen wir auf die nächste Stunde. Martin ist nicht zu bremsen und muss von »seinem« Michel von Lönneberga berichten, unterstützt von Melanie und Daniel, die die Geschichte aus dem Fernsehen und von Kassetten kennen. Nur mit Mühe kann ich den Redefluss unterbrechen und die Gruppe zum Schreiben motivieren.

Stillarbeit/Übung mit diversen RS-Materialien

8.50 Uhr: Die Kinder verteilen sich im Raum und arbeiten an ihren Rechtschreibmaterialien. Es ist jetzt still, und ich gehe herum, um die Hefte durchzusehen. Wer Fragen hat, meldet sich. Martin hat sein Material vergessen und schreibt seinen Teil vom Klassenmärchen nach meinem Kassettenmitschnitt auf.

Kreisspiele

9.10 Uhr: Die Ordner werden zusammengepackt, ich nehme sie zur Durchsicht mit.

Wir setzen uns wieder in den Kreis, diesmal zum Spielen. Daniel schlägt das »Detektivspiel« vor, bei dem eine Person, die für kurze Zeit das Zimmer verlässt, erraten muss, was sich an den Teilnehmern verändert hat. Das Spiel macht großen Spaß. Mario bekommt allein heraus, dass Martin und Anne die Stiefel getauscht haben und – unter Mithilfe – dass Maria und ich die Ringe vertauscht haben. Arne findet heraus, dass Sven und Nina die Gürtel gewechselt und Daniel und Melanie die Ohrringe abgenommen haben.

Zum Abschluss der Stunde spielen wir noch »Mein rechter, rechter Platz ist frei, ich wünsche mir jemand herbei, der …« z.B. – eine blaue Hose anhat oder – eine Brille trägt oder – blonde Haare hat. Wer glaubt, das Gewünschte zu haben, versucht als Erste/r auf den freien Platz zu gelangen. Wer neben dem leer gewordenen Stuhl sitzt, gibt eine neue Anweisung.

Die SchülerInnen sind so vertieft, dass sie das Pausensignal überhören. Als es draußen laut wird, brechen wir das Spiel ab. Die Stühle werden wieder unter die Tische gestellt, Kassetten und Bücher eingepackt und alle gehen in die Pause.

Elterngespräch

9.30 Uhr: Melanies Mutter erwartet mich vor der Tür, um über die Ängste ihrer Tochter vor den Klassenkameraden zu sprechen.

... in der Grundschule beim Rechnen

Hat mein Kind »besondere« Rechenschwierigkeiten?

Es gibt Untersuchungen, nach denen »ca. 15% der Schüler eine mindestens förderungsbedürftige Rechenstörung haben«. Ein Drittel hiervon werden als »extrem rechenschwach« eingestuft. Es erstaunt deshalb nicht, wenn auch festgestellt wurde, dass »sogar mehr Schüler von einer Rechenstörung als von einer Lese-Rechtschreib-Schwäche (LRS) betroffen« sind (Lorenz/Radatz 1993). Allerdings ist der gesellschaftliche Druck auf Kinder mit Schwierigkeiten beim Lesen und Schreiben immer noch erheblich größer als auf Kinder mit Problemen im Rechnen. Das hat verschiedene Gründe. So hat richtiges Schreiben und Lesen im deutschen Sprachraum immer noch einen wesentlich größeren Stellenwert als richtiges Rechnen. Es gehört häufig durchaus zum »guten Ton«, wenn ein Erwachsener darauf hinweist, schon immer schlecht in Mathe gewesen zu sein. Dass er die Rechtschreibung nicht beherrscht, behält er hingegen meist für sich. Dies ist umso erstaunlicher, als im Zeitalter der digitalen Revolution (»Die Welt« vom 23.3.00), der weit verbreiteten Computer, Handys und anderer technischer Geräte ein Zahlenverständnis zunehmend an Bedeutung gewinnt.

Demgegenüber muss man leider feststellen, dass es für die LehrerInnen in öffentlichen Schulen der meisten Bundesländer keine Richtlinien bzw. Verordnungen gibt, wie SchülerInnen mit besonderen Schwierigkeiten im Rechnen gefördert werden können. Derartige amtliche Veröffentlichungen gibt es für SchülerInnen mit besonderen Schwierigkeiten beim Erlernen des Lesens und Rechtschreibens aufgrund eines Beschlusses der Kultusministerkonferenz vom 20.4.1978. Diese amtlichen Veröffentlichungen erleichtern es auch den Eltern von LRS-Kindern, eine zusätzliche Förderung durchzusetzen, wenn sie von der Schule nicht angeboten wird. Leider trifft das für förderungsbedürftige Rechenstörungen nicht zu. Wegen der großen Bedeutung, die dem Rechnen für das spätere Leben und dem Zugang zu vielen Berufen zukommt, wären vergleichbare amtliche Grundsätze auch für die betroffenen SchülerInnen äußerst hilfreich. Insbesondere eine Aussetzung der üblichen Benotung während einer Fördermaßnahme wäre sehr sinnvoll, um die individuellen Lernfortschritte des Kindes nicht durch »schlechte« Noten zu stören.

So bleibt es der Initiative der einzelnen LehrerInnen überlassen auf die Rechenschwierigkeiten ihrer SchülerInnen zu reagieren. Leider sind die LehrerInnen hier oft überfordert, da die Lehrerausbildung die Förderung von Schülern mit Rechenschwierigkeiten nicht ausreichend berücksichtigt. Da die Mehrzahl der LehrerInnen Beamte sind, die nicht selten nur auf Anweisung reagieren, ist es nicht verwunderlich, dass immer wieder Kinder mit Rechenproblemen keine zusätzliche Förderung erhalten. Es sind daher meist die Eltern, die nach Wegen suchen, die ihre Kinder aus den Schwierigkeiten herausführen. Weil sie im Allgemeinen pädagogisch nicht ausgebildet sind, kommen sie ohne fachliche Hilfe nicht weiter.

Wie können Eltern feststellen, ob ihr Kind besondere Hilfen in Mathematik benötigt?

Die Notengebung in der Schule allein ist, wie bekannt, kein verlässlicher Maßstab. Natürlich sind häufige Fünfen und Sechsen ein entscheidender Hinweis, dem unbedingt nachgegangen werden sollte. Aber auch Dreien und Vieren sind keine Garantie für ein ausreichendes Rechenverständnis. So kann ein Schüler mit einem guten Gedächtnis ohne weiteres durch Auswendiglernen seine Rechenprobleme längere Zeit überspielen. Des Weiteren hängt es »weniger vom tatsächlichen Leistungsniveau, sondern stärker von der zufälligen Zugehörigkeit zu einer bestimmten Schulklasse ab, welche Zensur ein Schüler bekommt« (Ingenkamp 1995). Nicht selten werden Rechenprobleme daher erst nach zwei bis drei Schuljahren deutlich. Anzeichen, die schon vorher auf Schwierigkeiten mit dem Gebrauch der Zahlen hindeuten, werden oft nicht als solche wahrgenommen.

Schon in der Zeit vor dem Schulbeginn kommen die Kinder in vielfältiger Form mit Zahlen in Berührung. Viele können schon im unteren Zahlenbereich zählen und rechnen. Andere Kinder vermeiden den Umgang mit Zahlen. Sie haben keine Freude an Spielen, die hilfreich sind für das Erlernen von Rechenoperationen, z.B. Memorys, Puzzles, Würfelspiele. Ein weiterer Hinweis kann die schwach ausgebildete Motorik eines Kindes sein, die sich beim Hüpfen, Seilspringen oder Ballspielen zeigen kann.

Auch besondere Ereignisse wie eine komplizierte Geburt, schwere Krankheiten, Tod oder Scheidung in der Familie können zu Entwicklungsverzögerungen des Kindes führen. Ebenso kann eine Verzögerung der Sprachentwicklung dazu beitragen, dass später Schulaufgaben nicht verstanden werden. Diese Hinweise sollten zu einer verstärkten Beobachtung des Kindes führen und gegebenenfalls von Fachleuten beurteilt werden. Um es klarzustellen: Diese Beobachtungen können, müssen aber nicht auf mögliche Probleme hinweisen. Es gibt Kinder mit solchen oder ähnlichen Auffälligkeiten, die später keinerlei Rechenprobleme haben.

Deutlichere Hinweise ergeben sich dann aber in der Schulzeit. Bereits während des Anfangsunterrichts ist es vielfach üblich, dass Eltern oder Freunde bei den Hausaufgaben mithelfen. Das liegt an dem häufig zu früh einsetzenden Zeit- und Leistungsdruck in der Schule. Nicht selten erwarten die LehrerInnen auch in den höheren Klassen ein zusätzliches Üben des Unterrichtsstoffes zu Hause.

Hierbei zeigen sich bei den Lernenden ganz typische Verhaltensmuster (Röhrig 1996), die auf besondere Schwierigkeiten im mathematischen Bereich hinweisen:

- ➪ Das Kind beschäftigt sich nicht freiwillig mit Mathematik, obwohl es gerade zu Beginn seiner Schulkarriere im Allgemeinen gern lernt. Aufgrund seiner negativen Erfahrungen mit diesem Fach weicht es jeder Beschäftigung damit aus.
- ➪ Sitzt das Kind dann vor einer Rechenaufgabe, kann es sich oft nicht für einen Lösungsweg entscheiden, obwohl es mehrere im Kopf hat. Das ist kein Zeichen von Unwillen, sondern ein Mangel an Entscheidungskriterien. Das Kind ist unsicher, welcher Weg einzuschlagen ist.
- ➪ Diese Unsicherheit führt dann zu Nachfragen an den Helfer. Das Kind erwartet ein Zeichen, dem es entnehmen kann, ob der eingeschlagene Weg erfolgreich sein wird oder nicht. Es genügt ein kritischer Blick oder eine andere verneinende Geste, um das Kind zu verunsichern und von seinem Weg abzubringen. Das Kind probiert dann mechanisch einen anderen Ansatz aus, den es weiterverfolgt, wenn es eine positive Rückmeldung erhält.
- ➪ Die mechanische Bearbeitung von Aufgaben ist typisch dafür, dass die Aufgabenstellung oder der Lösungsweg nicht richtig verstanden wurde. Ein einmal gelerntes Verfahren wird bei verschiedenen Gelegenheiten ohne Bezug zur Fragestellung angewandt.
- ➪ Auch eine unklare Frage an den Helfer kann die Ziellosigkeit und das Unverständnis über den behandelten Stoff zeigen. Das Kind ist nicht in der Lage, die Aufgabe mit eigenen Worten zu formulieren, was bereits ein erster Schritt zum Verständnis wäre.
- ➪ Wenn der helfende Erwachsene einen Lösungsweg vorschlägt, kann es vorkommen, dass er von dem Kind abgelehnt wird, weil er nicht mit den eigenen Vorstellungen übereinstimmt. Das Kind klammert sich an das aus dem Unterricht mitgebrachte Verfahren, auch wenn es dieses nicht ganz verstanden hat.
- ➪ Ähnlich ist es mit dem Hinweis des Kindes, dass in der Schule ein anderer Weg benutzt wurde. Selbst wenn dieser Hinweis nicht stimmen sollte, beharrt das Kind auf seinem

Standpunkt und weigert sich, einen neuen Weg zu beschreiten.

- ➪ Helfende Erwachsene können feststellen, dass der Lernstoff, der vor kurzem noch »saß«, bei nächster Gelegenheit, z.B. einer Klassenarbeit, wieder vergessen ist. Dieses Phänomen ist nur dadurch zu erklären, dass der Lernstoff nicht wirklich begriffen wurde, sondern nur kurzfristig angeeignet war und in einer Stresssituation sich das niedrigere Leistungsniveau wieder einstellt.
- ➪ Nicht selten versuchen Kinder von ihren Misserfolgen durch Angeberei oder Albernheiten abzulenken. Auch eine überbetonte Rechthaberei dient dazu, eigene Schwächen zu überdecken.

Bei diesen Verhaltensweisen lernender Kinder ergibt sich ein Gesamtergebnis:

Häufiges Üben verbessert in der Regel die schulischen Leistungen nicht wesentlich. Der Lernstoff wird noch und noch wiederholt, aber die Schulnoten verbessern sich nicht. Die wesentliche Ursache hierfür liegt darin, dass der Stoff nicht wirklich verstanden wurde und falsche Rechenstrategien angewandt wurden. Anstelle der in der Schule gelehrten werden eigene Verfahren benutzt, die beim Üben nicht hinterfragt werden. Im Gegenteil: Der nicht begriffene Stoff wird durch das ständige Üben eher verfestigt und führt immer wieder zu falschen Ergebnissen, was für alle Beteiligten frustrierend ist. Deshalb kann »Üben erst einsetzen, wenn das Verständnis gewonnen ist«, wie ein altes Lerngesetz lautet. Neben dem Verständnis gehört zum erfolgreichen Üben die regelmäßige Wiederholung in kleinen Einheiten (vgl. Kap. 5, S. 119 und Kap. 11, S. 241).

Die aufgetretenen Wissenslücken können bereits weit zurückreichen. Z.B. wird eine Schülerin mehrstellige Zahlen nicht fehlerfrei addieren und subtrahieren können, wenn ihr das früher behandelte Stellenwertprinzip, d.h. die Bedeutung der Ziffern in ihrer räumlichen Anordnung (Einer, Zehner, Hunderter ...), nicht geläufig ist. In der Arithmetik (das Rechnen mit Zahlen) gilt allgemein, dass komplizierte Rechenoperationen nur dann richtig ausgeführt werden können, wenn die zugrunde liegenden einfacheren Operationen beherrscht werden. Das gilt weniger für die Geometrie in der Grundschule.

Wo die Schwierigkeiten jeweils liegen, kann deshalb nur durch eine individuelle Fehleranalyse unter Einbezug der schriftlichen Leistungen des Kindes erfolgen. Eine von dafür ausgebildeten Fachleuten durchgeführte systematische Analyse der Fehler, die ein Kind bei den Rechenaufgaben macht, führt zur Feststellung seines Lernniveaus. Dieses kann in den einzelnen mathematischen Bereichen unterschiedlich hoch sein. Durch eine genaue Anpassung des Lernstoffs an dem vorhandenen Wissen können dann die Kenntnisse schrittweise erweitert werden.

Wenn, wie es leider oft der Fall ist, die LehrerInnen das Problem nicht erkennen, so müssen die Eltern auf einer derartigen zusätzlichen Förderung bestehen und gegebenenfalls eine außerschulische qualifizierte Hilfe suchen.

Je frühzeitiger eine Förderung begonnen wird, desto günstiger sind die Prognosen für eine normale Schulkarriere. In jedem Fall kann eine zusätzliche Förderung zu einer deutlichen Verbesserung der psychischen Situation und der schulischen Leistungen führen.

LESE-TIPPS

Für Eltern:

- Röhrig, R.: Mathematik mangelhaft. Fehler entdecken, Ursachen erkennen, Lösungen finden. Arithmasthenie/Dyskalkulie; neue Wege beim Lernen. rororo, Reinbek 1996
- Schwarz, M.: Rechenschwäche? Wie Eltern helfen können. Urania-Ravensburger Ratgeber, Berlin 1999 – mit Einschränkung zu empfehlen, was die Ursachen betrifft.

Für Fachleute:

- Ingenkamp, K.H. (Hrsg.): Die Fragwürdigkeit der Zensurengebung. Beltz, Weinheim, 9. Aufl. 1995
- Lorenz, J.H.: Kinder entdecken die Mathematik. Westermann, Braunschweig 1998
- Lorenz, J.H./Radatz, H.: Handbuch des Förderns im Mathematikunterricht. Schroedel, Hannover 1993

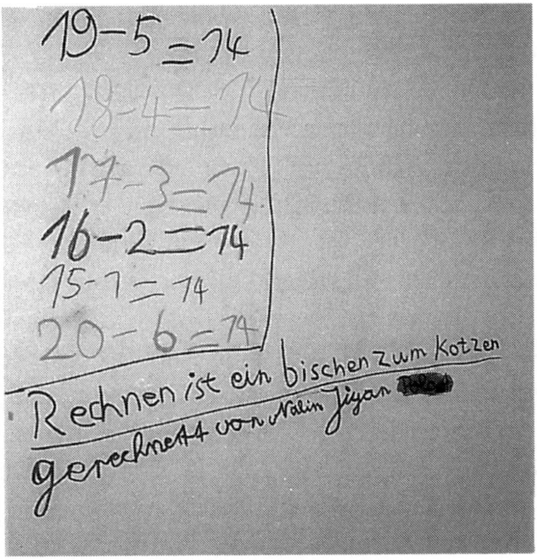

Klaus R. Zimmermann

… in den weiterführenden Schulen

Welche weiterführende Schule ist die richtige Wahl?

Der Wechsel von der Grundschule in die Sekundarstufe stellt für alle Kinder einen bedeutsamen Einschnitt dar. Für SchülerInnen mit LRS (oder Rechenschwierigkeiten) kann er eine echte Chance zum Neubeginn bieten, in vielen Fällen kann jedoch eine Ausweitung der Probleme drohen.

Zur Wahl der weiterführenden Schule lässt sich generell sagen, dass immer die Form die richtige ist, die den Fähigkeiten und Interessen des Kindes am besten entspricht. In der Regel ist dies nach vier Schuljahren nur schwer zu entscheiden, sodass manchmal LRS-SchülerInnen der Besuch einer Förder- oder Orientierungsstufe mit flexiblen Differenzierungsangeboten helfen kann, um die weitere Entwicklung in Ruhe beobachten zu können. Da jedoch regionale und oft innerörtliche Besonderheiten die »Qualität« einer Schule oder Schulform bestimmen, lassen sich keine generellen Ratschläge geben. In manchen Bundesländern hängt der Zugang zu Realschulen und Gymnasien auch von bestimmten Eingangsqualifikationen ab, die LRS-Kinder trotz guter Kreativität und Intelligenz immer wieder benachteiligen.

Obwohl die Aufnahme in eine weiterführende Schule in allen kultusministeriellen Erlassen unabhängig vom Vorliegen einer LRS erfolgen sollte, sieht die Schulrealität manchmal anders aus. Eltern von LRS-Kindern brauchen oft viel Selbstsicherheit, guten rechtlichen Beistand und Unterstützung, um die Interessen ihres Kindes durchzusetzen.

Bevor Sie Ihr Kind bei einer weiterführenden Schule anmelden, ist es ratsam, nicht nur die Schule, sondern andere Eltern, eventuell den Schulpsychologischen Dienst (Schülerhilfe) oder eine öffentliche oder private Beratungsstelle zu Rate zu ziehen.

Bei der Entscheidung für oder gegen eine bestimmte Schulform sollten Sie mit den bisherigen Lehrkräften zusammen überlegen, wo sich Ihr Kind am besten wohl fühlen und erfolgreich mitarbeiten könnte. Bei großen Lese- und Rechtschreibproblemen ist eventuell eine freiwillige Wiederholung der vierten Klasse in Erwägung zu ziehen. In diesem Jahr können Lücken geschlossen werden, das Selbstvertrauen gestärkt und die Aussicht auf einen erfolgreichen weiteren Schulweg vergrößert werden.

Es gibt heute viele verschiedene Bildungswege, über die Sie sich informieren sollten. Manchem Kind kann die Realschule helfen, da sie weniger Fächer und nur eine verbindliche Fremdsprache führt, allerdings in den »Leistungsfächern« Rechtschreibung und Mathematik große Anforderungen stellt. Nach der Realschule besteht bei gutem Abschluss die Möglichkeit des Besuchs der gymnasialen Oberstufe. Belastbare Kinder mit kreativen Ideen, naturwissenschaftlichem Interesse und guter mündlicher Ausdrucksfähigkeit gehören aufs Gymnasium.

Viele Kinder, die in der Grundschule große Lese- und Rechtschreibprobleme haben, kommen in die Hauptschule. In der öffentlichen Diskussion hat die Hauptschule den Ruf einer Restschule für Lernunwillige und ausländische Seiteneinsteiger erhalten, den sie nicht verdient. In den letzten Jahren werden verstärkt Förderprogramme im Bereich der schriftlichen Fertigkeiten angeboten, um die Jugendlichen für die Suche nach einem Ausbildungsplatz vorzubereiten. Bei gutem Hauptschulabschluss stehen den AbsolventInnen in allen Bundesländern aufbauende Weiterqualifizierungsmöglichkeiten offen.

Aufpassen sollten Eltern vor ungerechtfertigter Überweisung in eine Sonderschule für Lernbehinderte. Sicherlich gibt es Kinder, denen – solange es diese Schulform noch gibt – dort umfassender und besser geholfen werden kann, nur dürfen Probleme im Lesen und Schreiben in keinem Bundesland der Anlass sein, dass ein Kind in die Sonderschule überwiesen wird.

Ein Negativbeispiel, das sicherlich nicht nur in Hessen vorkommt:

Eine Sonderschullehrerin ruft an, weil sie sich um einen Schüler in ihrer 6. Klasse Sorgen macht. *Thomas* war in der dritten Klasse trotz normaler Intelligenz wegen seiner Lese- und Rechtschreibprobleme in die Sonderschule überwiesen worden. Die Lehrerin bemühte sich zwar um den Jungen, führte einen zweiten Leselehrgang durch, der *Thomas* aber wiederum scheitern ließ. Jetzt macht sie sich Sorgen, weil er – verständlicherweise – keine Motivation zum Lesen und Schreiben mehr hat, seine Probleme sich inzwischen auf die anderen Fächer ausgeweitet haben und er als Analphabet die Schule zu verlassen droht. Der Junge möchte lesen und schreiben lernen, die Eltern können jedoch keine Therapie bezahlen. In langwierigen Verhandlungen mit dem Jugendamt kann erreicht werden, dass eine integrative Maßnahme mit Schwerpunkt Lesen und Motivation bewilligt wird. Nach einem Jahr Therapie, die an seinem Hobby, der Techno-Musik, ansetzte und neben systematischer Arbeit am Schriftspracherwerb vor allem Gespräche über seine bisherigen Misserfolge beinhaltete, hat er einen Zugang zu dieser bisher für ihn verschlossenen Welt erworben.

Wie können Sie Ihrem Kind beim Schulwechsel helfen?

Besuchen Sie möglichst rasch nach Schuljahresbeginn die Sprechstunden aller Lehrerinnen und Lehrer Ihres Kindes. Zum einen können Sie hier von den bisherigen Schwierigkeiten berichten, zum anderen auf Stärken Ihres Kindes hinweisen und um Aufmerksamkeit und frühzeitige Kontaktaufnahme bei Problemen bitten.

Die verständliche Einstellung mancher Eltern, ihrem Kind nach dem Schulwechsel doch erst einmal Luft zu lassen und abzuwarten, hat sich auch schon als Bumerang erwiesen. In den weiterführenden Schulen unterrichten die meisten Lehrkräfte in vielen Klassen und haben oft nur zwei Wochenstunden in der Klasse Ihres Kindes, sodass Ihr Kind durch Unkenntnis falsch beurteilt werden kann. Ohne böse Absicht, nur durch mangelnde Kommunikation, ist so schon manches Kind in eine tiefe Krise gestürzt worden.

Halten Sie also Kontakt mit der Schule, »werben« Sie für Ihr Kind, besprechen Sie die Möglichkeiten von Erleichterungen bei den Hausaufgaben. Ihr Kind kann z.B. danebengegangene Arbeiten durch Referate ausgleichen. Bitten Sie die Lehrerin oder den Lehrer, Ihr Kind so zu setzen, dass es nicht abgelenkt oder übersehen wird.

Treffen Sie auf Unverständnis und Einstellungen wie »Solche Kinder gehören nicht hierher« oder »Für uns gilt der LRS-Erlass nicht«, so sollten Sie sich auf den in Ihrem Bundesland gültigen Erlass berufen und sich nicht scheuen, die nächst höheren Instanzen bis zum Kultusministerium einzuschalten.

LESE-TIPPS

- Block, K.: Geht es Ihnen gut, oder haben Sie Kinder am Gymnasium? Rowohlt, Reinbek 1998
- Endres, W.: Nie wieder pauken. 99 starke Lerntipps. 6.–10. Klasse. Beltz, Weinheim 2001 (Neuausgabe)
- Endres, W./Wagner-Lippok, F.: Beltz Lern-Trainer: »Der hat mich auf dem Kieker« – Tipps für den Umgang mit schwierigen Lehrerinnen und Lehrern. Beltz, Weinheim 1997
- Kohler, B.: Hausaufgaben. Helfen – aber wie? Beltz, Weinheim, 5. Aufl., 1998

Förderunterricht in der Sekundarstufe

»Internationales Koch- und Spielbuch« – LRS-Förderung in Klasse 5 einer hessischen Gesamtschule als Beispiel.

Vorbemerkungen

Förderunterricht für Schüler und Schülerinnen mit LRS ist durch Erlass in allen Bundesländern vorgesehen. Die schulische Realität zeigt indes, dass es oft bei der guten Absicht bleibt und der Unterricht entweder aus Stundenmangel gar nicht stattfindet oder der Lehrer/die Lehrerin abgezogen wird wegen Unterrichtsausfall, Krankheit, Konferenzen, Hitzefrei, Neueinschulung u.a.

Falls Förderstunden zur Verfügung stehen, sind es meist die Randstunden, oft also die 5./6. Stunde, in denen Motivation, Konzentrationsfähigkeit und Lernbereitschaft sowieso am niedrigsten sind.

Die Frage ist also: Wie können Schüler und Schülerinnen mit Lernproblemen zu solch ungünstigen Zeiten motiviert werden, damit sie gern kommen und auch noch Interesse am Erlernen des Lesens und Schreibens entwickeln, einer für sie negativ besetzten Tätigkeit?

Hierzu ein Beispiel aus meiner eigenen Unterrichtspraxis, in der ich mit Unterrichtsprojekten sehr gute Erfahrungen gemacht habe. Am erfolgreichsten waren solche mit »Auswirkungen«, wobei die Jugendlichen trotz aller Probleme mit der Orthographie Interesse an normgerechter Schreibung entwickelten.

Meine Fördergruppen haben an Wettbewerben teilgenommen, Aufsätze zu Bildern geschrieben, Märchen erfunden und illustriert, Spiele erfunden, Zeitungen gemacht, Koch- und Spielbücher u.a. verfasst.

Ausgangslage

Das »Koch- und Spielbuch für Leute, die wenig Zeit haben« – so der komplette Titel – entstand in einem Förderkurs, den sechs Schülerinnen und fünf Schüler aus sechs Ländern besuchten. Sie kamen aus unterschiedlichen Stammgruppen der fünften Jahrgangsstufe einer hessischen Gesamtschule. Alle hatten große Probleme beim Rechtschreiben, viele auch beim Lesen und Abfassen von Texten, manche auch mit der deutschen Grammatik.

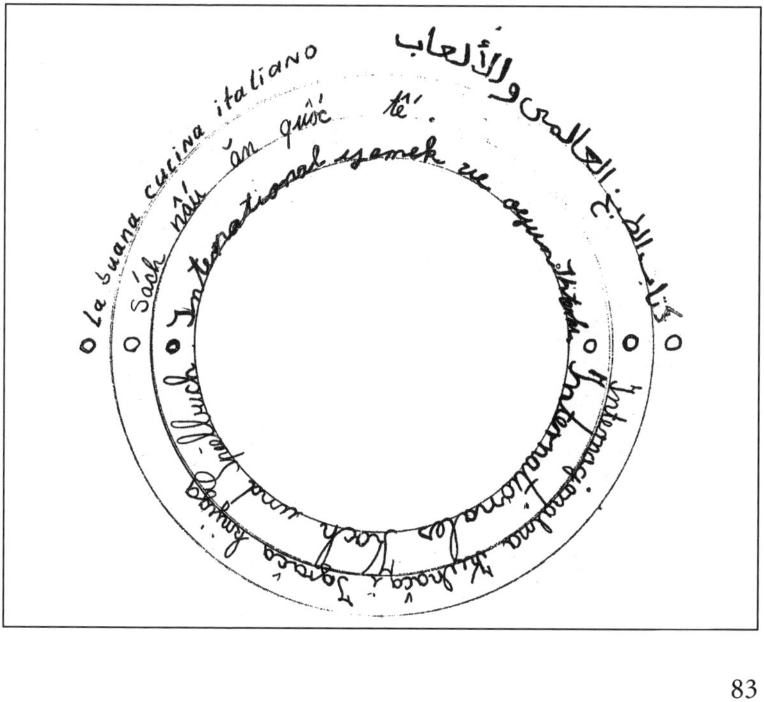

Aus Deutschland kamen Andrea, Evelyn, Holger, Markus, Nicole und Sven. Akif stammte aus der Türkei, Astrid aus Italien, Jamal aus Marokko, Nhu Minh aus Vietnam, Sabine aus Jugoslawien. Eine internationale Besetzung! Unterrichtszeit war dienstags, 5./6. Stunde.

Das Stundenprotokoll (die Schüler und ich führten es in allen Kursen) der ersten gemeinsamen Stunde nach den Sommerferien zeigt, dass wir Kreisspiele wie »Ich sitze im Grünen und liebe ganz heimlich« und »Hauptsender–Nebensender« spielten, um uns rasch kennen zu lernen, schriftliche Interviews zu persönlichen Fragen und Hobbys machten und auch die bisherigen Erfahrungen mit den Schulschwierigkeiten thematisierten. Die Spiele lieferten bereits eine Fülle an Informationen über Sprachstand, Beherrschung der deutschen Sprache, Konzentrationsfähigkeit, Artikulation u.a.

Niemand war glücklich über die Gruppengröße und Lage der Stunden. Wir stellten im Laufe der Zeit Überlegungen an, wie wir die Stunden auflockern könnten. Da ich gerade mit einem anderen Förderkurs ein »Back- & Spielbuch« fertig gestellt hatte, das der Gruppe gut gefiel, entwickelte sich die Idee quasi von allein.

Der Förderkurs wurde nach den Weihnachtsferien in die Schulküche verlegt mit der Auflage, dass wir die Küche jedes Mal sauber zu verlassen hätten.

Durchführung

Zwischen Weihnachten und Ostern wurde die »Internationale Schnellkochküche« eröffnet. Im Sitzkreis wurde ein Menüplan zusammengestellt. Kriterien für die Auswahl der Gerichte waren: schnelle Zubereitung mit wenig Abwasch, keine großen Kosten, es sollte allen schmecken. Für jede Stunde zeichnete ein Schüler/eine Schülerin für ein Gericht verantwortlich, brachte die Zutaten mit, bereitete das Essen mit einer Kleingruppe vor, während die anderen die Tische deckten, in ihren Rechtschreibmaterialien arbeiteten, spielten oder lasen. Beim gemeinsamen Essen wurde das Rezept vorgestellt (und das Menü kommentiert). Es wurde anschließend an die Tafel geschrieben, korrigiert und von der Köchin/dem Koch abgeschrieben und im gemeinsamen Sammelordner mit den Stundenprotokollen bis zur endgültigen »Buch«gestaltung aufbewahrt.

Diejenigen, die sich nicht an der Essensvorbereitung beteiligt hatten, waren für den Abwasch und das Aufräumen verantwortlich, die anderen konnten in dieser Zeit ihre Rechtschreibmaterialien weiterbearbeiten, mit mir durchsehen oder lesen.

Das war der Menüplan:

Ravioli
Toast Hawaii
Reibekuchen mit Apfelmus
Eintopf
Fischstäbchen
Türkische Suppe
Chinesische Nudelsuppe
Pommes und Quarkspeise
Spaghetti mit Soße
Pizza
Weinbergschnecken

Ergänzt wurde das Projekt durch Spiele, die zum Teil aus den verschiedenen Heimatländern stammen, sowie Märchen und Geschichten, die von den Kindern oder mir vorgelesen wurden. Die gruselige »Geschichte vom Sultan und dem Garkoch« aus Marokko wird keiner der TeilnehmerInnen vergessen.

Hier ein Rezept und Spiel, die nach einem einheitlichen, gemeinsam entwickelten Raster geschrieben wurden:

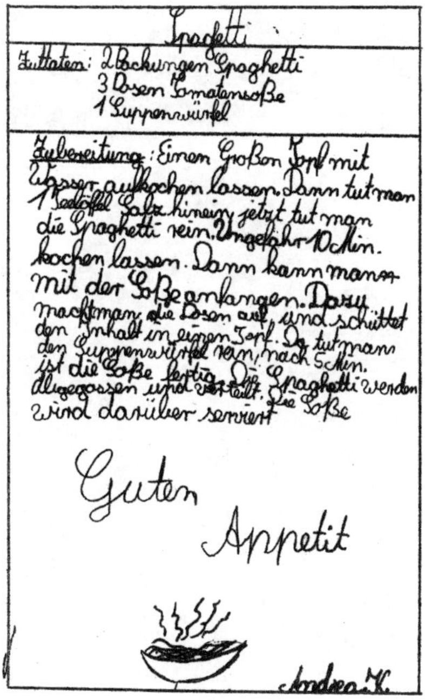

Spagetti

Zutaten: 2 Packungen Spaghetti
3 Dosen Tomatensoße
1 Suppenwürfel

Zubereitung: Einen Großen Topf mit Wasser aufkochen lassen. Dann tut man 1 Teelöffel Salz hinein, jetzt tut man die Spaghetti rein. Ungefähr 10 Min. kochen lassen. Dann kann man mit der Soße anfangen. Dazu macht man die Dosen auf, und schüttet den Inhalt in einen Topf. Da tut man den Suppenwürfel rein, nach 5 Min. ist die Soße fertig. Die Spaghetti werden abgegossen und verteilt. Die Soße wird darüber serviert

Guten Appetit

Andrea K.

Da die Schüler das Kochbuch beim Schulfest verkaufen wollten, gestaltete sich die sonst eher mühevolle Arbeit des Matrizenschreibens, der grafischen Gestaltung, des Abziehens und Heftens relativ unproblematisch, aber angesichts der geringen Stundenzahl hetzig. Heute wäre es mit einem Computer wesentlich einfacher.

Eltern unterstützten unser Vorhaben durch die Zutaten und später durch Kopien der Fotoseiten, die für die Kinder besonders wichtig waren. Sie geben auch Einblick in die Arbeit:

Überlegung nach dem Projekt

Die Gruppe und ich haben bei der Durchführung des Projekts eine Menge positiver Erfahrungen gemacht:

So entwickelten die Jugendlichen ein starkes Zusammengehörigkeitsgefühl. Sie waren im Unterricht hoch motiviert beim Lesen von Kochrezepten und Märchen sowie beim Vorlesen. Für die künftigen Leser ihres »Buches« bemühten sie sich, ihre Rezepte und Spiele verständlich darzustellen, auch was Rechtschreibung, Satzbau und Zeichensetzung betrifft. So hatten sie positive Erfahrungen im Umgang mit dem sonst nur negativ besetzten Lesen und Schreiben gemacht, und diese Erfahrungen haben sich wiederum positiv auch auf den Regelunterricht übertragen.

Es bleibt anzumerken, dass alle Schüler und Schülerinnen dieser Gruppe spätestens nach Klasse 6 ihre besonderen Lese-Rechtschreib-Schwierigkeiten überwunden hatten und wieder normal benotet werden konnten; natürlich nicht nur wegen der Projekte, sondern auch wegen des kontinuierlichen Übens und der Verbesserung ihrer Lern- und Arbeitstechniken.

3. GANZ OHNE THEORIE GEHT ES NICHT...

Hat mein Kind die »chinesische Krankheit«?

»Legasthenie«, »LRS«, »besondere Lese-Rechtschreib-Schwierigkeiten«, »Lese-Rechtschreib-Schwäche«, »Psycho-Organisches Syndrom« (POS), »MCD«, »Teilleistungsstörung«, »Dyslexie« »kongenitale Legasthenie«, »Blickstörung«, »ADD« (attention deficit disorder), »Hyperaktivität« …

In der Öffentlichkeit grassiert eine Fülle an Bezeichnungen, die alle auch für Probleme beim Lesen und Rechtschreiben stehen. Durch die Wahl des Begriffes soll jeweils eine andere Form oder Ursache hervorgehoben werden.

Vielleicht geht es manchem Leser, mancher Leserin so wie einer betroffenen Mutter, die in ihrer Hilflosigkeit und Sorge bei der Schulpsychologin Rat suchte: »Was soll ich tun, die Lehrerin sagt, mein Kind hat die chinesische Krankheit?« Oder die Sechstklässlerin, die zusammenbrach, als ihr der Kinderarzt erklärte, dass Legasthenie eben eine Krankheit sei, an der sie zeitlebens leiden werde. »Dann kann ich das Üben ja gleich lassen, wenn mein Schicksal beschlossen ist.«

Wenn es selbst für ExpertInnen inzwischen schwer ist, sich in dem Wirrwarr an Begriffen und dem, was Einzelne darunter verstehen, zurechtzufinden, wie sollen dies erst Eltern können, die meist mehr oder minder plötzlich mit einer der obigen Etikettierungen konfrontiert werden und Orientierung und Hilfe für die Lese-Rechtschreib-Schwierigkeiten ihres Kindes suchen?

Damit es zumindest in diesem Ratgeber keine sprachlichen und inhaltlichen Missverständnisse gibt, werde ich im Folgenden kurz auf die Ergebnisse der Forschungen in diesem Bereich eingehen.

Wo bleibt die »Legasthenie«? Ein kurzer Ausflug in die Vergangenheit

Oft werden – sozusagen als Trost – im Zusammenhang mit Legasthenie berühmte Namen genannt, wie z.B. Karl der Große, Albert Einstein, Friedrich der Große, Winston Churchill oder Rockefeller. Dabei gibt es in Deutschland erst seit 100 Jahren eine verbindliche Rechtschreibung. Auch Goethe tat sich mit dem Schreiben schwer. 1818 gestand er in einem Brief (zitiert aus Kleßmann 1993, S. 96):

»Ich bin niemals zerstreuter, als wenn ich mit eigner Hand schreibe: denn weil die Feder nicht so geschwind läuft, als ich denke, so schreibe ich oft den Schlussbuchstaben des folgenden Worts, ehe das erste noch zu Ende ist, und mitten in einem Komma fange ich den folgenden Perioden an. Ein Wort schreibe ich mit dreierlei Orthographie, und was der Unarten alle sein mögen.« Und zehn Jahre später meinte er: »Ich mache in jedem Brief Schreibfehler und keine Komma.«

Er hatte allerdings das Glück, schon von Kindheit an einen Schreiber zur Verfügung zu haben, was heutigen LRS-SchülerInnen verwehrt bleibt. Verbindliche Rechtschreibvereinbarungen entstanden im Zusammenhang mit der Durchsetzung der allgemeinen Schulpflicht im 19. Jahrhundert und der Forderung der Lehrer nach einheitlichen Schreibweisen. Das war das Werk Konrad Dudens mit seinem »Vollständigen Orthographischen Wörterbuch der deutschen Sprache«, das erstmals 1880 in Leipzig erschien.

Der Begriff »Legasthenie« bedeutet zunächst einmal nur die griechische Übersetzung von »Lese-Schwäche«. Sein »Erfinder«, der ungarische Arzt und Psychiater Paul Ranschburg, charakterisierte 1916 interessanterweise damit einen ganz anderen Personenkreis als seine heutigen Verfechter. Für ihn bedeutete Legasthenie: »... eine nachhaltige Rückständigkeit höheren Grades in der geistigen Entwicklung des Kindes, sich äußernd in der Unfähigkeit, im Alter von sechs bis acht Jahren oder auch noch darüber hinaus, sich eine derart genügende Geläufigkeit des mechanischen Lesens anzueignen, welche die Vorbedingungen eines erträglichen Verständnisses des Gelesenen wäre (...) Mit der Leseschwäche geht ohne Ausnahme eine entsprechend hochgradige Schwäche des Diktat- und Kopfschreibens einher.« (Ranschburg 1928, S. 88)

Durch diese Abgrenzung blieb die Legasthenie im deutschsprachigen Raum ein Problem der Sonderschule und rückte erst nach dem Zweiten Weltkrieg durch das Bekanntwerden angelsächsischer und dänischer Veröffentlichungen in das Aufgabengebiet der Normalschule. Im Gegensatz dazu bezeichnete die Schweizer Psychologin Maria Linder aufgrund ihrer Untersuchungen eine ganz andere Gruppe von SchülerInnen als Legastheniker, weil sie ihr bisher besonders vernachlässigt schien. Nach ihr war Legasthenie ... »eine spezielle und aus dem Rahmen der übrigen Leistungen fallende Schwäche beim Erlernen des Lesens (und indirekt auch des selbstständigen orthographischen Schreibens) bei sonst intakter oder (im Verhältnis zur Lesefähigkeit) relativ guter Intelligenz« (1951, S. 100).

In den 60er- und 70er-Jahren wurde »Legasthenie« zum meistdiskutierten Schulthema in der Öffentlichkeit. Für Ärzte und Psychologen war es eine Krankheit, für deren Behandlung die Krankenkassen zuständig waren, in der Schule fiel unter diese Bezeichnung – ganz im Gegensatz zum ursprünglichen Wortschöpfer – nur die Teilgruppe der Kinder mit Lese-Rechtschreib-Problemen, auf die die Beschreibung von Maria Linder passte. Hilfe erhielten nur die SchülerInnen, die folgenden (Test-)Eigenschaften genügten: a) intelligent, b) mit isolierten Störungen im Lesen/Rechtschreiben und c) bestimmten Fehlerarten (z.B. Vertauschen von d und b, p und q, ie und ei, n und u) und d), deren Ursachen nicht unterrichtsbedingt waren.

Da Forschung und Praxis diese Eingrenzung unhaltbar werden ließen, wurde der Begriff »Legasthenie« im amtlichen Sprachgebrauch abgeschafft und durch die wenig schöne, aber präzisere Umschreibung »Besondere Schwierigkeiten beim Erlernen des Lesens und des Rechtschreibens« (KMK-Konferenz 1978) ersetzt.

Zu den Irrtümern »Krankheit« und »isoliertes Versagen mit bestimmten Fehlern« kommt noch ein dritter Grund für die Aufgabe des missverständlichen Legasthenie-Begriffs hinzu: Nicht das Lesen, sondern die Rechtschreibung steht – zumindest in Deutschland – im Zentrum des Problems. Wenn es also schon ein Fremdwort sein muss, dann »Grapho-astenie« (Schreib-Schwäche).

Was ist was? Namen und Begriffe

Da Eltern auf ihrer Suche nach Hilfe mit den verschiedenen Begriffen konfrontiert werden und es Fachleute, Ratgeber, Beratungsstellen und Bücher ganz unterschiedlicher Richtung gibt, hier ein paar Erläuterungen, obwohl die Begriffe immer wieder, auch in Schulerlassen, austauschbar verwendet werden.

LRS

Kinder »mit besonderen Schwierigkeiten beim Lesen und Rechtschreiben« (abgekürzt LRS) haben in allen Bundesländern durch entsprechende Erlasse Anspruch auf Rücksichtnahme und Förderung im Unterricht.

Ratgeber aus dem Bereich der Pädagogik bieten unter dem Begriff *LRS* – für Lese-Rechtschreib-*Schwierigkeiten* oder *-Schwäche* – meist Hilfen mit Schwerpunkten im Lesen, Rechtschreiben und Lernen an und beziehen häufig die Aufarbeitung der seelischen Folgen in ihr Förderkonzept ein.

Legasthenie

Psychologische Beratungsstellen, große Teile der Ärzteschaft, Therapieeinrichtungen sowie der Elternverein »Bundesverband Legasthenie« verwenden meist den Begriff *Legasthenie*, worunter jedoch jeweils unterschiedliche Störungen – häufig neurophysiologisch definiert – verstanden werden. Je nach dem vertretenen Ursachenverständnis werden unterschiedliche Therapieformen empfohlen, z.B. Familientherapie, Funktionstraining, Augen- oder Hörtrainings, Spieltherapie, Musiktherapie, psychomotorisches Training.

Interessanterweise verzichtet die medizinische »Internationale Klassifikation psychischer Störungen« (ICD-10), die Grundlage für die Anerkennung von Leistungen der Krankenkassen ist, auf den Begriff »Legasthenie«. Unter dem Oberbegriff »umschriebene Entwicklungsstörungen schulischer Fertigkeiten« werden unter F 81.0 und F81.1. die Begriffe »Lese-« und »Rechtschreibstörung« bzw. »isolierte Rechtschreibstörung« verwendet (Text im Anhang, S. 312).

Teilleistungsstörung

Dieser Begriff oder »psychoreaktive Störung« wird in den letzten Jahren verstärkt von Medizinern, Psychotherapeuten und Psychiatern gebraucht, manche geben als Ursache für LRS auch »*MCD* – Minimale cerebrale Dysfunktion« an. Neben der auch in Fachkreisen umstrittenen medikamentösen Behandlung empfehlen sie meist Psycho-, Spiel- oder Mototherapien oder ein Funktionstraining.

Sind Störungen beim Erwerb der Schriftsprache eine Krankheit?

Nein! Zunächst einmal handelt es sich bei Lese-Rechtschreib-Schwierigkeiten um ein Lernproblem mit sehr unterschiedlichen Ursachen, aber nicht um eine Krankheit. So vielfältig wie die Erreger eines Schnupfens sind auch die Ursachen der LRS. Nur dauern sie länger an.

Zum Glück können dafür ausgebildete Fachleute fast immer auf die Quellen der Schwierigkeiten stoßen und durch geeignete Methoden Abhilfe schaffen. Dabei müssen in die Spurensuche immer neben dem betroffenen Kind die Lernsituation und die familiäre Umwelt mit einbezogen werden. In Einzelfällen können auch organische Gründe mitverantwortlich sein, z.B. Seh- und Hörfehler oder Entwicklungsrückstände.

Je länger die Probleme aber andauern, umso mehr die betroffene Person und ihre Umwelt darunter leiden, desto größer wird die Gefahr, dass psychosomatische Störungen und Fehlentwicklungen entstehen, die dann sehr wohl unter den Krankheitsbegriff der WHO fallen und deren Kosten von den Krankenkassen getragen werden müssten.

LRS muss kein unabänderliches Schicksal sein. Jedes Kind kann lesen und schreiben lernen! Je früher geholfen wird, desto rascher lassen sich die Probleme lösen!

Welche Annahmen über LRS gelten heute als wissenschaftlich überholt?

Nach heutigen wissenschaftlichen Erkenntnissen sind »besondere Lese- und Rechtschreibschwierigkeiten«

- kein Problem, das überwiegend Linkshänder betrifft,
- keine Wahrnehmungsstörung,
- kein Ergebnis eines bestimmten Leselernverfahrens,
- keine Störung, die sich an bestimmten Fehlerarten erkennen lässt,
- kein Intelligenzproblem,
- keine Krankheit,
- keine Raum-Lage-Labilität des Gehirns.

LESE-TIPPS

- Naegele, I.M./Valtin, R. (Hrsg.): LRS – Legasthenie – in den Klassen 1–10. Handbuch der Lese-Rechtschreib-Schwierigkeiten. Band 1 und 2. Beltz, Weinheim 2002 und 2001

Was wissen wir vom Entstehen der LRS?

Noch immer nicht genug! Zwar wurden in den letzten 40 Jahren viele betroffene Kinder und Jugendliche untersucht und behandelt, aber dabei kristallisierte sich heraus, dass eigentlich kein Schicksal mit dem anderen zu vergleichen ist. Ganz grob lässt sich sagen, dass jeder Mensch, der Schwierigkeiten beim Lesen und Schreiben hat, seine eigene Geschichte aufweist.

Gemeinsam ist allen Betroffenen, dass sie große Probleme mit der Orthographie und in den meisten Fällen auch mit dem Lesen haben und darunter leiden. Trotz umfangreicher Untersuchungen der medizinischen, psychologischen, linguistischen und pädagogischen Forschung ist es weder gelungen, bestimmte einheitliche Ursachen oder Erkennungszeichen zu finden, noch vor Schuleintritt die Kinder mit Sicherheit zu erkennen, die später einmal Probleme beim Lesen- und/oder Schreibenlernen in der Schule haben werden.

Während z.B. Unsportlichkeit oder fehlende Musikalität in unserer Gesellschaft als nicht weiter tragisch gilt, hat ein Versagen beim Erlernen des Lesens und – im deutschen Schulsystem vor allem – der Orthographie für die Schullaufbahn katastrophale Folgen. Es kann zur Lernbehinderung führen und alle Lebensbereiche und Zukunftsaussichten beeinträchtigen.

Was bedeutet die Abkürzung »LRS«?

In Vermeidung des verfänglichen »Legastheniebegriffs« wird in diesem Ratgeber von LRS in der Bedeutung von Lese-Rechtschreib-*Schwierigkeiten* statt Lese-Rechtschreib-*Schwäche* gesprochen, als »Sammelbegriff für eine Vielzahl von Problemen, die SchülerInnen beim Erlernen des Lesens, Schreibens und Rechtschreibens und späterhin beim Gebrauch der Schriftsprache aufweisen, um zu signalisieren, dass es sich dabei nicht um eine im Kinde liegende Schwäche handelt, sondern um auftauchende Schwierigkeiten, die unterschiedlich bedingt sein können, sei es durch organisch-endogene Faktoren, sei es durch häusliche oder durch schulische Bedingungen (wie Überforderung, methodische Fehler der PädagogInnen, schulische und unterrichtliche Belastungen)« (Naegele/Valtin 1997, S. 10). Die entstandenen Schwierigkeiten beim Schriftspracherwerb führen, falls nicht frühzeitig Hilfe angeboten wird, unweigerlich zu schulischen Misserfolgen, Frustrationen und zur Beeinträchtigung des Selbstwertgefühls. Sie weiten sich auch auf andere Fächer aus. Lang andauernde und schwerwiegende Lese-Rechtschreib-Schwierigkeiten sind also kein isoliertes Teilversagen, das durch reines Lese- und Rechtschreibtraining zu beheben ist.

Welche Auswirkungen haben Lernstörungen?

Lern- und Leistungsstörungen entstehen und existieren nicht im luftleeren Raum, sondern wirken auf das Kind und seine Umwelt.

Schulerfolg oder -versagen eines Kindes oder jungen Menschen ist also immer das Ergebnis einer Wechselwirkung zwischen Persönlichkeitsmerkmalen, der familiären, schulischen und außerschulischen Umwelt und dem Lernproblem. »Sie bilden ein kaum mehr entwirrbares Netz wechselseitiger Wirkungszusammenhänge und sich gegenseitig verstärkender Faktoren«, hat Hans-Martin Müller-Wolf bereits 1974 im Fernstudienlehrgang Legasthenie festgestellt. Sie lösen einen »Teufelskreis Legasthenie« aus, der das Kind am erfolgreichen Lernen hindert und ohne geeignete Hilfen zu Verhaltensauffälligkeiten bis hin zur totalen Lernblockade führen kann.

4. Rechte muss man kennen, um Recht zu bekommen

Schulrechtliche Bestimmungen

Welche schulrechtlichen Bestimmungen gelten bei LRS?

In der Bundesrepublik Deutschland besitzt jedes Land seine eigene Kultushoheit mit unterschiedlichen rechtlichen Bestimmungen, was Eltern mit LRS-Kindern beim Umzug von einem Bundesland zum anderen zu spüren bekommen. Nachdem 1978 die Kultusministerkonferenz »Grundsätze zur Förderung von Schülern mit besonderen Schwierigkeiten beim Erlernen des Lesens und des Rechtschreibens« verabschiedet hatte (im Anhang S. 306 in Auszügen abgedruckt), orientierten sich daran alle alten und die meisten neuen Bundesländer in ihren Grundpositionen. Inzwischen ist zu beobachten, dass einige Bundesländer (z.B. Mecklenburg-Vorpommern, Schleswig-Holstein und Bayern) wieder auf das wissenschaftlich umstrittene alte »klassische« Legastheniekonzept zurückgreifen.

Wie wichtig sind Erlasse und Verordnungen?

Erlasse und Verordnungen sind ministerielle Dienstanweisungen für Schulleitungen und Kollegien, deren Beachtung und Durchführung rechtsverbindlich ist. Erlasse sollen die Rahmenbedingungen von Maßnahmen sichern, in unserem Fall die Notwendigkeit von Vorbeugung und Förderung bei LRS. Verstöße gegen Verordnungen sind sogar einklagbar. Richtlinien dagegen sind – wie der Name sagt – Anleitungen für pädagogische Maßnahmen. Entsprechend finden sich hier die wichtigen unterrichtspraktischen Aspekte und Details wie Förderstunden und deren Verbindlichkeit u.a.

Erlasse und Verordnungen werden in Amtsblättern oder offiziellen Rundschreiben veröffentlicht und sollten allen LehrerInnen bekannt sein! Eltern können die schulrechtlichen Bestimmungen bei LRS bei der zuständigen Behörde (siehe S. 321) anfordern und sollten sie genau studieren, um ihre Rechte zu kennen.

In der Schulwirklichkeit ist leider ein sehr unterschiedlicher Bekanntheits- und Durchführungsgrad der Erlassregelungen bei der Förderung von Kindern und Jugendlichen mit Lese- und Rechtschreibproblemen zu beobachten. Dies kann bis zum Leugnen der Existenz der LRS gehen. Das Kind wolle nur nicht, übe zu wenig, gehöre in eine Sonderschule … sind solche Ausreden von Seiten der Schule, die jedoch neueren wissenschaftlichen Erkenntnissen krass widersprechen.

Erlasse im Wandel der Theorien

Seit Ende der 60er-/Anfang der 70er-Jahre wurden in allen Bundesländern und der DDR für eine Teilgruppe von SchülerInnen mit Schwierigkeiten beim Erwerb der Schriftsprache, den »Legasthenikern«, schulische Sonderregelungen in Form von Erlassen oder Richtlinien getroffen. Sie erhielten schulische Erleichterungen (Notennachlass, Berücksichtigung im Fremdsprachenunterricht, Rücksichtnahme bei der Versetzung) sowie zusätzliche Förderung. Im Westen übernahmen häufig Krankenkassen die Kosten für außerschulische medizinische oder psychologische Therapien. In der DDR wurde das Problem zunächst nicht offiziell benannt, dann spezielle Kleinklassen für Betroffene eingerichtet.

Legastheniker waren nach der damals allgemein akzeptierten Definition Kinder und Jugendliche »mit einer speziellen und aus dem Rahmen der übrigen Leistungen fallenden Schwäche im Erlernen des Lesens (und indirekt auch des selbstständigen orthographischen Schreibens) bei sonst intakter oder (im Verhältnis zur Lesefähigkeit) relativ guter Intelligenz« (Linder 1951).

Die Erlasse der einzelnen Bundesländer unterschieden sich erheblich in

- ihren Annahmen über die möglichen Ursachen dieser Störung,
- den Grenzwerten der Tests zur Anerkennung des »Legasthenikerstatus«,
- den Förderangeboten (Inhalt, Anzahl der Stunden und deren Verbindlichkeit, Förderdauer),
- der Dauer der Berücksichtigung der Legasthenie in der Schule.

Mit der Weiterentwicklung der wissenschaftlichen Erkenntnisse über das Entstehen von Lese-Rechtschreib-Schwierigkeiten wurden die Annahmen der klassischen Legasthenie hinfällig, dass es nämlich unterschiedliche Qualitäten von rechtschreibschwachen Kindern gäbe. Deshalb wurden andere und möglichst einheitliche Regelungen für alle Bundesländer immer dringlicher und 1978 mit den KMK-Grundsätzen »zur Förderung von Schülern mit besonderen Schwierigkeiten beim Erlernen des Lesens und Rechtschreibens« geschaffen. Sie sollten einen Schlussstrich ziehen unter die jahrelangen Auseinandersetzungen in Wissenschaft und Praxis um das Versagen beim Schriftspracherwerb. Wenn LRS das Ergebnis ungünstig verlaufener Lernprozesse ist, die auch Auswirkungen auf das Kind und seine schulische und außerschulische Umgebung (Familie, Freundeskreis) haben – die früher geleugnet wurden –, so müssen die Beobachtung der Lernprozesse und Förderung vom ersten Schultag an das Entstehen und Verfestigen möglichst gering halten. Damit werden LRS weniger als eine im Kind liegende *Schwäche* als vielmehr zunächst als ein *Lern*problem gesehen. Deshalb wurden auch die Begriffe *Legasthenie* und Lese-Rechtschreib-*Schwäche* im schulischen Gebrauch durch Lese-Rechtschreib-*Schwierigkeiten* (LRS) ersetzt. *Alle* Kinder sollten einen Anspruch auf Hilfe erhalten.

Wie sieht die aktuelle Erlasslage aus? (Stand 2002)

Alle Bundesländer haben Verwaltungsvorschriften und Erlasse, die LRS-SchülerInnen in irgendeiner Weise berücksichtigen, die meisten fußen auf den KMK-Grundsätzen von 1978.

Hamburg und Rheinland-Pfalz haben den Förderaspekt im Unterricht am weitesten erlasslich geregelt und als durchgängiges Prinzip festgeschrieben.

Allen entwicklungspsychologischen und linguistischen wissenschaftlichen Erkenntnissen zum Trotz beginnen jedoch die Vertreter des medizinischen Konzepts – Legasthenie als Defekt im Kind – erneut ihren Einfluss über den Umweg des Kinder-Jugend-Hilfegesetzes auf schulische Erlasse (Bayern) zu nehmen. Deshalb bietet sich heute beim Vergleich der Verordnungen und Erlasse für SchülerInnen wieder ein sehr heterogenes Bild, was bereits in den Bezeichnungen in den Erlassen deutlich wird.

Bei aller Unterschiedlichkeit gibt es eine Reihe von Gemeinsamkeiten in allen Ländererlassen:

- Durch Verbesserung des Anfangsunterrichts soll das Entstehen besonderer Lese-Rechtschreib-Schwierigkeiten (LRS) verhindert werden.
- *Alle* Kinder mit LRS haben – zumindest in den ersten vier Schuljahren – Anspruch auf schulische Förderung.
- Frühzeitige Beobachtung der Lernprozesse und Differenzierung im Unterricht sollen das Entstehen und Verfestigen der LRS verhindern. Besondere Fördermaßnahmen werden nach einer Beobachtungszeit eingeplant.
- Alle SchülerInnen unterliegen grundsätzlich den für alle geltenden Maßstäben der Leistungsbewertung. (Eine Leistungs*beschreibung* kann in einzelnen Bundesländern die Lese- und/oder Rechtschreib*note* ersetzen, in einigen kann die Benotung ausgesetzt werden. Für Zeugnisse gilt, dass je nach Bundesland unterschiedlich große pädagogische Freiräume in der

Gewichtung der mündlichen und schriftlichen Leistungen im Lesen und Rechtschreiben eingeräumt werden.)

- ➪ Lese-Rechtschreib-Schwierigkeiten allein dürfen kein Grund sein, SchülerInnen den Übergang zu einer weiterführenden Schule ihrer Eignung zu verwehren oder sitzen zu lassen.
- ➪ Abgangs- und Abschlusszeugnisse werden nach den für alle SchülerInnen geltenden Bestimmungen erteilt.
- ➪ Förderung kann je nach Bedarf und Gegebenheit binnendifferenziert oder in gesonderten Kursen in enger Abstimmung mit dem Klassenunterricht erteilt werden.
- ➪ In einigen Bundesländern werden die Fördermaßnahmen leider auf ein zusätzliches Lese- und Rechtschreibtraining beschränkt, das z. T. sogar parallel zum Regelunterricht stattfinden kann.

Erscheint das Thema Rechenstörung in Erlassen?

In vier der 16 vorliegenden Ländererlasse und Richtlinien zur Förderung von LRS-SchülerInnen werden auch Rechenprobleme einbezogen. In Rheinland-Pfalz sowie in den neuen Bundesländern Brandenburg, Sachsen-Anhalt und Thüringen werden Hinweise zur Förderung von SchülerInnen mit Rechenproblemen gegeben. Dabei zeigen sich deutliche Unterschiede bei der Beschreibung des betroffenen Personenkreises, der vorgesehenen Fördermaßnahmen sowie der Leistungsbeurteilung. Eltern sollten sich über die jeweils aktuelle Erlasslage informieren und prüfen, welche Fördermöglichkeiten sich hieraus ableiten lassen.

Ab wann soll gefördert werden?

Die Verlagerungen von spät einsetzenden Therapien auf vorbeugende Maßnahmen im Anfangsunterricht ist in allen LRS-Verordnungen enthalten. Während früher überall und derzeit in

Mecklenburg-Vorpommern, Bayern und Schleswig-Holstein nach Ursachen im Kind im Sinne des medizinischen Modells gesucht wird, stehen sonst die Lernprozesse beim Schriftspracherwerb im Zentrum der Beachtung. Folgerichtig berücksichtigen die Erlasse die unterschiedlichen Lernvoraussetzungen, das individuelle Lerntempo und Lernverhalten sowie binnendifferenzierende und individualisierende Maßnahmen.

Wer hat Anspruch auf schulische Förderung?

»Das Lesen und Schreiben zu lehren gehört (...) zu den Hauptaufgaben der Grundschule und es ist ihre pädagogische Aufgabe, dafür zu sorgen, dass möglichst wenige Schüler (...) versagen«, ist einer der Kernsätze der KMK-Grundsätze. Deshalb haben zunächst alle SchülerInnen in allen Fächern einen Anspruch auf Hilfe! Es ist hier nicht der Ort über Vor- und Nachteile externer Betreuung von Kindern zu diskutieren, die in mehreren Bundesländern in Kleinklassen über einen längeren Zeitraum intensiv gefördert werden können. Sie als Eltern sollten sich aber vor einer solchen beabsichtigten Maßnahme kundig machen, was Ihrem Kind am förderlichsten ist.

Welche schulischen Entlastungen stehen meinem Kind zu?

Dies hängt vom zuständigen Erlass oder der Richtlinie für LRS-SchülerInnen Ihres Bundeslandes ab. Sie sollten sich unbedingt den Originaltext der in Ihrem Bundesland gültigen Bestimmung besorgen und auf die Ausschöpfung sämtlicher Hilfen dringen. Lassen Sie sich nicht von der Unkenntnis vieler LehrerInnen abschrecken. Auch in den Bundesländern, in denen eine generelle Freistellung von der Benotung nicht mehr vorgesehen ist, wurde meist § 4.1. der KMK-Grundsätze übernommen: »Der Lehrer soll nach seinem pädagogischen Ermessen die Leistungserhebung dem aktuellen Leistungsstand des einzelnen Schülers anpassen.« In allen Bundesländern haben LRS-Kinder zumindest in den ersten sechs Schuljahren Anspruch auf schulische Förderung. Was darunter verstanden wird, kann sehr unterschiedlich sein. Für die Zeugnisse gelten je nach Bundesland unterschiedlich große pädagogische Freiräume in der Gewichtung der mündlichen und schriftlichen Leistungen im Lesen, Schreiben und Rechtschreiben.

LRS allein darf bei sonst angemessener Gesamtleistung kein Grund sein, ein Kind vom Übergang in eine weiterführende Schule auszuschließen bzw. nicht zu versetzen. Trotzdem kann ein Kind eventuell nicht versetzt werden, wenn die Klassenkonferenz zu dem Ergebnis kommt, seine Leistungen seien auch auf anderen Gebieten so schwach, dass es im nächsten Schuljahr nicht erfolgreich mitarbeiten können wird. Manchmal hilft eine Klassenwiederholung zum Luftholen und zum Stabilisieren. Beachten Sie, ob eventuell in Ihrem Bundesland die Möglichkeit einer freiwilligen Klassenwiederholung besteht, und achten Sie dabei auf die Terminklauseln. Je früher in der Lerngeschichte eine Wiederholung erfolgt, umso mehr Chancen hat Ihr Kind auf eine erfolgreiche Schulkarriere.

Welche Arten von Förderung gibt es?

Neben allgemeinen klasseninternen Fördermaßnahmen (wie sorgfältig durchgeführtem Anfangsunterricht im Lesen, Schreiben und Rechtschreiben mit Hilfen je nach Lernausgangslage) können bereits in den ersten beiden Jahren von den DeutschlehrerInnen oder unter ihrer Verantwortung zusätzliche Fördermaßnahmen in Kleingruppen oder in Verfügungs-/Teilungsstunden durchgeführt werden.

In den KMK-Grundsätzen wird die Einleitung besonderer Fördermaßnahmen vorgesehen für SchülerInnen, die die Ziele des Lese- und/oder Rechtschreibunterrichts der zweiten Klasse noch nicht erreicht haben, sowie für Kinder der Jahrgangsstufen

3 und 4, deren Leistungen im Lesen und/oder Rechtschreiben über einen Zeitraum von mindestens drei Monaten hinweg schlechter als ausreichend bewertet wurden.

Die Förderung soll im Wesentlichen bis Jahrgangsstufe 6 abgeschlossen sein. Soweit bei einzelnen SchülerInnen jedoch weiterhin Schwierigkeiten im Rechtschreiben bestehen, sind diese durch geeignete Maßnahmen zu beheben (§ 3, Punkt 2), was in der Schulrealität recht selten anzutreffen ist.

Gesonderte schulische Fördermaßnahmen finden in vielen Bundesländern allerdings nur dann statt, wenn Haushaltsmittel vorhanden sind. In der Regel müssen die Förderstunden aus dem normalen Stundenkontingent abgedeckt werden. Meine Erfahrung zeigt, dass schulische Fördermaßnahmen dann erfolgen, wenn im Lehrerkollegium Sensibilität und Aufklärung besteht oder von Elternseite Druck ausgeübt wird.

Wie sollen Leistungen festgestellt und beurteilt werden?

Auch hier unterscheiden sich die Regelungen der einzelnen Bundesländer erheblich voneinander. Einerseits sollen LRS-SchülerInnen unter die für alle geltenden Maßstäbe der Leistungsbewertung fallen, andererseits wird in § 4.1. der KMK-Grundsätze der Lehrkraft pädagogischer Spielraum eingeräumt. Einige Bundesländer haben eine weitgehende Freistellungen der Benotung schriftlicher Arbeiten (unter ausreichend) beibehalten, z.T. Freistellung der Benotung der Rechtschreibung für LRS-Kinder in allen Fächern. Diese nützt jedoch nur, wenn das Kind die für seine individuellen Probleme geeignete Hilfe erhält, notfalls außerschulisch. Statt einer Benotung sollte eine ermutigende Leistungsbeschreibung erfolgen. Damit erhalten die betroffenen SchülerInnen eine Chance, ihre Schwierigkeiten aufzuarbeiten.

Wie lange gelten besondere Regelungen?

Auch hier müssen Sie wieder den LRS-Erlass oder die Verordnung Ihres Bundeslandes gründlich lesen. In der gymnasialen Oberstufe gibt es bundesweit keine Berücksichtigung von LRS. Abgangs- und Abschlusszeugnisse werden nach den für alle SchülerInnen geltenden Bestimmungen erteilt.

Wie sieht die praktische Umsetzung der Erlasse aus?

Rückmeldungen aus verschiedenen Bundesländern und eigene Erfahrungen zeigen, dass der Kenntnisstand höchst unterschiedlich ist und die erlassliche Umsetzung selbst innerhalb einer Schule variieren kann. In der Schulwirklichkeit haben sich die Hoffnungen der KMK-Grundsätze und ihrer Folgeerlasse bisher nur in Ansätzen erfüllt, die besagen: »Es ist zu erwarten, dass in dem Maße, wie der Erstlese- und Schreibunterricht in den Anfangsjahrgängen der Grundschule systematisch und sachgerecht erteilt wird, sich die Anzahl derjenigen Schüler verringert, die nach der Jahrgangsstufe zwei besonderer Fördermaßnahmen bedürfen.«

Eltern müssen wissen, dass die Basis für Schulerfolg oder -versagen in der Grundschule gelegt wird. Dort, wo der Anfangsunterricht im Lesen und Schreiben (und Rechnen) kompetent, differenziert, offen, kindgerecht und ohne Zeitdruck durchgeführt wird und Schulleitung, Kollegium und Eltern die Probleme der Betroffenen ernst nehmen, hat sich, wie Zahlen belegen, die Zahl der SchülerInnen mit Lernproblemen drastisch reduziert. Aber auch hier kann es einzelne Kinder geben, deren Schwierigkeiten nicht allein mit schulischen Mitteln zu beheben sind. Hier gilt es, die je nach Problemstellung richtige außerschulische Hilfe zu finden, um dann in enger Zusammenarbeit mit Elternhaus und Schule dem betroffenen Kind richtig zu helfen.

Leider werden die zur Vermeidung von Lernproblemen notwendigen schulischen Voraussetzungen oft vernachlässigt. Zum Teil liegt es daran, dass das Gros der LehrerInnen keinerlei Ausbildung im Schriftspracherwerb (oder grundschulspezifischer Mathematik) mitbringt und zunächst als Laien, später als Autodidakten arbeitet, wie es ein bekannter Grundschulpädagoge einmal pointiert formulierte. Zudem haben sich in den letzten Jahren die schulischen Rahmenbedingungen weiter verschlechtert (größere Anfangsklassen mit Kindern, die viel Aufmerksamkeit benötigen; fehlende Unterrichtszeit; Mangel an Anschauungsmaterial).

Immer wieder treffen Eltern auf LehrerInnen, die nicht akzeptieren wollen/können, dass Kinder mit unterschiedlichen Fähigkeiten und Fertigkeiten in die Schule kommen und nur dann erfolgreich lernen können, wenn sie differenzierte Angebote erhalten und in ihren Lernprozessen unterstützt werden. Daneben gibt es solche, die Lernprobleme als individuelle Lern- und Intelligenzschwäche sehen und sie am liebsten aus der Regelschule heraus verlagert haben möchten – in private Einrichtungen, an Erziehungsberatungsstellen, schulpsychologische Dienste, Volkshochschulen, kirchliche Institutionen, in ärztliche Behandlung oder in die Sonderschule – nicht wissend, dass auch hier keine Fachleute für Schriftsprache unterrichten.

Nach wie vor fehlen an vielen Schulen

- fachlich kompetente LehrerInnen,
- die verbindliche Vorbereitung der ErstklasslehrerInnen auf den Anfangsunterricht im Lesen, Schreiben und Rechnen,
- ausreichende Unterrichtszeit, damit jedes Kind seinen Weg zur Schriftsprache und zum Zahlenverständnis finden kann,
- genügend Lehrerstunden, damit die Kinder durch stundenweise Doppelbesetzung am Schulanfang intensiver gefördert werden,

- der finanzielle Rahmen, der einen differenzierten Unterricht gestattet,
- verpflichtende Aus- und Weiterbildung der Lehrerinnen und Lehrer aller Schulformen in Fragen des Schriftspracherwerbs und des grundlegenden Verständnisses für mathematische Zusammenhänge, förderdiagnostischer Arbeit sowie spiel- und heilpädagogischer Kenntnisse
- und vor allem die verbindliche Förderung der SchülerInnen mit langsamerer Entwicklung.

»Dem Grundsatz der frühen individuellen Förderung widerspricht es, dass Deutschland für Schüler der Klassen 1 bis 6 erheblich weniger Geld ausgibt als zum Beispiel Japan, Österreich oder Dänemark. Eine ganze Reihe von Ländern wenden mindestens 50 Prozent mehr pro Schüler auf, als wir es tun. Der Entwicklungserfolg der so genannten Schwellenländer ist nicht zuletzt darauf zurückzuführen, dass dort im Grundschulbereich umfassend und gezielt investiert worden ist.« Diese negative Bilanz deutscher Schulpolitik, die Bundespräsident Rau in einer Rede zur Bildungspolitik im Juli 2000 (FAZ vom 15.7.00, S. 7) zog, wird durch Untersuchungen der OECD verstärkt, nach

Andreas besucht die sechste Klasse eines Gymnasiums. Sein großer Rückstand in der Entwicklung des Lesens und Rechtschreibens konnte, da die Grundschullehrerin ihn zwar mochte, sich jedoch fachlich außerstande sah, ihn adäquat zu fördern, mit einer integrativen Spiel- und Lerntherapie noch rechtzeitig vor dem Übergang ins Gymnasium aufgefangen werden. *Andreas* fing dort unbelastet an. Schwierigkeiten mit der ersten Fremdsprache blieben zunächst aus. Gegen Ende der fünften Klasse traten in Latein, in der sechsten Klasse auch in Deutsch Probleme auf. Obwohl *Andreas* kontinuierlich viel übte und lernte, begann er in Arbeiten zu blockieren, beim Schreiben verfiel er wieder in längst überwundene Fehler. Als die Mutter die Lehrkräfte auf den bestehenden LRS-Erlass und seine pädagogischen Implikationen ansprach, stieß sie zunächst auf heftigen Widerstand. Die Verordnung gelte nicht am Gymnasium. Solche Kinder hätten hier nichts verloren. Mühsam konnte sie bei der Schulleitung durchsetzen, dass vom Kollegium die Existenz des Erlasses zur Kenntnis genommen wurde und sich die Fachkonferenz Deutsch damit auseinander setzte. Die Mutter konnte nicht nur für ihren Sohn, sondern für alle Betroffenen der Schule erreichen, dass sich die Einstellung der LehrerInnen änderte: In Latein wurde ihm für die Vokabeltests mehr Zeit zugestanden, bei schriftlichen Leistungen stand der Inhalt des Textes im Vordergrund und weniger die orthographische Abfassung. Ermutigende Kommentare und Hinweise zum Üben halfen zur Stabilisierung.

denen Deutschland das Schlusslicht in den Aufwendungen für die Grundschule ist.

LESE-TIPPS

Naegele, I.M.: Wie hilfreich sind Erlasse und Richtlinien? – Analyse der LRS-Erlasse und Richtlinien in den Bundesländern. In: Naegele/Valtin (Hrsg.): LRS – Legasthenie – in den Klassen 1-10. Band 1. Beltz, Weinheim 2002, 6. Aufl.

Schnelle Information bieten z.T. die Internetseiten der einzelnen Bundesländer sowie der Bundesbildungsserver www.bildungsserver.de.

Verzeichnis der Erlasse und Richtlinien zur Förderung von LRS-Schülern und -Schülerinnen (Stand 1.4.2002)

Baden-Württemberg
»Förderung von Schülern mit Schwierigkeiten im Lesen und/oder Rechtschreiben«, Verwaltungsvorschrift vom 10.12.1997 – IV/2 – 6504.2/206.

Bayern
»Förderung von Schülern mit besonderen Schwierigkeiten beim Erlernen des Lesens und des Rechtschreibens«, Bekanntmachung vom 16.11.99 Nr. IV/1a-S 7306/4 – 4/127883, geändert durch die KM BEK vom 11.8.2000 Nr. IV/1-S 7306/4 – 4/86591.

Berlin
Ausführungsvorschriften zur Förderung bei besonderen Lese- und Rechtschreibschwierigkeiten vom 14.09.2001. SchulJugSport II E 2.

Brandenburg
»Verordnung über den Bildungsgang der Grundschule: § 6: Fördern und Fördermaßnahmen, § 7: Teilleistungsstörungen.« Amtsblatt 12 vom 14.08.1997. Rundschreiben zur Förderung von Schülerinnen und Schülern mit erheblichen Lernschwierigkeiten beim Erlernen des Lesens, Rechtschreibens und Rechnens sei in Arbeit.

Bremen
»Richtlinien zur Gewährung von Nachteilsausgleichen bei Lese-Rechtschreibschwäche« vom 27.08.2001.

Hamburg
»Richtlinien für Lese-Rechtschreibfördermaßnahmen als Eingliederungshilfen« vom 07.05.1996 (VwHbSchulErgänzungslieferung 1/96). Seit 1993/94 läuft auf fünf Jahre das Projekt »Lesen und Schreiben für alle (PLUS)«. Drucksache 15/1540 vom 05.07.94.

Hessen
»Förderung von Schülern mit besonderen Schwierigkeiten beim Lesen, Schreiben und Rechtschreiben«, I. »Verordnung über die Leistungsfeststellung und die Leistungsbewertung bei Schülern mit be-

sonderen Schwierigkeiten beim Lesen, Schreiben und Rechtschreiben« vom 22.10.1985 (ABl.12/85, S. 883ff.) und II. »Richtlinien zur Förderung von Schülerinnen und Schülern mit besonderen Schwierigkeiten beim Lesen, Schreiben und Rechtschreiben« vom 15.12.1995 (ABl. 1/1996, S. 2ff.).

Mecklenburg-Vorpommern
»Erlaß zur Förderung von Schülern mit Lese-Rechtschreibschwierigkeiten und einer förmlich festgestellten Legasthenie«, Erlass vom 27.06.1996. Mittl.bl. M-V S.401-410.

Niedersachsen
»Förderung von Schülern mit besonderen Schwierigkeiten beim Erlernen des Lesens und des Rechtschreibens«, Erlass vom 26.06.1979, ergänzt durch Erlass vom 24. 07. 1980.

Nordrhein-Westfalen
»Förderung von Schülerinnen und Schülern bei besonderen Schwierigkeiten im Erlernen des Lesens und Rechtschreibens (LRS)«, RdErlass vom 19. 07. 1991 (GABl. NW I S. 174).

Rheinland-Pfalz
»Förderung von Kindern mit Lernschwierigkeiten und Lernstörungen in der Grundschule«, Verwaltungsvorschrift vom 30.08.1993 – 943 B-Tgb.Nr.56/93; »Verwaltungsvorschrift zur Organisation von Fördermaßnahmen in der Sekundarstufe I« in Arbeit.

Saarland
»Richtlinien zur Förderung von Schülerinnen und Schülern mit besonderen Schwierigkeiten beim Erlernen des Lesens und Rechtschreibens« vom 18.12.1997 /GMBl. Saar S. Nr. 2/1998.

Sachsen
»Verwaltungsvorschrift zur Förderung von Schülern mit Schwierigkeiten im Lesen und Rechtschreiben in LRS-Klassen an Grundschulen im Freistaat Sachsen« Amtsblatt 15 vom 05.10.1992/1997 verlängert.

Sachsen-Anhalt
Bisher keine gesonderte Verordnung. Gegenwärtige Bestimmungen enthalten »breite Möglichkeiten individueller Förderung und Differenzierung« (Schreiben des KM vom 05.05.2000).

Schleswig-Holstein
»Förderung von Schülern mit Lese-Rechtschreibschwäche (Legasthenie)«, Erlass vom 20.09.1985 – X 330–518.12–5.

Thüringen
»Fördermaßnahmen für Kinder und Jugendliche mit besonderen Schwierigkeiten in den allgemein bildenden Schulen (außer Förderschule) in Thüringen«, Richtlinie vom 30.06.1998 – Gz.: 2B 2/51570.

Sozialrechtliche Regelungen – Unterstützungsmöglichkeiten

➪ *Dieser Abschnitt ist für die Erziehungsberechtigten interessant, die Hilfen nach dem Kinder- und Jugendhilfe-Gesetz (KJHG) in Anspruch nehmen wollen.*

Welche gesetzlichen Hilfen gibt es?

Therapeutische Hilfe wird dann nötig, wenn ein Kind sehr stark unter Auswirkungen seiner psychischen und Lernprobleme leidet. Da es sich manche Eltern nicht leisten können, die Kosten für eine dann notwendige Therapie selbst zu übernehmen, stellt sich die Frage, ob staatliche Stellen oder Krankenkassen in die Finanzierung einbezogen werden können.

Im Regelfall müssen Eltern, ebenso wie für andere außerschulische Aktivitäten, die Kosten für ihr Kind selbst übernehmen. Sie können sie im Lohn- oder Einkommensteuerausgleich als außergewöhnliche Belastungen einbringen, wenn sie als Therapiekosten ausgewiesen sind.

Unter bestimmten Umständen, die im KJHG vorgegeben sind, ist die öffentliche Hand zur Hilfe verpflichtet. Dazu gehört z.B. die Gefahr einer drohenden seelischen Behinderung im Zusammenhang mit einem massiven Lernproblem. In solchen Fällen ist über das zuständige Jugendamt Finanzierungshilfe zu beantragen. Sie ist kein Almosen, sondern gesetzlich im Kinder-

und Jugendhilfe-Gesetz als nachrangige Leistung verankert, wenn Schule oder Krankenkassen als Leistungsträger ausfallen.

Es gibt unterschiedliche Hilfsangebote:

- »Hilfen zur Erziehung« nach § 27ff. des Kinder- und Jugendhilfe-Gesetzes (KJHG)
- »Eingliederungshilfe« für seelisch behinderte Kinder und Jugendliche nach § 35a des KJHG/9s im Zusammenhang mit dem Bundessozialhilfegesetz (BSHG), vor allem § 39 und § 43.

Beim KJHG hängt die Kostenübernahme von der Prüfung der Schwere der seelischen Belastung ab. Sie wird einkommensunabhängig gewährt. Bei §35a werden je nach Auslegung sehr enge Kriterien angelegt und oft jugendpsychiatrische Fachgutachten gefordert.

Wer hat Anspruch auf staatliche Hilfe zur Erziehung nach dem Kinder- und Jugendhilfe-Gesetz?

Es besteht ein Leistungsanspruch, wenn »eine dem Wohl des Kindes oder des Jugendlichen entsprechende Erziehung nicht gewährleistet ist und die Hilfe für seine Entwicklung geeignet und notwendig ist« (§ 27 Abs. 1).

Stichproben in verschiedenen Bundesländern und Städten zeigen, dass eine sehr unterschiedliche Auslegung der Gesetze für die Kostenübernahme von Therapien für Kinder mit Lern- und Verhaltensauffälligkeiten praktiziert wird, zum Teil sogar innerörtlich. Eltern tun gut daran, sich intensiv über die lokalen Interpretationen und den Gesetzestext zu informieren, bevor sie beim zuständigen Jugend- oder Sozialamt einen Antrag stellen.

Wer hat Anspruch auf staatliche Hilfe zur Eingliederung?

Im § 35a des Kinder-Jugendhilfe-Gesetzes (KJHG) in der Fassung vom 1.1.99 heißt es: »Kinder und Jugendliche, die seelisch behindert sind oder von einer solchen Behinderung bedroht sind, haben Anspruch auf Eingliederungshilfe.«

Im Frankfurter Lehr- und Praxiskommentar zum KJHG/SGB VIII (Münster 1998, S. 311) wird auf die Vielzahl der Definitions- und Abgrenzungsprobleme aufmerksam gemacht und »die Zuständigkeitsstreitigkeiten zwischen Jugendhilfe und Sozialhilfe ..., vor allem darüber, welcher Personenkreis junger Menschen als ›seelisch behindert‹ anzusehen ist ... Mit Problemen ist ebenfalls im Zusammenhang mit der Förderung lernbehinderter Kinder und Jugendlicher zu rechnen (vor allem im Themenbereich der Legasthenie bzw. Dyskalkulie)«. Weiter heißt es: »Zudem sind Leistungen der Jugendhilfe nicht allein pädagogischer Natur ... Therapeutische Hilfen etc. gehören, sofern dies im Einzelfall erforderlich ist, ebenfalls zu den Leistungen der Jugendhilfe. Jede pädagogische Mangelsituation geht mit hoher Wahrscheinlichkeit mit seelischen Beeinträchtigungen einher. Daher reduziert sich die Frage ›Hilfe nach § 27 oder § 35a?‹ auf die in vielen Fällen nicht entscheidbare Annahme (Hypothese), ob eine endogene (innerpersonale) Ursache der emotionalen Fehlentwicklung und der dadurch ausgelösten Beeinträchtigung zugrunde liegt oder ob diese eher von interpersonalen (kommunikativen) Faktoren ausgelöst wird (worden ist). Dies ist jedoch für den Anspruch auf Hilfe (Leistungsberechtigung) ohne Belang, hat allenfalls Konsequenzen für die Planung und Bereitstellung des individuellen Beratungs-, Betreuungs- und/oder Therapieangebotes. Auch bei Hilfen nach § 27ff., im konkreten Einzelfall bei der Hilfeplanung nach § 36, ist es erforderlich, alle sozialen und individuellen Umstände zu berücksichtigen, die die Entwicklung und Erziehung des Kindes beeinträchtigen können« (S. 312).

Hans-Jürgen Ruß bringt das Problem in seiner kritischen Analyse der Theorien, Erlasse und Rechtsprechung (1992, S. 195ff.) »vereinfacht«, wie er es selbst nennt, auf folgende Gleichung: »Behinderung i.S. v. § 39 = Legasthenie plus schwerer Grad davon plus seelische Behinderung (oder Drohen derselben) plus Beeinträchtigung der gesellschaftlichen Eingliederungsfähigkeit (oder Drohen derselben).«

Wer hat Anspruch auf staatliche Hilfen bei der stationären Unterbringung eines LRS-Kindes?

Es gibt inzwischen gerichtliche Urteile, in denen Eltern die Kosten ihres LRS-Kindes für den Aufenthalt in einem Heim vom Staat im Rahmen der Eingliederungshilfe erfolgreich eingeklagt haben (z.B. Verwaltungsgericht Braunschweig AZ: 4 VG A 426/82 vom Januar 1985, Bundesverwaltungsgericht Urteil vom 19.6.84, 5 C 125.83).

Einzelheiten wie Gutachten, Schulbescheinigungen, Eigenanteil u.a. erfahren die Erziehungsberechtigten von dem infrage kommenden Internat bzw. den MitarbeiterInnen ihres zuständigen Sozial- oder Jugendamts.

LESE-TIPPS

- Fegert, J. M.: Was ist seelische Behinderung? Votum, Münster 1994
- Münder, J. u.a.: Frankfurter Lehr- und Praxis-Kommentar zum KJHG/SGB VIII mit § 78aff. Votum, Münster, 3., völlig überarb. Aufl. 1998, Stand: 1.1.1999

Wie wird ein Antrag auf Übernahme von Therapiekosten gestellt?

Dies hängt wiederum von der örtlichen Interpretation des KJHGs ab, auf jeden Fall muss er aber vor Beginn einer Maßnahme gestellt werden. Broschüren und Ratgeber der Sozialministerien, der Erziehungs- und Beratungsstellen der Verbände der freien Wohlfahrtspflege, die kirchliche und private Initiativen umfassen, können zur ersten Information dienen. In jedem Fall müssen die Erziehungsberechtigten einen Antrag auf Hilfe zur Erziehung oder Eingliederungshilfe beim zuständigen Jugend- oder Sozialamt formlos stellen. Es kostet in der Regel viel Zeit, Geduld und Durchhaltevermögen, bis die jeweils zuständige Stelle von der Notwendigkeit einer Maßnahme überzeugt ist, die auch von den Eltern für sinnvoll gehalten wird. Häufig werden Eltern abgewiesen, statt wie im KJHG § 36.1 ausgeführt, intensiv beraten zu werden. Da (2000) sehr unterschiedliche Zuständigkeiten und Bewilligungsverfahren praktiziert werden, müssen sich Eltern unbedingt über die lokalen Eigenheiten informieren, bevor sie bei der zuständigen Behörde ihren Antrag stellen. Oftmals langt schon ein falscher Begriff zur Ablehnung. In der Regel werden ein Fachgutachten sowie ein Schulbericht angefordert, aus dem hervorgehen muss, dass die Schule außerstande ist, das Lernproblem (LRS oder Rechenschwäche) zu beheben, und welche seelischen Auswirkungen diese auf die Persönlichkeitsentwicklung (verringertes Selbstwertgefühl, psychosomatische Beschwerden, depressive Grundstimmung u.a.) und die familiäre Situation haben. Außerdem wird ein Ablehnungsbescheid der Krankenkasse gefordert.

Finanzieren Krankenkasssen LRS-Therapien?

»Jein.« Therapien der für die Arbeit mit LRS-Kindern qualifizierten Berufsgruppen (DiplompädagogInnen, DiplompsychologInnen mit entsprechenden Zusatzausbildungen) werden nur sehr selten von den Krankenkassen finanziert. Im Leistungskatalog der Krankenkassen sind nur die Psychoanalyse und die Verhaltenstherapie vorgesehen. Die didaktischen und fachspezifischen Ursachen der Lernprobleme bleiben unberücksichtigt.

Wenn allerdings zur LRS eine neurotische Fehlentwicklung oder sonstige erhebliche psychische Störung hinzukommt, können Therapiekosten von den Krankenkassen übernommen werden. Die Therapie darf allerdings nur von ÄrztInnen, PsychologInnen mit Zusatzausbildung in Verhaltenstherapie oder Psychoanalyse bzw. KinderpsychiaterInnen durchgeführt werden. Ohne diesen Fachleuten für seelische Störungen zu nahe treten und ihre beruflichen Qualifikationen anzweifeln zu wollen, sollten Eltern wissen, dass sie für diese spezifischen schriftsprachlichen oder mathematischen Aufgaben in der Regel nicht qualifiziert sind – ebenso wenig wie MotopädInnen oder ErgotherapeutInnen. Mit großer Besorgnis ist im Interesse der betroffenen Kinder deshalb die Zunahme von ärztlichen Therapieangeboten bei LRS und Rechenproblemen zu sehen. Eltern sollten trotz der Verlockung, hier die Therapiekosten über die Krankenkasse finanziert zu bekommen, genau auf die Qualifikation im Problembereich achten. Es sei der Vergleich gestattet, dass Lehrer sich auch nicht anmaßen, einen Herzinfarkt behandeln zu können.

Aus dem Elternblatt einer ärztlichen Praxis (auch noch in veralteter Rechtschreibung) einige Zitate (Hervorhebungen I. N.).

Üben eines Diktates ...

1. **Suchen** der übenswerten Wörter:
Sie lassen das Diktat schreiben, und zwar *so lange*, bis *drei Fehler* gemacht wurden. Jetzt kann das Diktat beendet werden ...

2. **Üben** der Wörter
Am ersten Tag werden die übenswerten Wörter so lange eingeübt, bis sie »richtig sitzen« ...
Nach einiger Zeit (z.B. nach einer Stunde) wird nochmals überprüft, ob es wirklich richtig sitzt. Wenn das noch nicht der Fall ist, es also nicht mehr gewußt wird, muss *nochmals* geübt werden, *so lange, bis es wieder richtig sitzt* (wieder 10 bis 15 Minuten).

3. **Mitarbeit**
... ist die Mitarbeit aber schlecht, so werden *einige Sitzungen am Tag* gebraucht werden. Hierdurch sollte das Interesse, die »Sache« schneller zu erledigen, die Mitarbeit und Aufmerksamkeit fördern ...
Bei völligem Fehlen jeglicher Mitarbeit sollten Sie eine *zusätzliche Strafe* vorher angekündigt haben (z.B. Fernsehverbot am Abend für eine bestimmte Zeit oder Sendung, Zimmerarrest für eine bestimmte Zeit o.Ä.).

4. **Fehler**:
Ein Fehler zeigt an, daß noch etwas geübt werden muß …
Nicht-Lernen, Null-Bock oder Verweigerung hindern in jedem Falle das Lernen. Solche Haltung muß *mit unangenehmer Konsequenz* belegt werden (»Strafe«), damit dem Kind die schlechten Folgen seines Tuns unmittelbar und sofort kenntlich sein können.

Warum kritisiere ich diese ärztlichen Fördertipps an Eltern?

1. Diktate mit für das Kind unbekanntem Wortmaterial eignen sich nicht für LRS-Kinder, weil sie ihnen nicht die fehlenden Einsichten in das Regelsystem der deutschen Orthographie vermitteln, sondern ihr Versagen bestätigen. Wiederholtes Schreiben nach Gehör bringt nichts (vgl. Kap. 2, S. 46)

2. Ein »mehrmaliges« tägliches Üben von Fehlerwörtern ohne Systematisierung nach dem Prinzip der isolierten Schwierigkeit (z.B. nur s-Wörter, nur Kürzung) wird dem Kind keine Sicherheit geben können. So bleibt dem Kind der Frustrationsgrad erhalten, weil es die Prinzipien nicht begriffen hat. (vgl. Kap. 11, S. 241)

3. Verbote und Sanktionen sind das pädagogisch Falscheste, was Eltern tun können, um ihr Kind zum Lernen zu motivieren. Damit wird sich die Beziehung nur verschlechtern. (vgl. Kap. 5, S. 120)

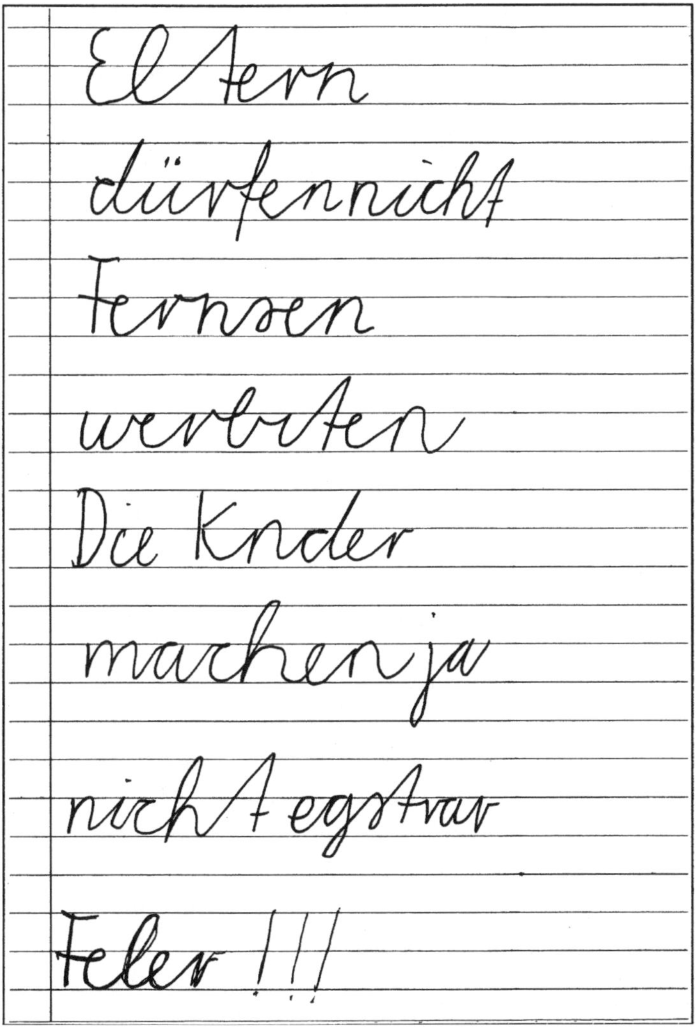
Eltern
dürfennicht
Fernsen
werbiten
Die Knder
machen ja
nicht egstrar
Feler !!!

5. Wie können Sie Ihrem Kind zu Hause helfen?

»Wenn Eltern erst einmal erkannt haben, dass die Unfähigkeit ihres Kindes, in der Schule voranzukommen, darauf beruht, dass es meint, seine Leistungen seien den Eltern wichtiger als es selbst mit seinen individuellen Bedürfnissen, Wünschen und Ängsten, dann werden ihre Bemühungen, es davon zu überzeugen, dass sie wirklich nur an ihm selbst interessiert sind, dass sie es lieben und glücklich wissen wollen, die Situation von Grund auf ändern.« (Bettelheim 1994, S. 104–105)

✔ Wichtig ist …

- ✔ Akzeptieren Sie die Schwierigkeiten Ihres Kindes, machen Sie keinen Druck und zeigen Sie ihm, dass sie froh sind, dass die Probleme lösbar sind und kein unabdingbares Schicksal sein müssen.
- ✔ Hilfe kann nicht über Nacht wirken. Sie braucht Zeit, Vertrauen und Unterstützung. Fallen Sie nicht auf die Versprechen einfacher und rascher Lösungen herein, obwohl diese immer wieder angepriesen werden. Es gibt keine einfachen Lösungen für komplexe Probleme.
- ✔ Warten Sie nicht zu lange mit gezielten Hilfen, vor allem, wenn Sie diese in der Schule vermissen. Der berühmte Knoten, auf dessen Platzen manche LehrerInnen vertrösten, gehört leider zu den unausrottbaren Falschmeldungen.
- ✔ Je früher geholfen wird, umso normaler und zufriedener entwickelt sich Ihr Kind und damit das Familienleben. Geschieht nichts, weiten sich die Probleme unweigerlich auf alle Fächer aus, in denen gelesen und geschrieben werden muss.
- ✔ Achten Sie auf die Einhaltung und Ausschöpfung des schulischen LRS-Erlasses, der in ihrem Bundesland gilt. Ihr Kind

darf nicht allein wegen seiner LRS sitzen bleiben oder in eine Sonderschule überwiesen werden. Wohl aber kann eine frühzeitige freiwillige Wiederholung der ersten oder zweiten Klasse helfen, die fehlenden Entwicklungsschritte aufzuholen, und damit späteren Lern- und Persönlichkeitsstörungen vorbeugen.

- ✔ Ein Kind mit Lernproblemen braucht eine Lernumwelt, in der es sich geborgen und angenommen fühlt von LehrerInnen und MitschülerInnen. Schalten Sie sich ein, wenn Ihr Kind Angst vor der Schule hat oder körperliche Auffälligkeiten wie Kopf- oder Bauchschmerzen zeigt. Finden Sie kein Verständnis, so bemühen Sie sich um einen Klassenwechsel.
- ✔ Bei massiven Lese-Rechtschreib- oder Rechenschwierigkeiten gilt: Auch wenn es die Familie vorübergehend finanziell belastet, lohnt sich der Aufwand einer therapeutischen Maßnahme langfristig sehr.

Sollen Eltern zu Hause üben?

»Jein!« Diese Frage muss von Fall zu Fall unterschiedlich beantwortet werden. Wichtiger als alles Üben ist, dass Eltern ihr Kind lieben, es unterstützen und sich Zeit für seine Sorgen und Freuden nehmen. Dazu gehört auch, dass sie engen Kontakt zur Schule halten und die angebotenen Elterngespräche und Elternabende besuchen. Bei diesen Gelegenheiten haben Eltern die Möglichkeit, von der Klassenlehrerin oder dem Klassenlehrer Informationen über ihr pädagogisches Konzept, die Lerninhalte und Lernziele in den verschiedenen Fächern und die Klassensituation zu bekommen. Außerdem sollten sie von den Bemühungen und Problemen ihres Kindes beim Lesen und Schreiben berichten, wie viel zusätzliche Zeit es für die Erledigung der Aufgaben braucht. Die Schule sollte auch über eventuelle außerschulische Maßnahmen informiert sein.

Was sollten Sie beim Üben vermeiden?

Eltern sollten sich also sehr sorgfältig prüfen, ob sie ihrem Kind wirklich helfen, wenn sie zu Hause die Rolle des Lehrers oder der Lehrerin übernehmen. Damit können sie die Beziehung zu ihrem Kind belasten, da die Schule und das Lernen ja mit negativen Gefühlen und Ängsten belastet sind.

Keinesfalls sollten Eltern ihr Kind durch Liebesentzug oder durch Verbieten von Hobbys wie Fußball, Tennis oder Fernsehen oder Streichung des Taschengelds für seine schwachen Leistungen strafen. Im Gegenteil: Sport und Bewegung sind als Ausgleich wichtig!

Auch wenn Eltern z.B. im ersten Schuljahr in der Fibel vorarbeiten, besteht die Gefahr, dass sich das Kind dann im Unterricht langweilt und mit seinen Gedanken abschweift, zum anderen ist die Chance groß, dass ohne böse Absicht Falsches vermittelt wird, denn Eltern kennen ja das Lernkonzept der Schule nicht und sind auf diesem Gebiet Laien.

Außerdem bringt Lernen unter Druck, Zwang oder Verboten keine längerfristigen Erfolge! Nicht die Zeitdauer ist entscheidend, sondern die Aufnahmefähigkeit und Passung des Lernstoffs an das Kind.

Zwei Beispiele:
Auf die Frage nach einem neuen – oder nicht greifbaren – Buchstaben buchstabieren Sie das /s/ /ess/, statt zu lautieren /sss/. So erschweren Sie Ihrem Kind das Erlesen, statt es – was Sie ja eigentlich beabsichtigten – zu erleichtern. Aus dem Wort »so« kann so die Erdölfirma »Esso« /ess-o/ werden, sicherlich nicht Ihre Absicht!

Schreibt ein Kind z.B. »gipt« oder »hant« so geben Erwachsenen oft den zwar gut gemeinten Rat »Hör nur genau hin und sprich dir das Wort vor, dann kannst du es richtig schreiben«. Damit liegt man in der deutschen Orthographie jedoch häufig schief, da nur ein kleiner Teil unseres Wortschatzes lautgetreu geschrieben wird. Untersuchungen haben ergeben, dass schwache Rechtschreiber sich von guten auch darin unterscheiden, dass sie nach Gehör schreiben und keine anderen Strategien beherrschen, wie z.B. Wortfamilien suchen: »geben«, Verlängerungen bilden: »Hände«, Wortklasse erkennen u.a.

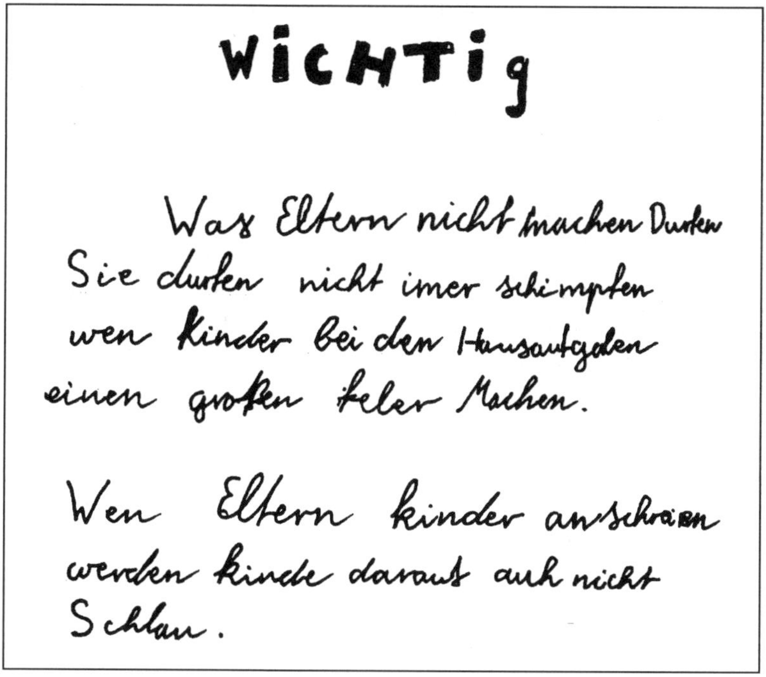
WiCHTig

Was Eltern nicht machen Durfen
Sie durfen nicht imer schimpfen
wen Kinder bei den Hausaufgaben
einen grofen feler Machen.

Wen Eltern kinder anschräen
werden kinde darauf auch nicht
Schlau.

Was können Sie tun?

Sie möchten also Ihrem Kind helfen, damit es weniger Fehler beim Schreiben macht. Meist wehrt es sich auch gegen das Lesen, weil es ihm schwer fällt. Häufig weichen LRS-Kinder darum dem Lernen aus, sehen lieber fern oder spielen am Computer. Häusliches Üben wird so zur Tortur für alle Beteiligten und das Ergebnis steht in keinem Verhältnis zum Zeitaufwand. Mehr Druck, Verbote oder Strafen haben auch nicht geholfen. Die ganze Familie leidet mit.

Warum klappt es nicht? Sicherlich ist es ganz wichtig einzusehen, dass Ihr Kind nicht aus Faulheit, Unkonzentriertheit oder Dummheit Fehler macht, sondern dass diese Verhaltensweisen mehr oder weniger logische Reaktionen auf Überforderungen sind, da es bestimmte Lernschritte noch nicht begriffen hat. Es benötigt einfach mehr Zeit, andere Lernbedingungen und gezielte Hilfen, um sich diese Einsichten anzueignen. Dies ist keine Frage der Intelligenz.

Denken Sie daran, dass Ihr Kind zum erfolgreichen Lernen eine positive Einstellung braucht. Angst macht dumm, wie das Sprichwort sagt. Wichtiger als alles häusliche Üben ist, Ihr Kind mit seinen Stärken und Schwächen zu akzeptieren, sich Zeit für seine Freuden und Sorgen zu nehmen und es zu unterstützen. Sie sollten überlegen, aus welchem Grund Ihr Kind vielleicht seine Schwierigkeiten brauchen könnte, z.B. weil es so mehr Aufmerksamkeit bekommt, sich jemand intensiv um es kümmert und plötzlich Zeit hat – auch wenn es sich nur um Hausaufgaben oder ungeliebtes Üben handelt.

Selbstverständlich ist der Kontakt zur Schule wichtig sowie Gespräche mit den LehrerInnen, denen Sie die häuslichen Lernprobleme und Anstrengungen beim Lesen und Schreiben, Ihre Beobachtungen sowie die Zeit zur Erledigung bei den Hausaufgaben mitteilen sollten. Lassen Sie sich jedoch nicht mit der beliebten, aber unheilvollen Floskel vertrösten, die Probleme würden von allein verschwinden, der Knoten platzen oder ähnlichen falschen Hinweisen.

Was ist beim Üben unbedingt zu beachten?

Bevor Sie konkrete Hilfen zum Üben erhalten, noch ein paar Tipps vorweg, die über Erfolg oder Misserfolg Ihres Engagements entscheiden:

Wichtig ist, …

- das Selbstwertgefühl Ihres Kindes zu stärken, indem Sie es positiv motivieren,
- richtige Lösungen hervorheben, keinesfalls schimpfen oder ärgerlich reagieren!
- alle Lernwege – Auge, Ohr, Kopf, Hand – einzubeziehen!
- Ihrem Kind da helfen, wo es Lücken hat, d.h., es nicht über-, aber auch nicht unterfordern!
- mit Ihrem Kind lieber wenig intensiv zu üben anstelle von vielem ein wenig, vor allem nicht mehrere Regeln zur gleichen Zeit!
- nur das zu diktieren, was Ihr Kind vorher gelesen hat, dessen Wortschatz bekannt ist!
- das Behalten durch Bilder, Analogien oder Eselsbrücken zu erleichtern oder Plakate mit hilfreichen Tipps im Kinderzimmer an gut sichtbarer Stelle aufzuhängen.

Was beim Üben vermieden werden sollte …

- Schnelle Erfolge erwarten!
- Ungeduld zeigen oder schimpfen, denn Angst blockiert das Denken!
- Länger als vereinbart arbeiten und zu viel auf einmal fordern!
- Falsche Ratschläge geben, wie »Hör doch genau hin und sprich dir das Wort vor!«. Nur ein kleiner Prozentsatz der Wörter unserer Sprache wird lautgetreu geschrieben, bei den meisten müssen andere Strategien berücksichtigt werden (Wortfamilie, Ableitung, Wortart u.a.). Auch LehrerInnen machen hier Fehler:

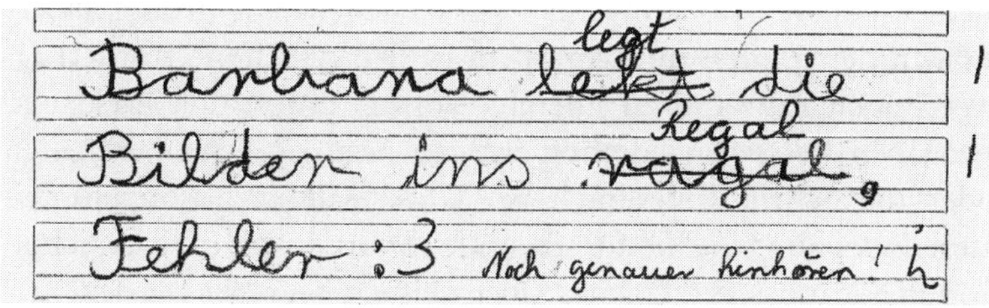
Barbana lekt legt die
Bilden ins ragal Regal
Fehler: 3 Noch genauer hinhören!

- Für Fehler oder schlechte Noten mit Liebesentzug oder anderen Sanktionen strafen!
- Ihr Kind unter Androhen von Strafen zum Üben zwingen!
- Unbekannte Texte aus Übungsbüchern oder der Zeitung für Diktate verwenden!
- Fehler provozieren durch Diktate mit ähnlich oder gleich klingenden Lauten, die unterschiedlich geschrieben werden, z.B. der /ks/-Laut, der sowohl »x, chs, gs oder ks« geschrieben werden kann oder Mohr–Moor u.a.!

So nicht …

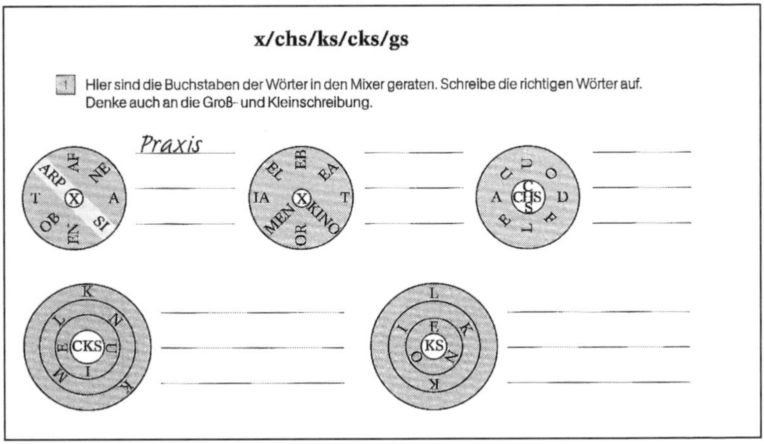

5 × 10 Minuten pro Woche

Tatsache ist, dass Kinder mit Lernproblemen mehr als andere SchülerInnen arbeiten müssen, denn sie benötigen bereits mehr Zeit, um Lesetexte sinngemäß zu verstehen. Die große Fehlerzahl in den Heften und vor allem in den Arbeiten erfordert einen hohen Aufwand an Energie, Konzentration und Ausdauer. Aufgaben müssen wiederholt werden, weil sie Fehler enthalten oder die Schrift unleserlich ist. Diese Kinder benötigen Zeit zum Entspannen, Zeit für Freunde, Sport und Hobbys. Schon von daher muss zusätzliches Üben zeitlich begrenzt werden!

Denken Sie daran, dass ein Üben mit Ihrem Kind nur dann positive Ergebnisse bringt, wenn Sie Verständnis und Geduld aufbringen können und sich Ihr Kind auch von Ihnen helfen lassen will. Ist dies nicht der Fall, so ist zu befürchten, dass es eher noch schlimmer werden kann bis zur totalen Lernblockade. Ihr Kind glaubt nämlich, wie Bettelheim es zu Beginn dieses Kapitels formuliert, dass Sie es nur über seine Leistung lieben. In diesem Fall sollten Sie unbedingt mit den LehrerInnen sprechen und über andere Hilfsmöglichkeiten nachdenken, eventuell diese an eine Nachbarin oder ältere Schüler delegieren.

So lernt man besser ...

Auch wenn es trivial klingt: Lesen lernt man nur durch Lesen! Schreiben nur durch Schreiben! Das Lernen lernt man nur durch eigenes Tun – je erfolgreicher man ist, umso mehr Spaß macht es!

- ✔ Die *Zeitwahl* ist für den Lernerfolg sehr wichtig und sollte vom individuellen Tagesrhythmus des Kindes bestimmt werden. Gut ist es, einen Wochenplan zu führen und die Hausaufgabenzeiten, die festen Termine und Verabredungen festzuhalten. Da inzwischen im Fernsehen permanent für Kinder »wichtige« Sendungen laufen, kann man notfalls eine auch auf Video aufnehmen und nach der »Arbeit« genießen. Das Üben sollte möglichst täglich zur gleichen Zeit stattfinden. Sonntage, Feiertage und die erste Hälfte der Ferien sollten ausgespart bleiben und nur der Erholung dienen.
- ✔ Der *Ort* sollte eine ruhige Ecke, möglichst der eigene Schreibtisch sein, an dem keine äußeren Ablenkungen stören. Auf die Rolle von Musik beim Lernen gehe ich an anderer Stelle ein (S. 268). Manche Kinder schätzen es, die Übungszeit zu einem Zeremoniell mit Tee und Keksen im Wohnzimmer

auszudehnen und genießen die persönliche Zuwendung von Mutter oder Vater.

- ✔ An *Material* sollte am Schreibtisch vorhanden sein: Hefte, Wörterbuch, Lernkartei und passende Karteikarten (in mehreren Farben), Lesepfeil, Bleistifte, Radierer, Lineal, Füller oder Tintenroller, Tintenkiller, Markierungsstift, Buntstifte, eine Schere, Kassettenrekorder mit Leerkassette.
- ✔ Das *Übungsprogramm* sollte neben einigen Lockerungs- und Entspannungsübungen lautes (eventuell auf Kassette) oder leises Lesen beinhalten, über dessen Inhalt sich das Kind später mit einem Familienmitglied unterhalten sollte, sowie Karteiarbeit mit eigenen Fehlerwörtern/Vokabeln.
- ✔ Zu den *Inhalten* der einzelnen Bausteine werden in den entsprechenden Kapiteln Übungsvorschläge gemacht, aus denen das Passende für die spezifischen Schwierigkeiten des Kindes ausgewählt werden kann. Wichtig sind positive *Bestätigungen* für die zusätzlich geleistete Arbeit und Belohnungen, die für das Kind Bedeutung haben. Die Wunschliste kann sehr unterschiedlich sein, z.B. Zeit für ein Lieblingsspiel, ein Ausflug mit der Familie, Ergänzungen zum Hobby, Sticker, ein Kinobesuch …

Wie löst man das leidige Thema Hausaufgaben?

Erkan sitzt mittags stundenlang ohne Pause über seinen Hausaufgaben und wird und wird nicht fertig. Ständig lenkt ihn etwas ab. Er verlangt, dass jemand dauernd neben ihm sitzt. Die Mutter ist genervt, die Geschwister sind sauer, weil er sie blockiert.

Für viele LRS-Kinder bedeuten Hausaufgaben einen ständigen Kampf an mehreren Fronten: mit der Sache selbst, den LehrerInnen und den Eltern. Es fängt damit an, dass viele Betroffene ihre Hausaufgaben entweder gar nicht oder unvollständig notieren und dann mittags eine Zeit raubende Suche, Diskussion oder Telefoniererei mit KlassenkameradInnen folgen muss.

Wird nichts notiert, dann kann sich das Kind am ehesten auf die Ausrede »Es war nichts auf« zurückziehen und entgeht – zumindest für einige Zeit – den nervenaufreibenden Nachfragen und Diskussionen mit dem helfen wollenden Elternteil. Sind die Notizen im Hausaufgabenheft unvollständig oder falsch, dauern die Aufgaben natürlich auch länger und der Ärger setzt am nächsten Tag im Unterricht ein.

Die zweite Hürde sind Leseaufgaben, deren Länge mit steigender Klassenstufe in vielen Fächern beträchtlich zunimmt, die häufig auch schriftlich zusammenzufassen oder zu interpretieren sind. Und damit sind wir bei den schriftlichen Hausaufgaben, deren Ausmaß normalerweise auf den Klassendurchschnitt angelegt ist.

Eine Entschärfung dieses – gerade auch die Familie belastenden – Problems muss in verschiedenen Schritten und an unterschiedlichen Stellen erfolgen.

Der erste Schritt sollten *Gespräche mit den Lehrkräften* sein, damit gemeinsam Absprachen über die Hausaufgaben erfolgen. Die Bearbeitungszeiten sollten unter die Hausaufgaben notiert werden. In allen Bundesländern gibt es für jede Klassenstufe Richtzeiten für die Erledigung der Hausaufgaben (1. und 2. Klasse: ca. 30 Minuten; 3. und 4. Klasse: ca. 45–60 Minuten; ab 5. Klasse ca. 60–120 Minuten). Diese gelten auch für Kinder mit LRS, müssen jedoch sicherlich oft überschritten werden, um – vor allem in höheren Klassen – den Anschluss zu halten.

Wichtig ist, dass Ihr Kind lernt, seine *Hausaufgaben selbstverantwortlich und eigenständig* zu machen. Dazu braucht es funktionierende Lern- und Arbeitstechniken, um noch Zeit für Hobbys und Freunde erübrigen zu können (Kapitel 11).

Weiß ein Kind, dass es sich zu Hause auf Mutter, Vater oder Nachhilfe verlassen kann, so ist die Gefahr des Abschaltens im Unterricht groß und ein Vergrößern der Lücken bzw. falsches Vorbereiten der Arbeiten und Versagen sind vorprogrammiert. Hilfreich sind sicherlich ein gemeinsames Besprechen, Einteilen und Nachsehen der Hausaufgaben, die Erledigung sollte jedoch selbstständig erfolgen. Nachsehen bedeutet nicht unbedingt Verbessern, denn zum einen heißt es für das Kind oft erneutes Abschreiben und damit Freizeitverlust, zum anderen können sich die LehrerInnen kein Bild vom wirklichen Leistungsstand des Schülers oder der Schülerin machen. Hier sollten individuelle Absprachen mit den einzelnen Lehrkräften getroffen werden.

Tipps für Hausaufgaben

- Achten Sie darauf, dass Ihr Kind regelmäßig die Hausaufgaben in einem Hausaufgabenheft oder auf einem Blöckchen notiert.
- Es gibt keinen allgemein gültigen besten Zeitpunkt für Hausaufgaben. Lassen Sie Ihr Kind selbst aussuchen, wann es sie erledigen will, dann sollte es aber dabei bleiben.
- Manche Kinder möchten mit dem Unangenehmsten beginnen, andere mit dem, was ihnen am leichtesten fällt. Wichtig ist nur, dass der Lernstoff in kleinen, überschaubaren Portionen erarbeitet und nicht Ähnliches direkt hintereinander gelernt wird. Sonst tritt die berühmte »Ranschburgsche Hemmung« ein, die zur Löschung oder Verwechslung des Gelernten führt.
- Ihr Kind sollte sich die Arbeit durch kleine Pausen von etwa zehn Minuten oder kleine Belohnungen versüßen, um danach wieder mit frischer Kraft weiterlernen zu können, und zwischendurch ein paar Entspannungsübungen machen.
- Bei der Erledigung der Aufgaben ist es wichtig, dass der Arbeitsplatz immer der gleiche ist, möglichst wenig Ablenkungen bietet und genügend Platz und Ordnung zur raschen und erfolgreichen Erledigung zur Verfügung stehen.

LESE-TIPPS

Kohler, B.: Hausaufgaben. Helfen – aber wie? Beltz, Weinheim, 5. Aufl., 1998

Wie können Sie älteren Kindern helfen?

Das hängt von den Problemen Ihres Kindes ab. Es kann sein, dass Sie Ihr Kind bei langen Leseaufgaben unterstützen müssen, damit es den Stoff schafft. Hier sollten die Möglichkeiten der neuen Medien genutzt werden. Viele Klassiker und moderne AutorInnen sind mit ihren Werken auf Kassette, Platte, Video oder im Internet vertreten. Zu fast aller schulischen Lektüre sind im Buchhandel fertig ausgearbeitete Interpretationen erhältlich. Zu vielen Themen gibt es im Internet Vorlagen oder Literaturhinweise. Problematisch wird es, wenn die eigene Auseinandersetzung mit einer gestellten Aufgabe zur bloßen Kopie verkommt.

Schadet Fernsehen?

Auch hier gilt es – wie so oft im Leben –, das richtige Maß zu finden. Den Fernsehkonsum für Schulschwierigkeiten verantwortlich zu machen ist sicherlich genauso falsch wie ein striktes Fernsehverbot. Fernsehen gehört zum heutigen Leben, es ist für viele Kinder auch eine Form von Entspannung und Abschalten und natürlich wesentlich leichter zu konsumieren als ein Buch. Wer sucht, findet Programme, die zur Weiterbeschäftigung und damit zum Lesen anregen können. Man sollte sich jedoch darüber im Klaren sein, dass Fernsehen immer ein Leben aus zweiter Hand ist, d.h., das Kind bleibt Zuschauer und kann nicht aktiv handeln. Für einige Kinder stellt es einen Ersatz für eine negativ empfundene Wirklichkeit dar, eine Fluchtmöglichkeit aus der Realität. Haben Kinder attraktivere Angebote in ihrer Umgebung, z.B. Unternehmungen mit Freunden, interessante Spiele und Hobbys, so wird sich der Fernsehkonsum von selbst reduzieren.

Da Lesen, wenn man es nicht beherrscht, anstrengt, ist es nicht verwunderlich, dass solche Kinder das bequemere Fernsehen und Video bevorzugen. Hier beißt sich die Katze sozusagen in den Schwanz und es bestätigt sich: »Viele Kinder lesen keine Bücher, weil sie nicht lesen können; sie können nicht lesen, weil sie keine Bücher lesen.« (Richard Bamberger)

Neben der richtigen Auswahl ist besonders für jüngere Kinder das Gespräch über gesehene Sendungen zur Bearbeitung wesentlich, und keinesfalls sollte direkt vor dem Schlafengehen ferngesehen werden, da die unverarbeiteten Bilder nachts den Schlaf stören können.

Helfen Computer und Internet beim Lernen?

Da inzwischen laut Statistik in jedem dritten Haushalt ein Computer steht, sollte er natürlich auch zum Lernen genutzt werden. Eine Anschaffung nur unter dem Gesichtspunkt: »Damit lernt mein Kind besser«, lohnt nicht, denn neben erheblichen Kosten verschlingt die Einarbeitung viel Zeit. Obwohl Computer immer billiger und leistungsfähiger werden, kostet die Anschaffung eines Computers und seines Zubehörs (Farbdrucker, Software, Betriebssystem, Internetzugang) noch immer einige tausend Mark, mit denen ggf. viele Therapiestunden finanziert werden könnten.

Hinzu kommt, dass die Verlockung, den Computer überwiegend für Spiele zu benutzen, sehr groß und schwer zu kontrollieren ist.

Dort, wo bereits ein Computer vorhanden ist, sollte er natürlich auch als motivierende Schreibhilfe eingesetzt werden. Texte lassen sich beliebig gestalten und verändern, Fehler einfach löschen und Sprache kreativ verwenden. Zusätzlich können persönliche Grundwortschätze und Vokabellisten erstellt, gespeichert und zur Übung abgerufen werden. Im Internet werden von Verlagen und Initiativen Hausaufgabenhilfen und fertige Referate angeboten, was LehrerInnen zunehmend stört. Außerdem ist inzwischen das Angebot an Software zum Lesen- und Schreibenlernen riesig und wegen der Kosten und notwendigen Zeit nicht mehr im Einzelnen auf seine Lerninhalte zu prüfen. Die SODIS-Datenbank (Software Dokumentations- und Informationssystem), die LehrerInnen beim Einsatz neuer Medien im Unterricht helfen soll, konnte von den 830 Deutschprodukten, die im Jahr 2000 vorlagen, kein einziges Produkt als »beispielhaft« bewerten. Diese Einschätzung teilen fast alle Fachleute. (www.sodis.de)

Die meisten Computerprogramme zur Rechtschreibung arbeiten nach den im Kapitel 8 bereits abgelehnten Ratestrategien und sind für Kinder mit Lernproblemen deshalb nicht hilfreich.

Da Spiel- oder Lern-Software nicht wie ein Buch schnell durchgeblättert und auf seine didaktischen Grundlagen, Übungsformen, Wortschatz und Effektivität hin geprüft werden kann, treten Enttäuschungen meist erst nach der kostspieligen Investition beim Gebrauch auf, wenn sich herausstellt, dass

- die Versprechen der Werbung nicht erfüllt wurden,
- das Programm/die Anleitung nicht für die angegebene Altersstufe/den Wissensstand geeignet war,
- technische Mängel bestehen (Spielstand nicht abzuspeichern, gelöste Aufgaben nicht auszudrucken),

- falsche Lese-, Schreib- oder Rechenstrategien mehr verwirren als helfen. Dies betrifft besonders Übersetzungen aus anderen Ländern, wo andere Lernwege vermittelt werden, z.B. den USA mit anderen Rechen- und Lesestrategien.

Die Bundeszentrale für politische Bildung, Referat Neue Medien, (Postfach 2325, 53013 Bonn) versendet auf Anfrage seit 1992 kostenlose Informationen über neue Spiele »Computerspiele auf dem Prüfstand«.

Der Software- und Internet-Markt verändert sich rasant. Was heute aktuell ist, kann morgen veraltet sein. Bei Informationen im Internet muss man hinterfragen, was der Informant bezweckt. So ist klar, dass z.B. unter www.wissen.de Bertelsmann seine Produkte anbietet und unter www.sms-kidware.com/produkt.htm eine Reihe von Verlagen/Softwarehäusern ihre Software vorstellt, einschließlich Demos zum Downloaden – wenn man dafür ausgerüstet ist. Die Webseiten der Schulbuchverlage, Landesinstitute (Anschriften im Anhang), Zeitschriften, Universitäten bieten eine Fülle an Informationen.

Bund und Länder haben ein nationales Webportal zu Bildungsfragen eingerichtet (www.bildungsserver.de), die Bundesländer verfügen inzwischen z. T. über eigene Portale, z.B. ist das Hessische Kultusministerium unter www.bildung.hessen.de zu finden.

Österreichs Bildungsserver steht nur z.T. allen Interessenten offen (www.schule.at/home), für manche Informationen benötigt man ein Passwort. Die Schweiz bietet Informationen über ihr Schulsystem an unter www.edca.ch.

Wichtig ist, dass Kinder bestimmte Sicherheitsregeln beim Surfen im Internet einhalten. Sie sind ausführlich in der nichtkommerziellen Kindersuchmaschine www.blinde-kuh.de unter dem Schlagwort: Sicherheit zu finden.

LESE-TIPPS

- Decius, M./Panzieri, R.: »Wir sind das Netz« – Chancen und Risiken des Internets für Kinder und Jugendliche – ein praktischer Leitfaden. Beltz, Weinheim 2000
- Grabis, B./Kienitz, G.W.: Der Internet Guide für Schüler ab 12 Jahre. Moses, Kempen 2000
- Im gleichen Verlag gibt es auch einen Internetführer für Lehrer.
- Ein Jugendbuch, dass die Gefährlichkeit des sorglosen Umgangs mit persönlichen Daten thematisiert:
  Tarbox, K.: katie.com Katherine Tarbox – meine Geschichte. Aare-Sauerländer, Aarau 2000

6. Lernen im Spiel – spielend lernen

»Viele Kinder, die nur wenig Möglichkeiten zum Spielen haben und mit denen nur selten gespielt wird, leiden unter schweren intellektuellen Entwicklungshemmungen oder Rückschlägen, denn im Spiel und durch das Spiel übt das Kind seine Denkprozesse. Ohne diese Übung kann sein Denken oberflächlich und unterentwickelt bleiben … Das Spiel ist deshalb von so ausschlaggebender Wichtigkeit, weil es die intellektuelle Entwicklung anspornt und das Kind sich dabei – ohne es selbst zu merken – Dinge angewöhnt, die für sein Wachstum unentbehrlich sind, zum Beispiel die für das Lernen so wichtige Ausdauer. Es erwirbt sie sich am leichtesten bei Tätigkeiten, die Spaß machen, zum Beispiel bei einem Spiel, das es sich selbst ausgesucht hat.« (Bruno Bettelheim: Ein Leben für Kinder. Erziehung in unserer Zeit. dtv, München 1991, S. 196)

✔ Tipps zum Spielen

- ✔ Spielen soll dem Kind Freude und Spaß bereiten. Deshalb darf es nicht dazu gezwungen werden. Ist es aber ins Spiel vertieft, so sollten Eltern es möglichst nicht unterbrechen und den Spiel- und damit Lernprozess stören.
- ✔ Spielen ist schön als gemeinsame Tätigkeit. Wer also sein Kind zum Spielen motivieren will, sollte selbst Freude und Spaß am Spielen haben, sonst wird jeder gut gemeinte Versuch scheitern. Nur in einer entspannten, fröhlichen Atmosphäre werden alle ihre Bedürfnisse und Gefühle einbringen können. Eltern sollten sich überlegen, wie sie ihrem von Lernproblemen gestressten Kind echte Gewinnchancen einräumen können – z.B., indem sie die Regeln verändern – und sich selbst im Spiel zurücknehmen. Frustrationen und Enttäuschungen erlebt Ihr Kind schon täglich im Übermaß! Kreisspiele machen umso mehr Spaß, je mehr Personen mitspielen!
- ✔ Will Ihr Kind mit Ihnen spielen, so sollte es die Auswahl des Spiels mitbestimmen dürfen. Prüfen Sie, ob das ausgesuchte Spiel vom Alter und Schwierigkeitsgrad passt, damit nicht gleich von vornherein Frustration und Ärger drohen. Zum Abreagieren eignen sich übrigens Aktionsspiele wie »Splat« (MB), »Monster Mix« (Parker), »Das Nilpferd in der Achterbahn (Ravensburger), »Looping Louie« (MB) oder ein Boxsack!
- ✔ Planen Sie genügend Zeit fürs Lesen der Spielanleitung ein. Zum einen gibt es dann weniger Missverständnisse, zum anderen sollte dieser echte Leseanlass für Ihr Kind unbedingt genutzt werden, auch wenn es langsam geht. Ist die Anleitung zu schwierig abgefasst, so kann sie eventuell reihum absatzweise vorgelesen und das Spiel dabei gleich aufgebaut und angespielt werden.
- ✔ Es ist wichtig, dass Spielregeln, vor allem bei Kreisspielen, eindeutig und einfach formuliert sind. Eine Proberunde zeigt, ob alle die Anleitung verstanden haben. Bei Brettspielen ist es sinnvoll, die Regeln je nach Sprachstand und Lesefertigkeit

Ihres Kindes neu zu fassen oder die wichtigsten Abschnitte farbig zu markieren.

- ✔ Bei der Auswahl der Spiele ist zu beachten, dass sie nicht nur inhaltlich, sondern auch sprachlich auf das Alter der Kinder Rücksicht nehmen und keine zu schwierigen Satzmuster und grammatikalischen Strukturen enthalten. Fast alle Spielanleitungen lassen sich auch verändern und neu schreiben (verbindet Lese- und Schreibgelegenheit).

Warum sind Spiel und Bewegung für Kinder und Jugendliche mit Lernproblemen so wichtig?

Die Fünftklässler auf dem Bild auf der nächsten Seite spielen im LRS-Förderkurs gerade Memory. Was, mögen Sie fragen, hat das mit Lese-Rechtschreib-Förderung zu tun? Sollten die Kinder nicht besser Diktate und Aufsätze üben? Die Antwort ist: Kinder »lernen« im Spiel. Für sie sind Spiel, Arbeit und Lernen keine Gegensätze. Dass Spiel und Bewegung die gesunde Entwicklung des Kindes fördern, ist allgemein bekannt. Nach Jean Piaget, dem bekannten Schweizer Psychologen und Pädagogen, gilt das Spiel als das prägende Mittel der Intelligenz- und Persönlichkeitsentwicklung. Leider stellen heute jedoch ErzieherInnen, LehrerInnen und TherapeutInnen immer häufiger fest, dass Kinder in den ersten fünf bis sechs Lebensjahren nicht ausreichend spielen und sich bewegen gelernt haben – und als Folge Schwierigkeiten im schulischen Lernen entwickeln.

Bedeutung von Spielen

Gesunde Entwicklung

Das Spannende ist, dass beim Spielen noch ausstehende Entwicklungsschritte erkannt und gleichzeitig nachgeholt werden. Was wird nicht alles bei einem Spiel wie »Feuer, Wasser, Erde, Luft« sichtbar und gefördert?

Hier spielen ich, der Marco, der Lodi, Sascha und der Andreas. Das sind die „Stars von Heute“. Sie heißen Memorystars weil sie jede Karte aufdecken. Dabei müssen sie sich den Krübs anstrengen.

Feuer, Wasser, Erde, Luft

Material: Tennisball, Softball oder verknotetes Tuch

Beschreibung: Die Spieler sitzen in einem großen Kreis. Nach der Einführung steht eine Person in der Mitte mit dem Ball, wirft ihn einem Kind im Kreis zu und sagt dabei einen der vier Begriffe, z.B. »Erde«. Derjenige, der den Ball fängt, nennt nun ein Tier, das auf der Erde lebt, z.B. »Hase«, und wirft den Ball in die Mitte zurück. Der Spieler in der Mitte kann dies mit anderen Kindern wiederholen und sich jeweils zu den Elementen »Erde«, »Wasser« und »Luft« entsprechende Tiernamen sagen lassen. Wer ein falsches Tier ruft oder eines, das bereits genannt war, löst den Werfer in der Mitte ab. Möchte er überhaupt abgelöst werden, so wirft er den Ball in die Höhe und ruft »Feuer«, das Zeichen, dass alle Spieler ihre Plätze wechseln müssen. Wer keinen Stuhl erwischt, geht in die Mitte, und das Spiel geht weiter.

Variation: Der Spieler in der Mitte ruft beim Werfen einen Tiernamen, zu dem das den Ball fangende Kind das entsprechende Element nennen muss, also z.B. »Taube« – »Luft«. Wenn einem Kind kein Tier einfällt, dürfen die jeweiligen Nachbarn helfen.

Beim genauen Beobachten kann man erkennen: Wie kommt das Kind mit den Bewegungsabläufen zurecht, welche Hand bevorzugt es, wie sieht seine grob- und feinmotorische Entwicklung aus? Gibt es in der Aussprache bestimmter Laute Probleme, welche Tiere kennt das Kind, wie sieht seine Merkfähigkeit aus? Wie lange kann es sich konzentrieren? Wie verkraftet es einen Fehler? Gleichzeitig wird dabei mit Spaß das Werfen, Fangen und Wissen trainiert.

Kinder brauchen positive Erfahrungen

Kinder und Jugendliche, die durch ihre LRS Schulunlust oder Schulangst entwickelt haben bzw. emotionale Probleme aufweisen, müssen ihre Ängste abbauen, um wieder Freude an der Schule zu bekommen. Dies geht, wie langjährige Erfahrungen gezeigt haben, im Förderunterricht wie auch zu Hause nur dann, wenn sie ermutigende und vergnügliche Situationen erleben und damit ihr angeknackstes Selbstwertgefühl aufbauen. Der amerikanische Kinderpsychologe Bruno Bettelheim beschreibt in seinen Büchern sehr eindringlich, wie wichtig Gewinnen für die Entwicklung des Selbstwertgefühls ist.

Spiele schaffen neue Motivation

Müdigkeit, Aggression, Resignation oder Unkonzentriertheit können beim Spielen verschwinden, wenn sich das Kind dabei wohl fühlt. Besonderes Vergnügen machen vielen Kindern lustige Lieder mit Bewegungen wie »Meine Tante aus Marokko«, die

Lieder von Fredrik Vahle und anderen Liedermachern oder Sprachspiele und Zungenbrecher, an denen Kinder besonders viel Spaß haben, z.B. »Zehn Ziegen zogen zehn Zentner Zucker zum Zoo«.

Kinder lernen spielend Lesen und Schreiben

Bei Lese-, Schreib- und Wörterspielen, die es in vielfältiger Form gibt – selbst herzustellen, in Büchern oder als käufliche Spiele –, ist der Bezug zum Lesen und Schreiben ersichtlich. Wer nimmt sich aber heute noch Zeit, um mit seinen Kindern »Stadt–Land–Fluss« oder »Gefüllte Kalbsbrust« oder »Onkel Otto plätschert lustig in der Badewanne« zu spielen, wobei sich Letzteres vorzüglich zum Üben der Satzteile eignet.

Dies gilt auch für Spiele, die dem ersten Anschein nach gar nichts mit Lesen und Schreiben zu tun haben. Ein paar Beispiele: Ball-, Hüpf- oder Seilspiele helfen nicht nur dem Zusammenleben und -lernen der Kinder, sie schulen die Grob- und Feinmotorik – die für das Schreiben so wichtig ist –, die Orientierung im Raum (fürs Lesen-, Schreiben- und Rechnenlernen) und durch die dazugehörigen Reime neben der Ausdrucksfähigkeit die Sprachanalyse, die wiederum Voraussetzung für das Lesen ist.

Für jüngere Kinder sind Fingerspiele, Abzählreime und Zungenbrecher eine vorzügliche Vorbereitung fürs Lesen- und Schreibenlernen, da sie die Aufmerksamkeit auf den »Klangteil der Sprache« (Bosch 1984) lenken, wie auch neuere Untersuchungen belegen. Bosch empfahl Verse wie:

> Ene, mene, mink, mang,
> Ping, pang, ort, port,
> Eier, deier, weier, weier, weg!

oder

> Meine Mu-, meine Mu-, meine Mutter schickt mich her,
> ob der Ku-, ob der Ku-, ob der Kuchen fertig wär.
> Wenn er no-, wenn er no-, wenn er noch nicht fertig wär,
> käm ich mo-, käm ich mo-, käm ich morgen wieder her.

Zur Anregung der kindlichen Fantasie und gleichzeitigen Einstimmung ins Lesenlernen ist es bestimmt sehr viel sinnvoller, mit seinem Kind vor dem Einschlafen zu spielen oder ihm am Bett Geschichten zu erzählen bzw. vorzulesen, als es vor dem Fernseher oder Computer allein zu lassen, deren unverarbeitete – und meist ungeeignete – Bilder das Kind nachts im Traum verfolgen. Ebenso ungeeignet ist es, Ihrem Kind mit einem der vielen meist sinnlosen Frühlesetrainings den Spaß an Büchern zu verderben.

Auch wenn die Kritik das »Mad-Spiel« (Parker) verrissen hat, so ist es bei Kindern ab der vierten Klasse eines der beliebtesten Spiele und nebenbei mit seiner makaber-witzigen Spielanleitung und den Aufträgen ein vorzügliches Lesematerial, ähnlich wie das »Spiel des Lebens« (MB), »Wahr oder gelogen« (Noris), »Schatz im Silbersee« (Klee), »Die Story vom Pferd« (Ravensburger) oder die 50 Fälle der leider vergriffenen »Die Peking-Akte« (MB). Bei älteren Kindern und Jugendlichen erfreuen sich Fantasy-Spiele großer Beliebtheit. Sie bestehen aus Geschichten, die in Rollenspiele umgesetzt werden, ganz nebenbei ein erfolgreiches Lesetraining! Die »Würfelspiele zur Rechtschreibung« (Neuer Finken Verlag) sind in vielen Schulen vorhanden und können vielleicht ab und zu ausgeliehen werden, denn sie schaffen auch Kindern mit großen Rechtschreib- und Leseproblemen Erfolgserlebnisse und verbessern deren Lese- und Rechtschreibfertigkeiten.

»Boggle« (Parker), ein Spiel um Buchstaben und Wörter, kann durch eine Regeländerung auch SchülerInnen mit LRS großen Spaß bereiten. Alle sichtbaren Buchstaben können für jedes zu bildende Wort benutzt werden, nicht nur nebeneinander liegende. Dadurch können weit mehr Wörter gefunden werden, die dann jeweils vorgelesen und verglichen werden. Gleiche Wörter oder falsch geschriebene werden durchgestrichen. Die übrig gebliebenen Wörter werden gezählt und dann je nach orthographischer Sicherheit mit einem »Handicap« multipliziert, sodass sich Erwachsene ganz schön anstrengen müssen, um eine Gewinnchance zu haben.

Zurück zum Memoryspiel vom Anfang dieses Kapitels. *Oli* beschrieb das Spielziel mit »den Kribs anstrengen«. Die Kinder übten »spielend« neben genauer Beobachtung, Orientierung, Kombinationsfähigkeit auch ihre Begriffsbildung durch das gezielte Benennen der aufgedeckten Kärtchen.

Und wie können Kinder spielerisch den korrekten Sprachgebrauch üben? Für jüngere Kinder ab 7 eignet sich zum spielerischen Umgang mit Satzteilen »Der Satzbau-Meister« (Piatnik, Wien), für ältere das systematischere Spiel »Das Satzbau-Spiel« (Spectra, Dorsten), das es in drei Schwierigkeitsstufen gibt.

Ana denkt bei »Boogle« nach

Was passiert in einer Spieltherapie?

Es gibt Kinder und Jugendliche, bei denen seelische Probleme, Ängste oder traumatische Erlebnisse Auslöser oder Folge ihrer Schwierigkeiten sein können. Ein Kind kann sich abgelehnt fühlen, glaubt, dass es nur bei guter Leistung geliebt wird oder nur über Versagen die Beachtung der Eltern erhält, und entwickelt so psychosomatische Beschwerden. Heute wird bei spieltherapeutischen Maßnahmen zunehmend eine Verbindung mit Familientherapie als sinnvoll erachtet.

In einer Spieltherapie lernt das Kind, im Spiel seine Probleme zu überwinden, d.h., die heilende und freisetzende Rolle des Spiels wird als psychologische Behandlungsmethode verwendet. Es gibt zahlreiche Veröffentlichungen zu den unterschiedlich ausgerichteten Spieltherapien. Bei der Suche nach einer geeigneten Therapie ist abzuwägen, welche Probleme das Kind besonders belasten. In einer reinen Spieltherapie bleiben jedoch die schulischen Lernprobleme meist ausgeklammert. Viele LRS-TherapeutInnen haben spieltherapeutische Elemente in ihre Arbeit integriert.

LESE-TIPPS

- Axline, V.M.: Kinder-Spieltherapie im nicht-direktiven Verfahren. Reinhardt, München, 9. Aufl., 1997
- Ude-Prestel, A.: Ahmet. Geschichte einer Kindertherapie. Piper, München 1999

✔ Tipps, wie Spiele Lesen und Schreiben fördern können:

- ✔ Spielanleitungen sind immer eine gute Übung für das sinnverstehende Lesen. Falls sie sehr kompliziert sind, sollten alle Mitspieler reihum lesen, auch das Kind mit Leseproblemen.
  In den letzten Jahren sind erfreulicherweise immer mehr anregend gestaltete und gut gegliederte Spielanleitungen erschienen, z.B. zu »Verrücktes Labyrinth«, »Der Natur auf der Spur« (Ravensburger) u.a.
- ✔ Spielregeln können verändert, neue Regeln erfunden und aufgeschrieben werden oder ganz neue Spiele können erfunden und aufgeschrieben werden. Hierbei hilft der Einsatz eines Computers.

Sirius hat bei der Entwicklung der Anleitung zu seinem »Kannibalenspiel« nicht nur viele andere Spielanleitungen gelesen, sondern dabei auch seine Probleme mit der Rechtschreibung abgebaut – allerdings haben wir daran viele Wochen gearbeitet. Als Lohn für seine Mühe wurde er von einer Fernsehsendung als Wochensieger für seine Spielidee ausgezeichnet.

- ✔ Spielezeitungen und -bücher mit Kreuzworträtseln und sonstigen Spielereien mit Buchstaben und Wörtern haben schon manches Kind zum Lesen und Schreiben gebracht. Als Geschenke zu Geburtstagen oder Festtagen eignen sich selbst gemachte Spiele- oder Rätselhefte.
  Gruselfans haben mit Lese- und Denkspielen viel Spaß, z.B. »Ene-mene-Rätselspaß mit Vampiren« (Loewe) oder den Fantasy-Rollenspielen.
- ✔ Wörterbücher und Lexika können anregende und kurzweilige Spiele bieten, z.B. reihum eine beliebige Seite aufschlagen und einen Begriff aussuchen lassen, der dann von der Runde erklärt werden soll. Da kommt oft etwas Lustiges heraus – und gleichzeitig wird gelesen und Wissen erworben!
- ✔ Zauber- und Experimentierkästen (z.B. von Kosmos oder Ars-Edition) oder Zauberhefte (Carlsen) und Zauberbücher sind für manche Kinder attraktive und fesselnde Freizeitbeschäftigungen. Hierbei ist auf die Altersangaben zu achten.

⚠ Eine Warnung zum Schluss:

Nicht jedes Spiel und nicht alles Spielen bedeuten Entwicklungsförderung und Lernen im positiven Sinn. Stundenlanges Video- und Computerspiel ist nicht nur wegen der häufig problematischen Inhalte der Spiele, in denen es um Vernichtung, Mord und Zerstörung geht, abzulehnen, sondern es kann auch gesundheitsschädlich sein. Viele dieser Spiele können Ängste, Aggressionen und Nervosität verstärken oder geradezu süchtig machen; manches von der Werbung angepriesene »Lern«spiel fördert nur den Umsatz der Firma – nicht aber das Kind. Dem Sog der Werbung zu widerstehen ist für Kinder zunehmend schwieriger, da die Vermarktungsstrategien und die Verquickung von Fernsehserien und Kaufangeboten immer perfekter werden.

Was taugen Video- und Computerspiele?

Konsolenspiele, die über Playstations oder mit kleinen Geräten wie dem Gameboy gespielt werden, üben ebenso wie Computerspiele – allen Prognosen zum Trotz – immer noch eine große Faszination auf Kinder aus, dank stets neuem Spielnachschub der Firmen, ausgeklügelten Marketingstrategien und begleitenden Serien im Fernsehen. Ich finde es bedauerlich, dass nach wie vor zu wenig die kindliche Kreativität oder Konzentration angeregt wird und Problemlösungsstrategien sowie geistige Beweglichkeit trainiert werden. Es geht um rasche Befriedigung des Spieltriebs, Abschalten und Abreagieren in Form von normalerweise als unsozial geächteten Verhaltensweisen, ganz zu schweigen von Rollenstereotypen und der Anwendung von Gewalt.

Die Masse an Spielesoftware und ständiger Neuerscheinungen, gerade im Bereich Gewalt propagierender und jugendgefährdender Programme, ist nicht zu überblicken. Zwar versuchen Fachzeitschriften und Ratgeber Orientierungshilfen zu geben, aber diese sind oft vom Markt bestimmt oder oberflächlich, wenn es um Lerninhalte geht (z.B. Feibels Kindersoftware-Ratgeber). Eltern kann nur dringend empfohlen werden, sich für die Spiele ihres Kindes zu interessieren, die Anschaffung von Spielen – bzw. das Herunterladen aus dem Internet – kritisch zu diskutieren, und mit ihrem Kind über die Inhalte zu sprechen.

Begrenztes Spielen schadet sicherlich keinem Kind, zumal es ja in der Gruppe mitreden will; aber es stellt sich die Frage, ob Eltern überhaupt die Spielauswahl und Spielzeit ihres Kindes überblicken können. Kindern mit Lernschwierigkeiten scheinen diese Spiele Ablenkung von den täglichen Misserfolgen zu bieten, denn sie können endlich einmal in die Rolle des sieghaften Helden schlüpfen. Zu beachten ist, dass langes Spielen vor allem jüngere Kinder verkrampft und nervös werden lässt, da das konzentrierte Starren auf den Bildschirm Augen und Nacken belastet. Bei Kindern und Jugendlichen mit einer Fotosensibilität ist wegen der Krämpfe auslösenden Lichtreize Zurückhaltung bei Video- und Computerspielen geboten. Ob Gefahr beim Umgang mit Video- oder Computerspielen für Ihr Kind besteht, muss fachärztlich geklärt werden.

Ein pauschales Spielverbot wäre sicherlich das Falscheste, denn dies erhöht höchstens seine Attraktivität, wohl aber sollte auf zeitliche Begrenzung geachtet werden. Grundsätzlich sollte erst nach den Hausaufgaben gespielt werden, da die Faszination der Spiele sehr groß ist und hinterher die Konzentration stark nachlässt. Außerdem sollte es selbstverständlich sein, dass weder Fernseher noch Computer im Kinderzimmer steht und somit ihr Zugang letztlich unkontrollierbar ist.

Falls Ihr Kind zu stark in die Welt der Spiele flüchtet, versuchen Sie herauszufinden, welches die Gründe sind. Ist es der Gruppendruck, die Chance, nur so von den FreundInnen akzeptiert zu werden, Langeweile, Neugier? Hat das Kind keine realen Spielpartner? Kann es sich nicht auf normale Spielsituationen einlassen, weil es nicht verlieren kann? Braucht das Kind den Computer als Entschädigung für Misserfolge und Niederlagen oder um sich elterlicher Bevormundung zu entziehen?

Materialien zum Spielen

Es ist schwierig, sich im vielfältigen Literatur- und Spielangebot der Verlage, der Auswahl in den Geschäften und unter dem Einfluss der Werbung zurechtzufinden. In Illustrierten, Spielezeitungen oder den Wochenendausgaben der Tageszeitungen werden Neuerscheinungen vorgestellt und oft gleich bewertet. Jedes Jahr werden mit viel Werbung »Spiele des Jahres« gewählt, die in den letzten Jahren mehr für Spielefreaks als für »normale« Spieler interessant waren. Selbst Verbraucherzentralen informieren über Spiele.
Viele öffentliche Büchereien verleihen Spiele, es gibt Spielotheken, in denen man Spiele ausprobieren kann, oder man testet sie zunächst bei Freunden.

Es existiert ein riesiges Angebot an Computerspielen, die inzwischen auch ausgeliehen werden können. Bevorzugt werden von Kindern und Jugendlichen Fantasie-, Kriegsstrategie- oder Actionspiele, die zwar viel Zeit kosten, aber kaum aufs Lernen übertragbare Strategien bieten, auch wenn sie z.T. als Lernspiele deklariert werden (z.B. Star Wars). Selbst Englisch ist selten nötig, da die meisten Versionen in Deutsch erhältlich sind.

In den Bewertungen geht es vor allem um technische Fragen wie Installation, Funktionsprüfungen, Bedienung, Grafik oder Service.

Computerspiel-Zeitschriften bieten kostenlose Demos mit Updates oder manchmal Vollversionen von älteren Spielen. Gekaufte oder ausgeliehene CD-ROMs wandern dann von Hand zu Hand, zum großen Teil jedoch als Raubkopien.

Ältere Jugendliche laden sich die Programme zum Knacken des Kopierschutzes sowie indizierte Spiele vom Internet herunter und spielen ihre Spiele zu mehreren über Netzwerke verbunden.

Interrviu
mit dem erfinder der Tomb Raider serie!!L!!!!
PSXTEAM:

SEITwan arbeiten sie an tomb rider 4?
Adriean Smith:
Die endwicklungl lief mite 98 an.

Psx: Können sie unseren Lesern was zu dennneuen gegnern erzehlen?

Adriean:
Es gibt zwar weniger arten von Laras mismachern aber dafür sind sie überzeugender!

Vielen dank Adrieam Smihtund viel spass bei der arbeit!

Erster Entwurf für Erics Spielezeitung

Tipps und Hilfe beim Kauf von Spielen

➪ Überlegen Sie vor dem Kauf, ob das Spiel Ihrem Kind gefallen und seine Kreativität fördern wird. Falls Sie bemerken, dass die Wünsche vor allem durch Werbung oder Gruppendruck bestimmt sind, und Sie das Spiel nicht für geeignet halten, besprechen Sie dies gemeinsam mit Ihrem Kind und erläutern Sie die Gründe für Ihre ablehnende Haltung. Oft genügt es schon, wenn Kinder das Spiel im Laden sehen und feststellen müssen, dass die Aufmachung wenig mit dem Werbespot übereinstimmt. Heilsam ist auch eine Proberunde, die in manchen Spieleläden möglich ist.

➪ Da Spiele teuer sind, lohnt es, sich vor dem Kauf über Spielidee und Umsetzung zu informieren – bei Bekannten, in der Schule, im Hort, in der Jugendgruppe oder über die Medien.

- Überfliegen Sie die Informationen auf der Verpackung, die schon grobe Hinweise auf Anzahl der Spieler, Altersgruppe und Spieldauer geben können. Kommt das Spiel in die engere Wahl, so lassen Sie im Laden die Verpackung öffnen, damit Sie einen Blick auf die Bestandteile und die Spielanleitung werfen und überprüfen können, ob der Inhalt den Erwartungen entspricht.
- Spiele unterliegen im Gegensatz zu Büchern keiner Preisbindung. Vergleichen Sie daher die Preise. Berücksichtigen Sie aber auch, wie wertvoll eine gute Beratung ist, die Ihnen einen Missgriff vermeiden hilft. In manchen Spieleläden können Sie Spiele ausprobieren.
- Lassen Sie sich nicht nur vom äußeren Erscheinungsbild, sondern vielmehr von der Spielidee leiten.
- Denken Sie daran, dass viele Spiele LRS-Kindern vielfältige motivierende Leseanlässe bieten können, wenn sie richtig genutzt werden!

Auswahl von Spiel- und Liederbüchern, die sprachfördernd wirken

Da die Auswahl an Spielbüchern und -karteien riesig ist, beschränke ich mich hier auf eine kleine Auswahl an Sprachspiel- und Liedsammlungen und nenne einige Kontaktadressen für Spiele oder Spielaktionen.

Spielebücher

Grasso, M.: Spielebuch für die ganze Familie. F. Reinhardt, Basel

Guggenmos, J.: Oh, Verzeihung, sagte die Ameise. Beltz & Gelberg, Weinheim

Jacoby, E./Berner, R.S.: Himmel, Hölle, Blindekuh. Kinderspiele für drinnen und draußen. Hanser, München

Langosch, H.: Alte Kinderspiele neu entdecken. rororo, Reinbek

Mai, M.: Ene mene muh, was denkst du? Lustige Sprachspiele. Der blaue Rabe. Ravensburger

Manz, H./Rudelius, W.: Lieber heute als Morgen. Sprechen, hören, träumen, hoffen. Texte für Kinder. Beltz & Gelberg, Weinheim
Menzel, W.: Fischers Fritz bricht sich die Zunge. Benziger, Würzburg
Naegele, I./Haarmann, D. (Hrsg.): Darf ich mitspielen? Kinder verständigen sich in vielen Sprachen. Beltz, Weinheim
Portmann, R./Schneider, E.: Spielen mit Buchstaben, Wörtern, Texten. Don Bosco, München (ab 10)
Pousset, R.: Fingerspiele und andere Kinkerlitzchen. rororo, Reinbek
Singer, W./Funke, C.: Sprachspiele für Kinder. Ravensburger, Ravensburg
Thiesen, P.: Himmel, Hölle & Co. Beltz, Weinheim
Ungerer, T./Janosch: Das große Buch vom Schabernack. Diogenes, Zürich
Vahle, F.: Guck mal, wer da guckt. Patmos, Düsseldorf

Liedsammlungen

Hoffmann, K. u.a.: Hundert flinke Hasen. 16 Lieder zum Hoppeln. Igel Records, Dortmund
Hoffmann, K.: So singt und spielt man anderswo. Igel Records, Dortmund
Kunterbunt: Komm, wir spielen … Kinderlieder zum Mitmachen. Fidula, Boppard
Meyerholz, B./Hering, W.: Kinderlieder zum Einsteigen und Abfahren. Voggenreiter, Bonn
Schöntges, J. (Hrsg.): Freche Lieder – liebe Lieder. Beltz & Gelberg, Weinheim
Vahle, F.: Das Anne Kaffeekanne Liederbuch. Igel Records, Dortmund
Vahle, F.: Gehupft wie gesprungen. Lieder für fröhliche Füße und neugierige Ohren. Patmos, Düsseldorf
Vahle, F./Krause, U.: Das große Vahle-Liederbuch. Beltz, Weinheim

Informationen über käufliche Spiele

Jährlich wird vom F.-März-Verlag in Bonn das Taschenbuch »Spiel« herausgegeben, das sich bemüht, umfassend über lieferbare Spiele, Verlage, Kaufadressen, Veranstaltungen, SpieleautorInnen, Spielotheken, Spielmuseen und anderes zu informieren.

»Spielbox«, das Magazin zum Spielen (W. Nostheide Verlag, Memmelsdorf), stellt neue und bewährte Spiele vor, beurteilt sie und zeigt Varianten auf.

Das Angebot des Wehrfritz-Katalogs (Postfach 1107, 96473 Bad Rodach) richtet sich zwar primär an Kindergärten, Horte und andere integrative Einrichtungen, aber Eltern finden hier auch ein großes Angebot an Spielen und Kinderbüchern (E-Mail: wehrfritz@wefi.de).

Adressen, die weiterhelfen können

Akademie Remscheid, Küppelstein 34, 42857 Remscheid (mit Robin Hood-Versand)

Arbeitsausschuss »Gutes Spielzeug«, Marktplatz, 89073 Ulm

Arbeitsgemeinschaft Spielzeug e.V., Schützenstr. 30, 32105 Bamberg (mit Zeitschrift Spielmittel)

Psychomotorische Materialien, Bücher und Spielideen, An den drei Hasen 22, 61440 Oberursel

Verlag ISKO-PRESS, Sievekingsallee 86, 20535 Hamburg (Interaktionsspiele)

Buchversand und Verlag Villa bossaNova, Postfach 130251, 42817 Remscheid (Lernspiele)

Liste empfehlenswerter käuflicher Spiele

Das Angebot der Verlage ist riesig und sehr rasch wechselnd. Ständig verschwinden Verlage oder werden aufgekauft. Das gleiche Spiel kann dann unter anderem Namen oder Verlag wieder aufgelegt werden. Viele Spielideen ähneln sich auch.

Ich stelle eine kleine Auswahl an Spielen vor, die in unserer therapeutischen Praxis gern und häufig gespielt werden. Sie sind nach Verlagen, nicht nach Altersgruppen, Spielarten oder Förderaspekten geordnet. Meist haben wir die Spielanleitungen unseren Bedürfnissen angepasst, neu geschrieben oder die wichtigsten Passagen farbig markiert. Da einige besonders beliebte Spiele inzwischen vergriffen sind, sollte man bei Interesse eine Anzeige in einer Spielzeitung aufgeben. Wir haben damit schon gute Erfahrung gemacht.

Mit M gekennzeichnete Spiele eignen sich gut zum spielerischen Umgang mit Zahlen und Mengen.

Amigo Spiel + Freizeit, Dietzenbach
Es war einmal …
Halli Galli

Ass-Spiele, Leinfelden
Barbarossa
Rauf und Runter (M)

Herder, Freiburg
Corsaro
Momo
Orientexpress u.a.
Kooperationsspiele

Jumbo, Amsterdam
Die Kaufleute von Amsterdam

Klee Spiele, Fürth
Kannst du rechnen? (M)
Kannst du die Monate? (M)

Kosmos, Stuttgart
Das Riff
Die Siedler von Catan – mit vielen Varianten
Wettstreit der Baumeister
Wörtersee

MB-Spiele (Vertrieb Hasbro Deutschland, Soest)
Die Peking Akte – vergriffen
Jenga
Tabu
Mankomania
Mäuschen Schlau (M)
Scrabble
Slotter
Splat
Spiel des Lebens
Spiel der Spiele
Vier gewinnt
Wer bin ich – früher: Detektivbüro

Noris-Spiele, Fürth
Das blaue Amulett – vergriffen
Die drei Magier – vergriffen
Gespensterburg
Piratenschatz
Wahr oder gelogen? Käpt'n Blaubär
Warum ist die Banane krumm? – Quizspiel

Parker (Vertrieb Hasbro Deutschland, Soest)
Boggle
Cluedo
Hau drauf – vergriffen
Mad-Spiel
Monster Mix
Skill
Agatha's letzter Wille
Topwords

Piatnik, Wien
Neue Spiele im alten Rom

Ravensburger Spieleverlag, Ravensburg
Das 1×1 Spiel (M)
Das Nilpferd in der Achterbahn
Das verrückte Labyrinth
Der Natur auf der Spur
Der Zauberlehrling
Deutschlandreise
Die Story vom Pferd
Europareise
Heimlich & Co.

Hol's der Geier (M)
Jagd der Vampire (vergriffen)
Labyrinth der Meister
Memorys
Plitsch-Platsch-Pinguin
Sagaland
Schnuff (M)
Wortschatz

F.X. Schmid, Prien
Das Geister-Schloss
Mystery Cards Rätselspiele:
  Die Hütte im Höllental
  Das Geheimnis des Urwaldtempels
Spuren im Busch

Schmidt Spiel + Freizeit, Berlin
Das Taschengeld-Spiel (M)
Lachen, lachen – Lustiges Frage-und-Antwort-Spiel

Spear, Nürnberg
Denk fix
Kinderparty

Veritas, Linz (A)
Rechengalaxie (M ab 10)
Rechtschreibkönig (ab 10)
Schatzsuche

7. Lesen lernt man nur durch Lesen!

Bücherlesen

von Günter Kunert

1
Bücherlesen ist vonnöten,
soll euch nicht die Dummheit töten:
Wer nicht gerne Bücher liest,
ist für mich ein blödes Biest!

2
Bücherlesen, liebe Leute,
nicht erst morgen, sondern heute!
Heute gilt's den Kopf zu füllen,
dass nicht laut vor Lachen
brüllen …

3
… alle Affen hier im Zoo
über euren Kopf voll Stroh:
Stroh soll raus und Wissen rein,
das gilt nicht für euch allein,

4
sondern klar für jedermann,
der das Alphabet schon kann.
Ohne Bücher seid ihr Tröpfe,
sogar Holz- und Wasserköpfe!

5
Nur durch Bücher wissen wir:
Warum gibt es Menschen hier?
Denn kein Schaf gibt euch
Bescheid,
keine Katze ist bereit,

6
Menschenkinder zu belehren,
die nicht auf die Bücher hören.
Hühner, Enten, Spatzen, Spechte
wissen leider nicht das Rechte,

7
was für Menschen wichtig wär.
Also: Nehmt die Bücher her,
lest und werdet sacht gescheit,
dass ihr einst die Klügren seid.

Quelle: »Ich, du, er, sie, es«, Ravensburger

✔ Tipps fürs erfolgreiche Lesen

- ✔ Trotz vieler Mühen hat Ihr Kind bisher wenig Erfolg beim Lesenlernen gehabt. Deshalb ist es besonders wichtig, dass es nun positive Erfahrungen macht und spürt: Es macht Spaß, sich durch Lesen eine neue Welt zu eröffnen und unabhängig von anderen zu werden. Erfolge stellen sich dann ein, wenn Ihr Kind Bestätigung und Zutrauen in die eigenen Fähigkeiten bekommt.
- ✔ Freuen Sie sich, wenn Ihr Kind lesen will, und unterstützen Sie es. Üben Sie aber nie Zwang aus und überhäufen Sie Ihr Kind nicht mit Büchern. Lassen Sie Ihr Kind weitgehend selbst aussuchen, *wann, was* und *wie* es lesen will. Auch Comics!
- ✔ Unterbrechen Sie das Lesen Ihres Kindes nur, wenn triftige Gründe vorliegen. Denken Sie daran, Lesen ist für Ihr Kind eine wichtige geistige Arbeit.
- ✔ Wollen Sie gemeinsam lesen, so sollte es gemütlich sein. Dabei können Sie darauf achten, dass Ihr Kind beim Lesen möglichst gerade sitzt und das Buch schräg ca. 30 cm vor sich hält oder auf einem Leseständer stehen hat. Damit wird Seh- und Haltungsschäden vorgebeugt. Ein durchsichtiger Lesepfeil aus bunter Plastikfolie hilft besser bei der Orientierung als ein Finger oder Lineal.
- ✔ Lesen Sie zusammen mit Ihrem Kind, so betrachten Sie auf der Seite zunächst die Bilder. Nach dem Lesen beantworten Sie die Fragen Ihres Kindes und sprechen darüber. Stellen Sie Beziehungen zu eigenen Erlebnissen oder anderen Büchern/Filmen her, oder suchen Sie, wenn Interesse besteht, in der Bücherei/im Buchhandel weitere Lektüre zum Thema. Ihr Kind kann eine Geschichte weiterspinnen, verändern, dazu malen, an AutorInnen schreiben (über den Verlag des Buches) u.a. Hatte Ihr Kind jedoch Schwierigkeiten mit dem Leseverständnis, so loben Sie es trotzdem und suchen Sie die Schuld bei sich selbst; dann hatten Sie einen zu schwierigen Text ausgesucht.

- ✔ Im ersten Schuljahr sowie bei großen Leseproblemen ist es wichtig, dass Ihr Kind die Wörter lautiert und nicht buchstabiert, um so leichter zum Verstehen des Gelesenen zu kommen. Machen Sie es nicht wie die »Sesamstraße«, sondern sprechen Sie die Konsonanten mit ihrem Lautwert aus: »sss« statt »ess«, »k« statt »ka«. Sonst erschweren Sie Ihrem Kind den Sprung von der Wortvorgestalt zum Wort.
- ✔ Lesen Sie Ihrem Kind regelmäßig vor, auch dann, wenn es schon selbst lesen kann. Es mag dabei mitlesen, bei Dialogen eine Person übernehmen oder Sie zwischendurch ablösen. Vergessen Sie auch hier das Loben nicht.
- ✔ Nutzen Sie die zahlreichen Informationsangebote über Neuerscheinungen oder besonders empfehlenswerte Bücher, wie sie in Buchhandlungen, Bibliotheken, von Verlagen oder z.B. vom »Arbeitskreis für Jugendliteratur« oder dem »Börsenverein des Deutschen Buchhandels« u.a. angeboten werden. Viele Tages- und Wochenzeitungen stellen regelmäßig Kinder- und Jugendbücher vor. Zeigen Sie Ihrem Kind die nächste Bibliothek und lassen Sie es Bücher ausleihen. Informieren Sie sich über Computerprogramme, die Ihr Kind in seinen Interessen unterstützen können. Viele öffentliche Bibliotheken verleihen geeignete Software.
- ✔ Lassen Sie Ihr Kind profitieren von der in anderen Ländern beliebten »Read-along-Methode« des Mitlesens, während der Text auf einer Kassette oder CD vorgelesen wird. Leider sind die meisten Fassungen Hörspiele, aber nicht zuletzt seit »Harry Potter« und »Winni der Puh« liegen exzellente Lesungen vor (siehe Liste S. 183). Umgekehrt kann Ihr Kind für andere als Geschenk selbst Kassetten besprechen und damit sein Lesen in zweifacher Weise fördern: Es liest und kontrolliert sich beim Abhören selbst.
- ✔ Liest Ihr Kind allein, so ist es ratsam, über den Inhalt zu sprechen. Sie zeigen Ihr Interesse und erfahren, ob es ihn verstanden hat. Bei Zweifeln oder Widersprüchen beim Erzählen sollte noch einmal gemeinsam nachgelesen werden.
- ✔ Besonders wichtig ist jedoch, dass Ihr Kind *Sie* als Leserin

oder Leser erlebt. Damit schaffen Sie ein Vorbild, das weit mehr als alle Hinweise und Ermahnungen wirkt. Denken Sie daran, eine positive Einstellung zum Lesen und zu Büchern wird hauptsächlich in der Kindheit und Jugend gelegt, aber nur dann, wenn die Anregung nicht zu sehr gesteuert und nicht erzwungen war. Dies zeigen Untersuchungen zum Leseverhalten ganz deutlich.

Lesen als Problem

»Ich soll mehr zu Hause üben, war das Fazit des Gesprächs mit der Lehrerin«, berichtet der Vater von *Markus*, »aber Hilfen, was und wie ich mit ihm lesen sollte, gab sie mir nicht. So verließ ich mich auf die Empfehlung der Buchhändlerin und die Erfolgsaussichten, die auf dem Buchumschlag angepriesen wurden. Die ganze Familie mühte sich, Markus über die seitenweisen sinnlosen Silben- und Wort-Leseübungen zum Lesen zu bringen. Vergebens. Er ist mehr denn je überzeugt, es nie zu lernen.«

Claudia besucht die dritte Klasse. Die Eltern wundern sich, weshalb ihre Tochter seit einiger Zeit an bestimmten Tagen so bedrückt ist, über Bauchschmerzen klagt und schlecht schläft. Es stellt sich heraus, dass diese Zeichen einer Krise mit der schulischen »Lesestunde« zusammenhängen, in der unbekannte Texte vor der Klasse laut vorgelesen werden müssen. Claudia weiß, dass sie noch viel langsamer als die meisten MitschülerInnen liest. Sie hat Schwierigkeiten mit langen Wörtern und verwechselt häufig die kleinen Wörtchen wie »der, den, dem, denn, ein, eine, einen, einem, einer«, die aber für die Satzbedeutung so wichtig sind. Bei langen Zeilen verheddert sie sich oft, muss wieder von neuem beginnen, wird dann von der Lehrerin korrigiert, kann den Faden nicht wieder finden und verliert in ihrer Angst die Zeile, während der Rest der Klasse immer unruhiger wird, unfreundliche Zwischenrufe kommen und schließlich ein anderes Kind aufgerufen wird. Sie hasst Lesen!

Mich ergert es dasandere Schühler sich lustig machen wenn ich beim lesen Stotere

Alexander

Zwei typische Berichte von Eltern, die um Hilfe suchen. Sie leiden mit ihrem LRS-Kind und wollten etwas Gutes tun.

- ➪ Der Vater von *Markus* hätte auf Vorschlägen zur Abhilfe bestehen sollen. In den meisten Bundesländern sind LehrerInnen sogar per Erlass zur Elternberatung verpflichtet. Eine Entschuldigung gibt es nicht, denn Lehrerfortbildung und Fachzeitschriften bieten seit Jahren Hilfen zum Lesen- und Schreibenlernen.
- ➪ *Claudias* Eltern wurden im Beratungsgespräch ermutigt, die Lehrerin ganz dringend über die Probleme ihrer Tochter zu informieren. Wie vermutet, war die Lehrerin überzeugt gewesen, mit ihrer Methode gerade den schwachen LeserInnen zu helfen. Sie war betroffen, als sie von *Claudias* Ängsten erfuhr. Andere Formen des Lesetrainings wurden vereinbart. So konnten die Kinder z.B. selbst ausgewählte Texte, die sie zu Hause vorbereitet hatten, der Klasse vorlesen. *Claudia* bekam langsam Zutrauen. Ihre Ängste verschwanden und das Lesen ging immer besser.

Da Probleme beim Lesenlernen

- ➪ auf vielfältigste Weise,
- ➪ an den unterschiedlichsten Stellen,
- ➪ aus den verschiedensten Gründen und
- ➪ in allen Altersstufen

auftreten können, sollen hier nur einige langjährig erprobte Ideen zur Förderung des Lesens angeführt werden. Sie können jedoch professionelle Hilfe im Einzelfall nicht ersetzen.

Wer richtig helfen will, muss an den bereits erworbenen Fähigkeiten und Interessen des Kindes anknüpfen.

Wie können Eltern helfen?

Als Erstes gilt es herauszufinden: *Wie liest mein Kind*? Wenn Ihr Kind sich nicht sperrt, mit Ihnen zu lesen, und Sie sich zutrauen, genügend Geduld und Ruhe zu bewahren, dann versuchen Sie doch gemeinsam Folgendes:

- ✔ Lassen Sie Ihr Kind ein paar Minuten aus einem selbst gewählten Buch oder Heft – keinem geübten Text aus Fibel oder Lesebuch – auf eine Leerkassette vorlesen (vgl. Lesen mit dem Kassettenrekorder, S. 167, S. 181).
- ✔ Unterbrechen Sie das Lesen nicht bei Verlesungen oder Pausen, helfen Sie jedoch bei längerem Probieren mit dem richtigen Wort aus oder geben Sie einen kurzen Hinweis.
- ✔ Loben Sie Ihr Kind dafür, dass es freiwillig diese Anstrengung auf sich genommen hat.
- ✔ Stellen Sie ein paar Fragen zum Inhalt, um zu erfahren, was es verstanden hat. Nehmen Sie auch dies auf.
- ✔ Hören Sie sich das Band gemeinsam an und vergleichen Sie es mit der Textvorlage.
- ✔ Versuchen Sie herauszufinden und zu notieren, an welchen

Stellen das Lesen besonders gut klappte, an welchen es stockte, und warum. Gab es z.B. Probleme mit …

… einzelnen Buchstaben/Buchstabenverbindungen?
… der Aufteilung des Wortes in seine Bestandteile (Silben, oft wiederkehrende Buchstabenverbindungen wie »aus«, »ing«, »ich« u.a., Konsonantenhäufungen)?
… zusammengesetzten Wörtern?
… dem Zusammenziehen?
… dem Satzbau oder der Schrift?
… der Klarheit der Buchstaben, z.B. l-i, n-m, a-e-, u-n?
… dem Inhaltsverständnis?

Das Ergebnis dieser oder mehrerer solcher »Lesetests« kann Ihrem Kind und Ihnen die richtige Auswahl des Lesestoffs erleichtern.

Vorschläge

Da jedes Kind seinen eigenen Weg in die Welt der Schrift geht, können Erwachsene auch nur Anregungen und Hilfen geben, aus denen sich das Kind die geeigneten aussuchen muss.

Alle Kinder in meiner Praxis haben Lesen gelernt, jedoch jedes auf seine Weise.

Hier einige Beispiele:
Florian sprach besonders gut auf »Russischbrot« und Gummibärchen in Buchstabenform sowie Fühl- und Magnetbuchstaben an.
Umberto halfen bunte Schaumstoffbuchstaben.
Catrin liebte die Spiele des Computer-Leseprogramms »Fürst Marigor und die Tobis« (CVK), obwohl viele Aufgaben für die Viertklässlerin zu leicht und andere nicht ohne Hilfe eines Erwachsenen zu lösen waren.

Daniel lernte es »spielend« über das Erlesen von Spielanleitungen, *Olav* durch die Lektüre von »Micky Maus«, *Leo* durch »Alf«, andere mit Büchern wie »Abenteuer der schwarzen Hand« (Ravensburger), »Kommissar Kugelblitz« (Breitschopf) oder »Tigerteam« und *Till* durch »Theo haut ab« (Beltz & Gelberg), weil er seine Familienprobleme wieder fand. *Christoph* entdeckte das Lesen durch das Fantasy-Abenteuer-Spiel »Die Helden des Schwarzen Auges« (Schmidt) und *Lisa* durch »Lork«, ein Computer-Schreib-Lese-Programm für ältere SchülerInnen. Maxi fesselten die »Blitz«-Pferdebücher und *Berkin* die Bilderbücher von Babette Cole und Tony Ross. *Hermann* gab seine Leseverweigerung auf, nachdem er »Harry Potter und der Stein der Weisen« kapitelweise erlesen und dann die Kassette dazu gehört hatte. Die folgenden Bände verschlang er dann alleine.

Wie angesprochen: Der Weg in die Welt der Schrift kann sich sehr unterschiedlich gestalten, zunehmend spielen der Computer und das Internet für Kinder und Jugendliche eine wichtige Rolle.

… Ideen

Tafeln, Knetgummi, Plastilin, Schaumstoffwürfel in Buchstabenform, Buchstabenteppich (Ikea), Montessori-Material mit Reibebuchstaben, Buchstaben und Zahlen zum Fühlen, Magnetbuchstaben, Holzbuchstaben, Buchstabenaufkleber, Plätzchen in Buchstabenform, Buchstabensuppe, Hieroglyphen-Stempel (Tessloff), Wortkarten von Häufigkeitswörtern (Liste S. 316).

… Erleichterungen

Lesepfeil

Vorlautieren, Mitsprechen, Finger, Bleistift oder Lineal sind langfristig »Lesekrücken«, weil die Augen und das Gehirn schneller sind als die Zunge, Finger oder Muskeln. Viel besser unterstützt ein halb durchsichtiger Lesepfeil aus farbiger Folie die Orientierung und Gliederung beim Lesen. Ist er nämlich undurchsichtig, so erschweren Sie Ihrem Kind den ersehnten Erfolg. Lesen ist kein schematisches Aneinanderreihen von Buchstaben, sondern geht, je nach Buchstabenkombinationen und Schwierigkeit, in größeren oder kleineren Sprüngen vor sich, nach vorn und auch zurück.

Sie brauchen keine teuren »Spezial-Legasthenie-Folien (sog. Irlenfolien)« zu kaufen. Einfache farbige Plastikfolien, wie sie Grafiker benutzen, eignen sich hervorragend. Schneiden Sie daraus – in der Lieblingsfarbe Ihres Kindes – einen rechteckigen Lesestreifen, aus dem auf einer Seite ein kleines Rechteck ausgeschnitten wird.

Bei leichteren Texten wird er mit der glatten Seite unter die zu lesende Zeile gelegt, bei komplizierten Texten – oder großen Anfangsschwierigkeiten – sollte die rechtwinklige Kante auf der zu lesenden Zeile so mitgeschoben werden, dass immer nur das zu lesende Wort – oder dessen Teile – sichtbar werden. So wird die Aufmerksamkeit – quasi wie mit einer farbigen Brille – auf einen Wortteil beschränkt, gleichzeitig kann aber nach vorn und hinten der Zusammenhang ermittelt werden.

Je älter Ihr Kind ist, desto transparenter kann die Farbe des Lesepfeils sein.

Kennzeichnung schwieriger Buchstabenverbindungen, Silben und Sinnschritte

Für manche Leseanfänger sind Buchstaben/Laute wie »au«, ie«, »ei« oder Einheiten wie »aus«, »ein«, »der« schwierig zu entschlüsseln. Sie können durch Silbenbögen oder farbige Markierung hervorgehoben werden und somit das Lesen erleichtern.

Umberto kann lesen

Es war ein mal ein ....

Er kann ma len,

er kann lau fen,

er kann ren nen,

Dies gilt auch für Buchstaben, die von manchen Kindern verwechselt werden, wie d-b, a-e, u-n, m-w.

Ines kann d und b noch nicht sicher zuordnen. Deshalb markiert sie sich alle b (wie blau) als Sinnstütze blau. *Umberto* hilft der Gedanke an den Beginn seines Vornamens, um n und u zu unterscheiden. B und D in Druck- und Schreibschrift in unterschiedlichen Farben und mit Bild von Bär und Dino als Sinnstütze auf einer Karteikarte im Mäppchen helfen *Rike* im Unterricht. *Catrin* hat sich Handzeichen zum Unterscheiden von d und b überlegt. Dazu trägt sie am linken Handgelenk ein blaues Bändchen und spreizt den linken Zeigefinger und Daumen zu einem L, die sie mit dem rechten Zeigefinger und Daumen zu einem b ergänzt.

Eine solche Sinnstütze sollte jedoch nur für die kurze Zeit des Erlernens gelten und dann vergessen werden. Ähnliches gilt für Handzeichen als Hilfe zum Erkennen einzelner Sprachlaute. Generell ist von solchen Lautgebärden trotz anders lautender Werbung eher abzuraten, da sich das Kind neben den Groß- und Kleinbuchstaben in Druck- und Schreibschrift noch ein weiteres Schriftsystem merken muss.

Erweitern der Blickspanne

Lesen macht nur dann Spaß, wenn man dabei möglichst rasch versteht, wovon der Text handelt. Sind die Augen so mit dem Entschlüsseln von Buchstaben oder Buchstabenketten (Wörtern) beschäftigt, dass das, was mit den Wörtern an Inhalt ausgedrückt werden soll, verloren geht, entsteht wenig Motivation, weiter zu üben. Da bleibt dann das Erlebnis Fernsehen und Kassette viel erholsamer und schöner.

Also müssen Hilfen gesucht werden, die das Verstehen des

Gelesenen unterstützen und das Erlebnis Lesen mit positiven Gedanken verbinden lassen.

Dazu ist wichtig, die Blickspanne vom einzelnen Wort auf größere Einheiten hin zu erweitern, um möglichst wenig zurückzugucken und schneller lesen zu lernen. Die Beachtung der Satzzeichen spielt dabei eine wichtige Rolle.

Viele Erstlesebücher erleichtern dies durch »Flattersatz« mit kurzen, zusammengehörigen Sätzen pro Zeile und häufigen Wiederholungen, wie z.B. »He Duda« (Beltz, Weinheim 1999):

Lesen mit dem Kassettenrekorder

In fast jedem Haushalt findet sich ein Kassettenrekorder, der sich vorzüglich zum Lesenlernen einsetzen lässt.

- ➪ Zur Lese-Dokumentation: Wie bereits erwähnt, lohnt es, regelmäßig Aufnahmen beim Vorlesen zu machen. Ihr Kind lernt, den eigenen Leseprozess zu beobachten, merkt, wie wichtig es ist, richtig und deutlich zu sprechen und hat so eine eigene Textsammlung, die es immer wieder hören kann. Damit dokumentieren Sie die Fortschritte und Ihr Kind hat eine Bestätigung für seine Mühe.
- ➪ Als »Listen along Cassette«: In den USA und Australien werden Kinder und Jugendliche seit langem zum Lesen motiviert, indem sie einen Text gleichzeitig hören und sehen können. Auch bei uns liegen inzwischen – ganz oder als Ausschnitt – einige bekannte Kinder- und Jugendbücher auf Kassette vor oder Eltern können sie selbst herstellen.

Jedes Kind mit Leseproblemen hat bei uns eine eigene Kassette, auf die es regelmäßig etwas vorliest. Damit es später seinen Weg zurückverfolgen kann, haben wir bestimmte Rituale festgelegt: Jede Aufnahme beginnt mit Nennung des Datums und des Lesestücks, z.B. »Heute ist der 29. Februar 2000. Ich lese das Buch ›Michael‹ vor«.

Selbst verfasste Texte

Am schönsten und persönlichsten sind Texte, die Eltern für ihre Kinder oder Kinder für andere (als Geschenk, Brief, Tagebuch, Ferienerlebnis) selbst verfassen. Sie sind auch in der Schule als Lesetexte sehr beliebt, vor allem, wenn sie selbst gedruckt und illustriert werden. Mit dem Computer lassen sich leicht motivierende und sinnvolle Lese- und Schreibanlässe finden.

Aus verschiedenen Verlagen gibt es Bilderbücher ohne Text. Hierzu kurze Texte zu verfassen macht bereits Lese- und Schreibanfängern Spaß. Während das Kind den Text unter Mitsprechen aufschreibt, notiert ihn ein Erwachsener mit. Später kann er dann mit dem Computer in »Dudennorm« übersetzt werden und aufgeklebt werden. (Weiteres im Kapitel 8, S. 186)

Tipps für ältere Kinder

Die meisten älteren Kinder und Jugendlichen mit ausgeprägten Rechtschreibproblemen zeigen nach meiner Beobachtung auch mehr oder weniger große Unsicherheiten beim Lesen. Einige lesen zu langsam oder raten, andere sind so mit dem Entschlüsseln bestimmter Buchstabenkombinationen, Wortteile oder Wörter beschäftigt, dass der Inhalt des Textes vernachlässigt wird, und viele übersehen die Satzzeichen. Die Folge ist, dass der Text nicht richtig verstanden wird, um ihn zusammenzufassen oder zu interpretieren.

Ständige Enttäuschungen und die mangelnde Aussicht auf Erfolg führen zu einem verhängnisvollen Kreislauf. Auch hier sollte die Diagnose an einem beliebigen Text erfolgen, den man auf Kassette aufnimmt, um ihn später gemeinsam auszuwerten. Fragen zum Text zeigen, inwieweit das Gelesene sinngemäß erfasst wurde.

Häufig haben sich im Lauf der Jahre schlechte Gewohnheiten eingeschlichen wie

- unkonzentriertes, abschweifendes Lesen,
- Mitsprechen, Lippenbewegungen beim Stilllesen,
- Wort-für-Wort-Lesen, das das Verstehen des Inhalts behindert,
- Vor- und Zurückgehen im Text,
- Ignorieren von Satzzeichen,
- und oft am hinderlichsten: Lesekrücken wie Finger, Bleistift, Lineal.

Für ältere Kinder gelten die gleichen Tricks wie für jüngere, nur benötigen ältere noch mehr Mitgefühl, Lob und Unterstützung.

Zwischenüberschriften, kurze Zusammenfassungen und Fragen zum Gelesenen erleichtern das Leseverständnis und erhöhen die Motivation. Das ist sinnvoller als mehrmaliges Durchlesen.

Eine Methode, die vor allem älteren SchülerInnen helfen kann, einen Sachtext systematisch zu erlesen, ohne den Überblick zu verlieren, ist die »5-Punkte-Methode«

1. Vor dem eigentlichen Lesen werden Klappentext, Inhaltsverzeichnis, Titel und Untertitel, Zusammenfassungen oder der erste und letzte Satz des Textes überflogen.
2. Anhand dieser gewonnenen Informationen werden Fragen zum Text formuliert. Der Leser prüft dabei, was ihm bereits zum Thema bekannt ist und was ihm neu erscheint.
3. Nach diesen Vorbereitungen wird mit dem eigentlichen Lesen begonnen, das dadurch aktiver, konzentrierter und mit dem Blick aufs Wesentliche erfolgt.
4. Nach dem Lesen eines Abschnitts, dessen Länge vom Schwierigkeitsgrad des Textes und der eigenen Vertrautheit mit dem Thema abhängt, hält der Leser inne, rekapituliert im Geist den Inhalt, vergewissert sich, dass seine Fragen beantwortet sind, und macht sich Notizen oder unterstreicht wichtige Passagen.
5. Diese vier Schritte werden nun für jeden weiteren Abschnitt des Textes durchgeführt. Am Schluss erfolgt die Gesamtrepetition, bei der die Zusammenhänge zwischen den einzelnen Kapiteln oder Teilen hergestellt werden.

(nach Schräder-Naef 1996, S. 80)

Für ältere Kinder und Jugendliche mit Leseproblemen ist es nicht leicht, geeignete Texte zu finden. Immer mehr Verlage entwickeln jedoch kreative Ideen, und manche Bilderbücher sind im Prinzip auch mehr für Erwachsene gedacht. Für das Lesen zu Hause eignen sich Sachbücher mit vielen Abbildungen, Witzsammlungen, Bastelanleitungen, kurze, bebilderte Geschichten mit vielen Wiederholungen, Texte mit Fragen oder Suchrätseln, aus deren Antwort/Reaktion sofort abzulesen ist, ob der Leser oder die Leserin den Inhalt verstanden hat – und vor allem Spielanleitungen. Interessant für die Altersgruppe sind natürlich viele Computerspiele, besonders die Wissensspiele und Lexika.

Wie bereits erwähnt, haben sich selbst hergestellte Texte in der Schulpraxis und in Therapien als sehr motivierende Leseanreize erwiesen.

Leser haben Macht

Das Ziel des Lesens beschreibt Erich Kästner (1973, S. 67) so:
»Wenn ein Kind lesen gelernt hat und gerne liest, entdeckt und erobert es eine zweite Welt, das Reich der Buchstaben. Das Land des Lesens ist ein geheimnisvoller, unendlicher Erdteil. Aus Druckerschwärze entstehen Dinge, Menschen, Geister und Götter, die man sonst nicht sehen könnte. Wer noch nicht lange lesen kann, sieht nur, was greifbar vor seiner Nase liegt oder steht: den Vater, die Türklingel, den Laternenanzünder, das Fahrrad, den Blumenstrauß und, vom Fenster aus, vielleicht einen Kirchturm. Wer lesen kann, sitzt über einem Buch und erblickt mit einem Male den Kilimandscharo oder Karl den Großen oder Huckleberry Finn im Gebüsch oder Zeus als Stier, und auf seinem Rücken reitet die schöne Europa. Wer lesen kann, hat ein zweites Paar Augen, und er muss nur aufpassen, dass er sich dabei das erste Paar nicht verdirbt.«

Für Umberto Eco, den bekannten Schriftsteller und Wissenschaftler, hat das Lesen noch weiter gehende Bedeutung, wie er es in einem Interview (Focus 10/1995, S. 113) ausführt:

Focus: Was sagen Sie zu der These, die technologische Revolution der Neuen Medien werde dazu führen, dass die Leute das Lesen verlernen und nur noch Bilder aufnehmen?
Eco: Das ist falsch. Das konnte man vielleicht noch vor 20 Jahren so sagen, als die Neuen Medien nichts anderes als das Fernsehen waren, das in der Tat nur Bilder brachte. Heute gibt es Computer, die uns wieder Texte präsentieren. Was tun die Leute, die ihre Nächte mit Internet verbringen? Lesen sie nicht Texte, Texte und nochmals Texte? Wir sind dabei, zu einer »alphabetischen« Kultur zurückzukehren. Die Menschen der Zukunft werden des Lesens kundig sein müssen. Sonst sind sie verloren. Man kann geradezu sagen, die Macht von morgen wird in den Händen derer liegen,

die fähig sind, auf den Monitoren ihrer Computer Texte zu lesen, während die anderen, die nur die Bilder betrachten, Untertanen sein werden. Das zeichnet sich ja schon ab.

Focus: Also sind Sie nicht pessimistisch über die Zukunft des Lesens?

Eco: Jedenfalls nicht über die Zukunft der Lesefähigkeit. Ich glaube nicht, dass das geschriebene Wort verschwinden wird. Es könnte eher zu einem schrecklichen Machtinstrument werden, wenn es in die Hände einer Minderheit fällt und den anderen nur die Bilder bleiben.

LESE-TIPPS

Pennac, D.: Wie ein Roman. Kiepenheuer & Witsch, Köln 1994.
Ein französischer Lehrer und Vater beschreibt sehr einfühlsam, wie und warum junge Menschen dem Lesen ausweichen und wie man sie dazu verlocken kann.

Materialien zur Leseförderung

»Wir müssen das Lesen zu etwas machen, wofür es sich lebhaft interessiert. Das würde das Kind zum Lesen ›verführen‹. Gelingt uns das, dann werden Kinder ... zu begeisterten Lesern.«

Diese Aussage Bruno Bettelheims (1985, S. 37) wird durch neue Untersuchungen zum Leseverhalten nachdrücklich bestätigt.

Von daher sollte Ihr Kind seine Lektüre selbst auswählen dürfen, wozu natürlich neben dem Buch auch Heftchen, Zeitschriften, Spiel-, Koch- und Bastelanleitungen, Liedertexte gehören und die neuen Medien immer größeren Raum einnehmen: Chatten und Surfen im Internet, E-Mails, Bildschirmtexte, Versenden von Botschaften via SMS (Short Message Service) u.a.

Was sollten Sie bei der Auswahl vermeiden?

- Bücher in Schreibschrift (Kapitel 1);
- Lesespiele, die für ungeübte Leser unverständlich oder verwirrend sind. Dazu gehören leider die meisten der im Buchhandel angebotenen Übungsmaterialien;
- reines Einzelwort-Lesetraining, wie z.B. in manchen LÜK-Heften und Legastheniematerialien;
- sinnloses Silbenlesen.

ti	di	wi	bi	gi
ta	da	wa	ba	ga
to	do	wo	bo	go
tu	du	wu	bu	gu

Hinweise und Kriterien zur Auswahl von Lesetexten

Zwar werden heute viele schöne, spannende, interessante Kinder- und Jugendbücher gedruckt, den Weg in die Buchhandlungen finden jedoch nur wenige, meist besonders beworbene, die weder vom Inhalt noch der Gestaltung unseren Vorstellungen entsprechen. Prospekte, manche Besprechungen, Büchereien oder das Internet helfen bei der Suche. Zum Glück gibt es vielerorts – noch – gut ausgestattete Kinder- und Jugendbüchereien.

Auch Leseanfängern bieten die Verlage heute eine Fülle an motivierenden Texten (Heften, Spielen, Büchern) für die unterschiedlichen Leseniveaus und Interessen. Schlechter sieht es für ältere Kinder mit Leseproblemen aus. Passt die äußere Aufmachung und Wortwahl, ist der Inhalt oft uninteressant.

Inzwischen geben viele Verlage spezielle Serien für Leseanfänger heraus, die zum Teil sehr schön gestaltet sind, jedoch einzeln durchgesehen werden sollten, da manche zu anspruchsvoll in Wortauswahl, Textumfang, Satzbau und Aufmachung sind und damit das lesen lernende Kind frustrieren. Viele Schulen verfügen ebenfalls in der Regel über vielfältige Lesematerialien, die ausgeliehen werden können

Informationen und Orientierungshilfen über Neuerscheinungen gibt es vielerorts, in den Zeitungen, im Fernsehen, im Radio, durch die Verlage und in Empfehlungslisten. In der Vorweihnachtszeit finden oft Ausstellungen mit neuen, empfehlenswerten Kinder- und Jugendbüchern statt. Auswahlkataloge werden von unterschiedlichen Organisationen jährlich veröffentlicht. In Österreich und in der Schweiz wird jährlich eine kommentierte Auswahl herausgegeben.

LESE-TIPPS

Nachschlagewerk in vierter Neuauflage mit mehr als 500 Adressen zur Kinder- und Jugendliteratur aus Deutschland, der Schweiz und Österreich.

- Meyer, F. (Hrsg.): Blaubuch 2000. Arbeitskreis für Jugendliteratur, München 2000

Ob ein Buch seine Leser fasziniert oder nicht, ist jedoch eine ganz persönliche, oft geheimnisvolle Sache zwischen beiden.

Ich habe von den Kindern in meiner Praxis gelernt, dass ihre Buchauswahl von unterschiedlichsten Kriterien bestimmt wird. So gibt es Kinder, die nur bestimmte AutorInnen (Brezina, Nöstlinger, Kordon, Ross, Cole, Maar, Dahl, Rowling u.a.) lesen wollen, andere hängen am Layout eines Verlags, wieder andere interessieren sich nur für eine Gattung: Krimis, Zauberei, Tierbücher, Ritter, Geister u.a. Und manche Kinder sehen jedes vorgeschlagene Buch zunächst einmal auf Druckgröße, Bebilderung und Textumfang durch. *Stephan* hatte jedoch eine besondere Motivation: Er hatte ein Buch geschenkt bekommen, in dem er und seine Familie und Freunde namentlich auftreten. Obwohl der Text selbst recht schwer zu erlesen war, reichte diese Faszination zum Durchhalten (My word – H. Gondrom Verlag, Postfach 2780, 67615 Kaiserslautern). Und natürlich sind auch die Dialoge bei Computer-Abenteuerspielen Leseanlässe, manchmal jedoch recht dürftig eingedeutscht.

Kriterien zur Auswahl von Lesetexten für Anfänger

Die folgenden Hinweise sollen die Auswahl erleichtern:

Äußere Aufmachung

Die ausgewählte Lektüre muss von Aufmachung, Umfang, Satz, Farben, Illustrationen und Inhalt her neugierig machen. Da die Wirkung individuell sehr unterschiedlich ist, sollte das Kind, für das das Buch bestimmt ist, selbst wählen können.

Textgliederung

Eine übersichtliche Gliederung der Seiten in kurze Sätze, Abschnitte, Zwischenüberschriften und breite Ränder ist für die meisten Leseanfänger hilfreich. Günstiger als voll gepackte Zeilen ist »Flattersatz«. Hier sind jeweils Sinneinheiten in einer

Zeile oder auf einer Seite zusammengefasst. Die Zeilenabstände sollten relativ groß sein, Trennungen vermieden werden.

Wortwahl

Sie sollte dem Wortschatz des Kindes angepasst sein. Jüngeren Kindern erleichtern Reime und häufige Wortwiederholungen das Lesen. Zu vermeiden sind Mitlauthäufungen, zusammengesetzte Wörter, lange, komplizierte Satzstrukturen mit Nebensätzen.

Illustration

Bilder sind wichtig, da sie auf den Inhalt neugierig machen. Sinnvoll ist eine motivierende, das Verständnis des Textes unterstützende Bebilderung, die aber auch nicht zu viel erklärt und zum Weiterlesen lockt.

Schriftgrad

Je langsamer das Lesen noch geht, umso größer und klarer sollte die Druckschrift sein und umso weniger Text pro Zeile und Seite enthalten. Besonders gut lesbar für Anfänger sind Texte in Steinschrift (lateinische Großbuchstaben) oder Gemischtantiqua (lateinische Druckschrift mit Groß- und Kleinbuchstaben), wo am wenigsten Verwechslungen vorkommen können. Schreibschrift erschwert das Lesenlernen.

STEINSCHRIFT – Gemischte Antiqua

Schreibschrift

Kleine Buchempfehlungsliste (Lieblingsbücher unserer Praxis)

Bücher für Leseanfänger, die durch besondere Gestaltung motivieren

Blake, J.: He Duda! Beltz & Gelberg, Weinheim

Bradman, T./Ross, T.: Michael. Lentz, München

Butschkow, R.: Zeig's ihm, Susi! ArsEdition, München (Serie)

Burningham, J.: Hans Magnus Deubelbeiss. Sauerländer, Frankfurt/M.

Campbell, R.: Lieber Zoo. ArsEdition, München

Cole, B.: Immer Ärger mit Mama. Herder, Freiburg

Drinnenberg, J.: Schatzsuche auf der Papageien-Insel. ABC-Bär, Comics für Erstleser. Arena, Würzburg

Erlbruch, W.: Das Bärenwunder. Hammer, Wuppertal

Eyles, H./Ross, T.: Unglaublich. Ali Baba, Frankfurt

Graham, B.: Max. Carlsen, Hamburg

Gregorich, B.: 1,2,3 ...das ist Zauberei! Carlsen, Hamburg (Serie: Lerne Lesen)

Guggenmoos, J./ Karl, G.: Es gingen drei Kinder durch den Wald. Beltz & Gelberg, Weinheim

Hasler, E.: Der Buchstabenvogel. dtv junior, München

Hill, E.: Flecki-Aufklappbücher. Esslinger, Reutlingen (Serie)

Hinnrichs, J. u.a.: Bunte Lesehefte für das 1. Schuljahr. Schroedel, Hannover

Kerr, J.: Mog im Dunkeln. Otto Maier, Ravensburg (Serie)

Klages, S.: Post für Billie. Oetinger, Hamburg

Lachnit, G.: Die kleine Schlange sucht Freunde. Agentur Dieck, Heinsberg (Serie)

Lionni, L.: Das kleine Blau und das kleine Gelb. Oetinger, Hamburg

Maar, P.: Eine Woche voller Samstage. Oetinger, Hamburg (Serie)

Mai, M.: Ene mene muh, was denkst du? Lustige Sprachspiele. Serie »Der blaue Rabe«, Otto Maier, Ravensburg

McKee, D.: Nicht jetzt, Jakob. Ali Baba, Frankfurt

McKee, D.: Du hast angefangen. Nein du! Sauerländer, Frankfurt

Moser, E.: Das verzauberte Bilderbuch. Beltz & Gelberg, Weinheim (Serie)

Müller, H.: Lina und der Drache. Carlsen, Hamburg

Nahrgang, F.: Mach mit in der Schule. Kurze Geschichten zum Lesenlernen mit vielen lustigen Leserätseln. Edition Bücherbär im Arena-Verlag, Würzburg

Oran, H./Ross, T.: Hat jemand Heini gesehen? Verlag an der Este, Buxtehude

Oran, H./Ross, T.: Die zweite Prinzessin. Carlsen, Hamburg

Oxenbury, H.: Wir gehen auf Bärenjagd. Sauerländer, Frankfurt

Rettich, M.: RiRaRutsch-Lesebilderbücher Serie. Loewes, Bindlach

Reuker, S./Kowalczyk, W./Heilmann, K.: Der Schatz des Piraten/Der kleine Indianer/Der Zauberwald/Das Mäuschen. 4 Hefte mit Lesespielen. Verlag an der Ruhr, Postfach 102251, 45422 Mülheim

Ross, T.: Die Schmusedecke. Thienemann, Stuttgart

Scheffler, A./Whybrow, I.: Wenn kleine Bären schlafen gehen. Beltz & Gelberg, Weinheim

Uebe, I./Weinhold, A.: Drei Freunde bauen ein Haus. Benziger, Würzburg (Serie Buchstabenbär)

Waechter, F.K.: Wir können noch viel zusammen machen. Parabel, München

Weinman-Sharmat, M.: Nick Nase und der verschwundene Zettel. Otto Maier, Ravensburg (Reihe: Der blaue Rabe)

Waddell, M./Oxenbury, H.: Bauer Ente. Sauerländer, Frankfurt

Wittkamp, F.: Du bist da, und ich bin hier. Beltz & Gelberg, Weinheim

… und natürlich viele, viele andere Bücher

Bücher für ältere Kinder mit einfachen Texten

Browne, A.: Der Tunnel. Lappan, Oldenburg

Cannon, J.: Stellaluna. Carlsen, Hamburg

Cole, B.: Prinzessin Pfiffigunde. Carlsen, Hamburg

Dahl, R.: Sophiechen und der Riese. Rotfuchs, Reinbek

Dehner/Oliv: Für junge Detektive. Ravensburger Spiel- und Spaßheft

Flessner, M. & B.: Total genial! Schlaue Quizfragen für Kids. RTB, Ravensburg

Handford, M.: Wo ist Walter? Sauerländer, Frankfurt/M. (Serie)

Heimann, R.: Knifflige Knobeleien. Carlsen, Hamburg (Serie)

Kersten, D.: Kommissar Kniepel. ArsEdition, München

Klages, S.: Mein Freund Emil. Beltz & Gelberg, Weinheim (ab 9)

Könnecke, O.: Fred und die Bücherkiste. RTB, Ravensburg

Kordon, K.: Die Flaschenpost. RTB, Ravensburg

Mountain: Insel der 1000 Gefahren. RTB, Ravensburg (Serie)

Nordqvist, S.: Armer Pettersson. Oetinger, Hamburg (Serie)

Packard, E.: Die Insel der 1000 Gefahren. Ravensburger, Ravensburg (Serie)

Press, H.J.: Die Abenteuer der schwarzen Hand. RTB, Ravensburg

Press, H.J.: Spiel das Wissen schafft. RTB, Ravensburg
Roehrig, C.: Spaß mit Hieroglyphen. Tessloff, Nürnberg
Schädlich, H.J.: Der Sprachabschneider. Rotfuchs, Reinbek 1993
Sklenitzka, F.S.: Zurück in die Eiszeit. Arena, Würzburg (Abenteuer-Spiel-Buch)
Sounders, S.: Grusel im Tower von London. RTB, Ravensburg (Serie »1000 Gefahren«)
Thraves, St.: Der gestohlene Plan. Abenteuer & Spiel. RTB, Ravensburg
Ungerer, T.: Crictor die gute Schlange. Diogenes, Zürich
Wilson, D.H.: Jeremy James oder Elefanten sitzen nicht auf Autos. Oetinger, Hamburg (auch als Hörkassette)

… und natürlich viele andere Bücher

Bücher, die Trost spenden

Es gibt Bücher, die von Kindern handeln, die unter Schulproblemen leiden. Nur wenige sind jedoch groß gedruckt und leicht lesbar. Ein Tipp: Falls sie zu klein gedruckt sind oder zu komplizierten Satzbau haben, können die Bücher auch vorgelesen, auf Kassette gesprochen oder durch Vergrößern leichter lesbar gemacht werden. Hier einige Titel:

Abraham, P.: Das Schulgespenst. RTB Lesespaß, Ravensburg
Auer, M.: Von Pechvögeln und Unglücksraben. Beltz & Gelberg, Weinheim
Bohmann, G.: So ist das, wenn man sich liebhat. Oetinger, Hamburg
Collinson, R.: Dafür kann doch Willi nichts. Oetinger, Hamburg
Fährmann, W.: Der überaus starke Willibald. Arena, Würzburg
Feth, M.: Klatschmohn und Pistazieneis. Omnibus, München
Fischer, R.: Nein, in die Schule geh ich nicht! Betz, Wien
Flegel, S.: Wir sind die Klasse Vier. Thienemann, Stuttgart (Serie)
Fritzsche, T. (Hrsg.): Pechvogelgeschichten. Arena, Würzburg
Giff, P.R./ Natti, S.: Das war ein schlimmer Tag. Carlsen, Reinbek
Gilson, J.: Das Wort kann ich nicht lesen. dtv junior, München
Hasler, E./Fromm, L.: Der Buchstabenvogel. dtv junior, München
Hüttner, D.: Die linke Pinke. Rotfuchs, Reinbek
Hüttner, D.: Komm, ich zeige dir die Sonne. Rotfuchs, Reinbek
Janosch: Du bist ein Indianer, Hannes. Bitter, Recklinghausen
Johannsson, K.: Als ob ich Luft wäre. Ueberreuter, Wien

Keaney, B.: Jungs schreiben keine Liebesgeschichten. Anrich, Weinheim

Kirkegaard, O.L.: Ivan kommt groß raus oder Wer ist hier der Schwächling? Rotfuchs, Reinbek

Korschunow, I.: Hanno malt sich einen Drachen. dtv, München, 19. Aufl.

Lindquist; M.: Katrins verdrehtes B. E. Klopp, Berlin (ab 8/9)

Lornsen, B.: Nis Puk – Mit der Schule stimmt was nicht. Omnibus, München (ab 6)

Martin, H.: Frust – Schule lebenslänglich. Rowohlt, Reinbek

Nahrgang, F.: Katja und die Buchstaben. Beltz & Gelberg, Weinheim

Reinig, Ch.: Hantipanti. Beltz & Gelberg, Weinheim

Rusch, R.: Zappelhannes. Anrich, Kevelaer (ab 10)

Saalmann, G.: Umberto. E. Klopp, München

Schädlich, H.-J.: Der Sprachabschneider. Rowohlt, Reinbek

Schindler, N.: Der Schulhasser-Club. Altberliner Verlag, Berlin

Steinbach, P.: Benni Sprachlos. dtv, München

Stengel, HG.: ANNASUSANNA. Ein Pendelbuch für Links- und Rechtsleser. List, München

Swindels, R.: Dash für Zoe. dtv, München

Tamaro, S./Krause, U.: Leopoldo und der Bücherberg, Diogenes Zürich (ab 9)

Tetzner, G.: Als Maxi nicht mehr Maxi war. Rowohlt, Reinbek

Uebe, I. & Spieß, H.: Lillibell erzählt Geschichten. Carlsen, Hamburg

Wendt, I.: Fehler übersehen sie nicht – bloß Menschen. Rowohlt, Reinbek

Wendt, I.: Ich hab Knuddel befreit! Rowohlt, Reinbek

Wippersberg, W.: Max, der Unglücksrabe. Rowohlt, Reinbek

Wolf, K.-P.: Das könnt ihr doch mit mir nicht machen! Rowohlt, Reinbek

Hilfen zur Auswahl von Lese-Übungsmaterial

Sind erst einmal die Angst und Aversion gegen das Lesen überwunden, wird in der Regel kein spezielles Training mehr benötigt.

Manchmal wollen Eltern jedoch etwas kaufen und schließlich wird auf dem Markt ja viel angeboten.
Lassen Sie sich beim Kauf nicht vom Titel des Autors/der Autorin und großen Versprechungen auf dem Umschlag blenden,

sondern überprüfen Sie das Produkt anhand der obigen Kriterien. Auch Wörterbücher können zum Lesen anregen, vor allem wenn sie sinnvolle Spiele und Übungen enthalten.

Generell gilt: Ein reines Buchstaben- oder Einzelworttraining ist wenig hilfreich, da die Orientierung am Inhalt fehlt und Kinder glauben lässt, Lesen sei nichts Sinnvolles.

Geeignet sind viele Bücher der Erstlese-Serien z.B. von Arena, ArsEdition, Benzinger, Carlsen, dtv-Junior, Loewe, Oetinger, Rowohlt oder aus Schulbuchverlagen, z.B.:

Bunte Lesehefte, Schroedel, Hannover
Lese-Mal-Blätter zum sinnerfassenden Lesen, CVK, Berlin
Lesetraining Bildwörter 1–3/Sinnentnahme 1, Cornelsen/Hirschgraben, Frankfurt
Lesewiese 1–3. Volk und Wissen, Berlin
Meine kleine Lesestunde. Lernen macht Spaß. Carlsen, Hamburg

Wörterbücher – natürlich in der aktuellen Rechtschreibung

Findefix. Wörterbuch für die Grundschule mit VA. Oldenbourg, München
Findefix. Wörterbuch zum Reimen. Oldenbourg, München
Grundwortschatz. Verlag für pädagogische Medien, Hamburg
Kinder-Duden – Mein erster Duden, Bibliographisches Institut, Mannheim
Von A bis Zett, CVK, Bielefeld

Wie können Fernsehen und Kassettenhören das Lesen fördern?

Fernsehen und das Hören von Kassetten/CDs gehören neben dem Spielen zu den Lieblingsbeschäftigungen von Kindern. Eltern irren, wenn sie meinen, dass ein Seh- oder Hörverbot ihr Kind zum Leser macht, wie neuere Untersuchungen belegen.

Nicht Verbote, sondern positive Leseerfahrungen in Elternhaus und Schule bewirken, dass ein Kind auch als Erwachsener ein Leser bleibt. Vielleser sehen auch weniger fern.

LESE-TIPPS

Rogge, J.U. und R.: Zuhören macht Spaß. rororo, Reinbek 1999

Eltern sollten diese Medien in ihre Leseförderung einplanen, zur Entspannung, zur Unterhaltung und natürlich zur Wissensvermittlung. Es gibt vielfältige Kombinationen. Das beginnt mit dem Lesen der Ankündigungen in den Programmzeitschriften oder in der Tagespresse. Eltern können z.B. mit ihrem Kind verfilmte oder vertonte Kinderbücher im Original nachlesen und gemeinsam die Unterschiede feststellen, Sachbücher zur Vertiefung von Dokumentarfilmen heranziehen und vieles andere. Es werden auch Medienpakete herausgegeben, die Buch und Kassette ergänzen, z.B. bei Patmos, Impulse, Jumbo, Igel Records.

Auch das Internet, Bildschirmtexte oder Videos haben schon manches Kind zum Leser gemacht. Neugier ist ein guter Motor!

Tipps und Kriterien für die Auswahl von Kinder- und Jugendhörspielen und Literaturkassetten

Eine Reihe bekannter Kinder- und Jugendbücher liegt auf CD bzw. Kassette vor, leider häufig als Hörspielbearbeitung. Bei der Fülle des Marktangebots und den laufenden Neuerscheinungen sind Orientierungen schwer. Zum Glück sind die öffentlichen Büchereien oft noch so gut ausgestattet, um sich vor dem Kauf einzuhören. Kriterien für die Auswahl sollten u.a. sein:

? An welche Zielgruppe wendet sich die Kassette?
? Welcher Stoff liegt der Aufnahme zugrunde? Originallesung/ Bearbeitung einer Vorlage als Hörspiel/Auszug
? Entspricht der Inhalt den Wünschen und Bedürfnissen von Kindern und wie ist er gestaltet?
? Welche künstlerischen Gestaltungsmittel wurden eingesetzt?
? Sind Sprecher, Geräusche und Musik dem Inhalt angemessen eingesetzt?
? Wie ist die Gesamtwirkung der Kassette?
? Welche Informationen liefert der Einband?

(in Anlehnung an Heidtmann 1988)

Inzwischen gibt es, wie bereits erwähnt, nicht nur für Erwachsene Hörbücher, sondern von immer mehr Kinder- und Jugendbüchern wörtliche Lesungen, z.T. mit hervorragenden SchauspielerInnen:

Einige Beispiele:

Boie, K.: Lena findet Fan-Sein gut. Oetinger/Jumbo

Carroll, L.: Alice im Wunderland. Boje/Litraton

Collodi, C.: Pinocchios Abenteuer. Rotfuchs, Reinbek/Der Hörverlag, München

Dahl, R.: Das Konrädchen bei den Klitzekleinen. Rowohlt, Reinbek/Igel Records

Führmann, H.: Das Nibelungenlied. LEIV/Deutsche Grammophon

Funke, C.: Igraine Ohnefurcht. Dressler/Jumbo

Hannover, H.: Die Birnendiebe vom Bodensee. Rotfuchs, Reinbek/Jumbo

Heidenreich, E.: Sonst noch was. Hanser/Der Hörverlag

Kästner, E.: Emil und die Detektive. Dressler, Berlin/Deutsche Grammophon

Kordon, K.: Die roten Matrosen. Beltz & Gelberg, Weinheim/Der Hörverlag

Lembcke, M.: Als die Steine noch Vögel waren. Nagel & Kimche, Frauenfeld/Uccello, Bad Lippspringe

Milne, A.A./Rowohlt, H. (Übersetzung und Lesung): Pu der Bär. dtv, München/Kein & Aber Records (4 Kassetten/CDs)

Rowling, J.K.: Harry Potter und der Stein der Weisen. Carlsen, Hamburg/Der Hörverlag, München (6 Kassetten) – auch von den Fortsetzungen

Sepúlveda, L.: Wie Kater Zorbas

der kleinen Möwe das Fliegen beibrachte. Fischer, Frankfurt/Sauerländer

Sendak, M.: Higgelti Piggelti Pop! Diogenes, Zürich/Igel Records

Tolkien, J.R.R.: Der Herr der Ringe. Klett-Cotta, Stuttgart/Der Hörverlag

LESE-TIPPS

Alle 2 Jahre erscheint das Periodikum:

Kallbach, K. (Hrsg.): Hören–Lesen–Hören. Kassetten für Kinder. Verzeichnis, Annotationen, Kommentare. Mensch & Leben, Bad Homburg 1998

Hilfe bei der Auswahl von Videos für Kinder und Jugendliche

Dies bietet z.B. die Empfehlungsliste »Top Videos für Kinder und Jugendliche«. Diese Liste wird seit 1985 jedes Vierteljahr vom Auswahlausschuss zum Deutschen Jugend-Video-Preis erstellt, der vom Bundesministerium für Jugend, Familie, Frauen und Gesundheit berufen ist. Das Kinder- und Jugendfilmzentrum in Deutschland, Küppelstein 34, 42857 Remscheid versendet kostenlos Empfehlungslisten sowie Hinweise zum Bezug der »Videoinformation«, einem Pressedienst mit Besprechungen, Adressenlisten von Videoanbietern und Hinweisen zum Einsatz der Filme.

LESE-TIPPS

Rogge, J.U.: Kinder können fernsehen. rororo, Reinbek 1999

Kritische Anmerkung zum Lesenlernen mit Spielcomputern

Für Vorschulkinder und Leseanfänger haben verschiedene Hersteller (Texas Instruments, Yeno, Hartung, Ravensburger u.a.) in den letzten Jahren so genannte Spiel- und Lerncomputer auf den Markt gebracht, deren Anschaffung ich für wenig sinnvoll halte. Die meisten von ihnen sind kostspielige Spielereien mit Buchstaben, didaktisch problematisch und zudem begrenzt erweiterbar. Für Kinder mit Leseproblemen sind sie meist ungeeignet, da die Lese- und Schreibprogramme durch eklatante Mängel auffallen: Wörter werden buchstabiert (Ka-a-te-zet-e) statt lautiert (Ke-a-te-ze-e), Nomen werden z.T. aus dem Englischen klein übernommen, die s-Schreibung ist fehlerhaft, die Anpassung an die neue Rechtschreibung fehlt und generell wird eher das Raten statt das Denken gefördert. Die meisten Kinder sind nach kurzer Begeisterung von den Geräten gelangweilt und Eltern bedauern die teure Investition!

Ausführlich wird auf den Einsatz des Computers und das Lernen mit Textverarbeitungssystemen in Kap. 8 eingegangen.

8. Richtig schreiben lernt man nur durch Schreiben!

Charaktere

Spiele-Test
SILENT HILL

Wenn man nur die Anletung des Spieles auf blätert die Übrigens90 seiten betregt
weis man das es wohl eines der besten Play station Spiele des jahres werden
könnte!das gameplay wurde an einigen stelen des Spieles einem REteil nach
empfunden wie zum beispil das rennen oder das zielen aber sonst ist das vollig
anders esget nich um das Sinlose Metzel wie bei Re2 sondern esgebt gewise
höen und tiefenim spiel.die gutenFmv-Seguenzen ferleim dem spiel den richtigen
Schlif.Bei den Waffen wurde nicht so ein groses arsenal erfunden soner es
wurdennur 4schuswafen (?)eingebaut und zahlreiche extra WAFFEN.Zur Grafig:

die ganzen welten sei es paralel welten oder realewelten wuden mit forgerechne-
ter3-d grafig berechnet dadurch wierd der hinter grun realer dar gestel in denn
RE Teilen wurde poligonen hintergrun eingebaut dadurch sider hintergrund Zeich
Zeichentrig mäsig aus. Die Länsflär efegte wurden ausgezeichnet hingekrigt.

Wie man es us dem schein der Taschenlampe erkenen kann.
Man kan bis zu 13 speicherungen auf einem block folfüren.
Zur geschichte :Derjünge Harie Massion wielmit seiner 7 jahre alten tochter
einen 2Wöchigen urlaub in Silleant Hill doch das wiert zur katastroffe.
zuerst haben sie eine autoban dadurch ferspetet sich die ankunft der Mssons.

Doch dan pasiert es der wagen kommt ins trudel (warum das feraten wiernoch nich
nicht!).ich muss sagen das hause KONAMIE überascht mich imer wider mit Metal
Gear Solid und SIlent HILL könnte konamie Miladerewerden.

Ein Kaufmuss für ale Horror fäns.
Aber nichts für schwache nerfen foralendingen die paralel welt nicht!
Mein Fazit:
Grafig:10/10
musk:10/10
gesamt: 10/10

Schreiben und Schrift

Schreiben umfasst sehr viel mehr als Rechtschreibung oder Buchstabenmalen! Es ist neben der Schreibbewegung, dem Drucken, Stempeln, Malen, Tippen vor allem der Inhalt, die Botschaft, die einem anderen übermittelt werden soll und die dieser ohne zusätzliche Erklärungen, Betonung oder Gesten verstehen soll, wie sie der Absender gemeint hat.

Wird Kindern in der Schule das Schreiben verleidet?

Dann sagte Frau Hoppe: »Wir wollen mal wieder einen Aufsatz schreiben.« Das ist doch eigentlich falsches Deutsch. Sie als Deutschlehrerin müsste das wirklich wissen. Denn noch nie hat sie einen Aufsatz mitgeschrieben. Immer nur streicht sie bei uns alles rot an, was sie falsch findet. Nie braucht sie sich selber etwas ausdenken und muss es hinterher vor einer ganzen Klasse vorlesen. Aber von Kindern wird so etwas verlangt, auch wenn es ihnen furchtbar unangenehm ist und alle lachen, wenn man stottert oder rot wird.

Ich muss meine Aufsätze fast jedes Mal vorlesen, weil Frau Hoppe den Inhalt höchst interessant findet. Das ist aber auch alles. Denn sie gibt mir trotzdem immer nur eine Vier-minus. Weil sie meine Rechtschreibung unbeschreiblich findet und ich auch immer vergesse, wo nun ein Komma hin muss und wo nicht. Meistens mache ich dann zur Sicherheit ganz viele. Aber das ist auch wieder nicht richtig. Als ich Frau Hoppe mal in der Pause gesagt habe, dass ich diese ganzen Regeln sowieso nicht so wichtig finde, und viel wichtiger wäre doch eigentlich, was in so einem Aufsatz drinsteht, da hat sie nur ganz besorgt geguckt und gesagt: Damit würde ich aber nicht durchs Leben kommen. Ich soll mich mal etwas anstrengen. Sie ist sich sicher, wenn ich wirklich will, dann kann ich auch. Das hab ich ganz toll gefunden, dass jemand so etwas von mir glaubt. Ich habe es auch ganz ernsthaft versucht. Aber so viel ich auch gewollt habe, der letzte Deutsch-Aufsatz ist doch wieder nur eine Vier-minus geworden.

Ausschnitt aus: Simone Klages, Mein Freund Emil. Beltz & Gelberg, Weinheim 1998, S. 54

Nach der Lektüre von Katjenkas negativer Schulerfahrung, die sicherlich die vieler LRS-Kinder widerspiegelt, muss man die obige Frage bejahen.

Zwar gibt es auch einen ganz anderen, freien und kreativen Schreibunterricht, aber der ist relativ selten. Darum soll gleich eine positive Idee aus einer sechsten Gymnasialklasse weitergegeben werden. Das Schreiben einer Gebrauchsanleitung versüßte die Deutschlehrerin, indem sie für alle SchülerInnen je ein Überraschungs-Schokoladenei als Objekt mitbrachte.

Leider wird Kindern oft das Schreiben verleidet durch die Jahr für Jahr gleichen stereotypen Themen und Arbeitsblätter in mieser Qualität und oft noch in alter Rechtschreibung. Der obligate Aufsatz »Mein schönstes Ferienerlebnis« stirbt auch nicht aus. Bei der Bewertung von Aufsätzen hat man manchmal das Gefühl, als berauschten sich Lehrer geradezu an roter Tinte, um den Kindern die Geringschätzung ihrer Texte plastisch vor Augen zu führen. Dabei sollte in Aufsätzen eigentlich die Bewertung des Inhalts und des sprachlichen Ausdrucks im Vordergrund stehen. So verwundert es nicht, wenn selbst schreibwillige Kinder nach mehreren ausführlichen Verbesserungen aller Rechtschreib-, Ausdrucks- und Kommafehler keine Lust mehr am Schreiben haben.

Bei *Alexander* führten die negativen Erfahrungen im Unterricht zu einer Schreibblockade:

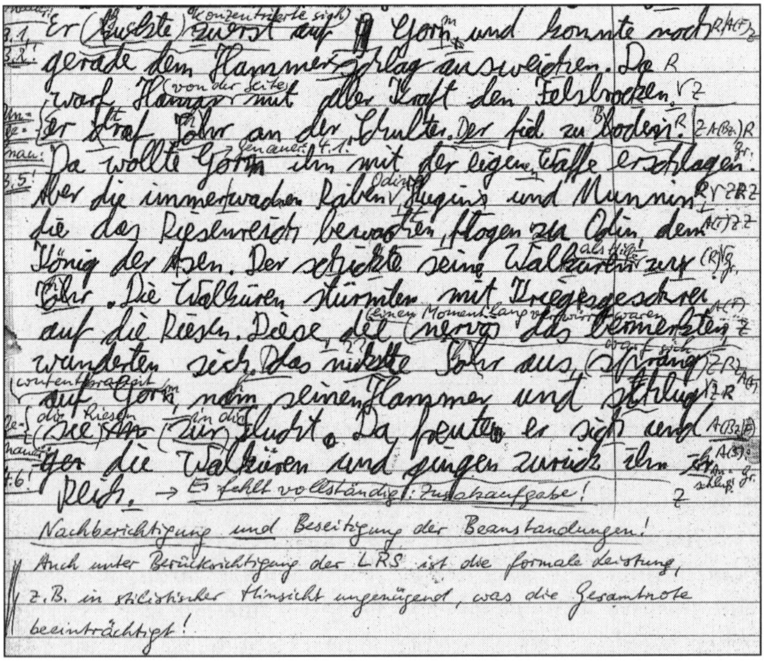
Er [illegible] zuerst auf Gorm und konnte noch gerade dem Hammerschlag ausweichen. Der warf Hammer mit aller Kraft den Felsbrocken. Er traf Johr an der Schulter. Der fiel zu Boden. Da wollte Gorm ihn mit der eigenen Waffe erschlagen. Aber die immerwachen Raben Hugin und Munnin, die das Riesenreich bewachen, flogen zu Odin, dem König der Asen. Der schickte seine Walküren zur Hilfe. Die Walküren stürmten mit Kriegsgeschrei auf die Riesen. Diese, die [illegible] wunderten sich. Das nutzte Johr aus, sprang auf Gorm, nahm seinen Hammer und schlug [illegible] zur Flucht. Da freuten es sich und [illegible] die Walküren und gingen zurück ihr Reich.

→ Es fehlt vollständig: Zusatzaufgabe!

Nachberichtigung und Beseitigung der Beanstandungen!

Auch unter Berücksichtigung der LRS ist die formale Leistung, z.B. in stilistischer Hinsicht ungenügend, was die Gesamtnote beeinträchtigt!

Ähnlich sieht es mit Lehrerkommentaren aus, auf die bereits an anderer Stelle aufmerksam gemacht wurde. In der Signalfarbe Rot wird damit sicherlich nicht die Schreibmotivation gestärkt. Muss es so weit kommen wie bei *Jannis*, dessen Lehrerin nicht sieht, wenn er sich Mühe gibt?

Ich finde meine Lehrerin doff. weis sie nicht sits wen ich mir mühe gebe. Und wen sie lange Tezte schreibt meine feler imer als katastrofe findet.

Wie kann mein Kind Freude am Schreiben gewinnen?

✔ Seien Sie ein Vorbild!

Fassen wir Erwachsene uns zuerst einmal an die eigene Nase: Wer von uns schreibt noch persönliche Briefe, führt Tagebuch, hält Ereignisse schriftlich fest? Und wenn uns Kinder schreibend erleben, dann sind es meist wenig positive Anlässe: Steuer- oder sonstige Formulare, Arbeitsberichte, Anfechten von Strafzetteln, kurze E-Mails …

Versuchen Sie also ein Schreibvorbild für Ihr Kind zu sein. Bemühen Sie sich, möglichst oft Dinge schriftlich statt mündlich oder per Telefon zu erledigen. Einige Beispiele:

- ✔ Benutzen Sie eine Wandtafel in der Küche für Nachrichten!
- ✔ Notieren Sie, was zu erledigen oder einzukaufen ist!
- ✔ Stellen Sie einen »Kummerkasten« für die innerfamiliäre Kommunikation auf!
- ✔ Schreiben Sie Briefe und Geburtstagskarten an Freunde und Verwandte und initiieren Sie Brieffreundschaften der Kinder!
- ✔ Erfinden Sie Geschichten für Ihr Kind oder schreiben Sie ihm bei besonderen Anlässen einen Brief!

- ✔ Halten Sie Familienerlebnisse fest und ergänzen sie sie mit Fotos oder Bildern von Ihrem Kind!
- ✔ Lassen Sie alle Familienmitglieder abwechselnd ein Ferientagebuch führen, das später mit Fotos, Fahr- und Eintrittskarten und Bildern eine bleibende Erinnerung wird!

Dazu ein Beispiel von *Maria*, acht Jahre:

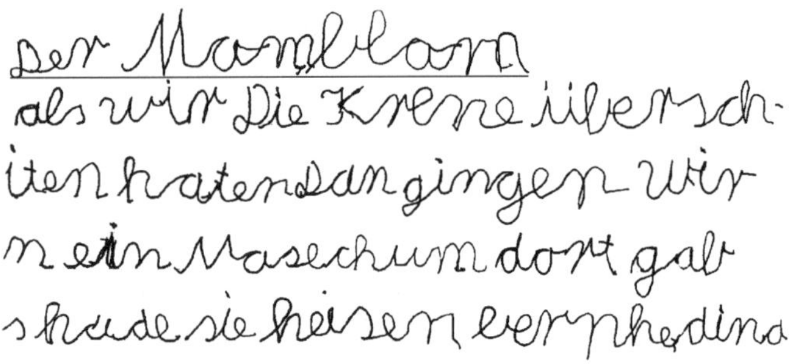

✔ Ermutigen Sie Ihr Kind zum Schreiben!

Sie sollten bereits die Kritzeleien des Kleinkindes ernst nehmen. Sie sind seine ersten Versuche, mit der Umwelt in Kommunikation zu treten. Ihr Kind lernt so früh, einen Sinn im Schreiben zu sehen.

Selbst Kinder mit sehr großen Schreibproblemen zeigen dann Interesse am Schreiben – und vor allem am normgerechten Schreiben –, wenn sie wissen, dass ihr Text (ver)öffentlich(t) und von anderen gelesen wird. Dafür gibt es viele Gelegenheiten: Teilnahme an einem der Wettbewerbe von Verlagen, Banken, Fernsehsendern oder Kinderzeitschriften oder selbst verfasste Texte als Geschenk, wie z.B. eine Rezeptsammlung, eine Geschichte oder ein Ferientagebuch.

Vielleicht gefällt Ihrem Kind die folgende Idee: Es sucht sich ein Bild aus oder überlegt sich einen Satz und lässt seine Fantasie spielen. Nach dem ersten Schreiben sollte das Kind die Geschichte nur vorlesen, aber nicht aus der Hand geben, damit die

Aufmerksamkeit nicht von Fehlern abgelenkt wird. Die Bearbeitung erfolgt erst später und dann in mehreren Schritten. Praktisch für spätere Ergänzungen oder Korrekturen ist es, wenn der Text nur jeweils in jede zweite Zeile geschrieben wird.

Checkliste für die Bearbeitung von Geschichten

? Habe ich mich so ausgedrückt, dass meine Geschichte richtig verstanden wird?

? Sind gedankliche Zusammenhänge durch Kommas oder Punkte für die Leser klar erkennbar?

? Stimmen die Zeiten?

? Sind die Wörter normgerecht geschrieben?

Die Endfassung einer Geschichte sollte Publikum erhalten und vorgelesen werden, um dann in Ordnern gesammelt oder verschenkt zu werden.

Die »Turtles« als Schreibauslöser

Bieten Sie Ihrem Kind Hilfen an!

Jüngere Kinder lieben Druckkästen, Magnet- oder Moosgummibuchstaben oder besondere – hoffentlich umweltverträgliche – Stifte, die gerade in Mode sind. Da oft zunächst Unsicherheiten mit der Laut-Buchstaben-Zuordnung bestehen, ist es sinnvoll, eine Anlauttabelle anzubieten, die heute häufig als Ergänzung zur Fibel zu erhalten ist. Hier ein Beispiel:

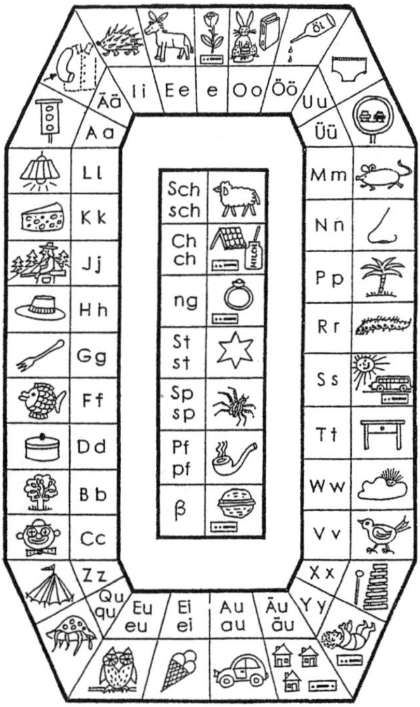

(Quelle: Schweisthal 1998, S. 53)

Schenken Sie Ihrem Kind Dinge, die zum Schreiben anregen: einen Tintenroller oder Kalligraphie-Füller in seiner Lieblingsfarbe, bunte Stifte, Radierer, Spitzer, Schreibpapier, Tagebuch, Zaubertinte.

Beim Kauf eines Druckkastens sollte Sie darauf achten, dass keine Buchstaben fehlen, z.B. das »ß« oder die Umlaute »ä«, »ö,« »ü«.

Der Computer bietet sich als motivierende Schreibhilfe an, vor allem wenn Sie ein kindgerechtes Textverarbeitungsprogramm haben. Wir haben mit dem »Junior Schreibstudio« von Microsoft, einer Weiterentwicklung des »Creative Writers« sehr gute Erfahrungen gemacht. Die Kinder können ihre Texte leicht gestalten, verändern, Fehler korrigieren und mit Sprache kreativ spielen. Dabei werden sie von vielfältigen Gestaltungsmitteln (Schriftarten, räumliche Anordnung, Farbe, Bilder, Hintergrund, Musik oder Animation) unterstützt.

Verlangen Sie nicht zu viel!

Schreiben macht nur Freude, wenn man keine Angst vor Fehlern haben muss! Seien Sie also vorsichtig mit kritischen Anmerkungen zu den Schreibprodukten Ihres Kindes. Erwachsene und viele Lehrkräfte sind so auf Rechtschreibung fixiert, dass Gefahr besteht, dass der Inhalt des Texts oder Briefs ganz in den Hintergrund tritt. Abfällige Kommentare blockieren jedoch die Schreibfreude! Lassen Sie sich daher das Schreibprodukt Ihres Kindes zunächst vorlesen! Dabei merkt es dann oft selbst, wenn etwas im Satzbau oder in der Schreibung nicht stimmt, und kann es gleich korrigieren. Die folgende Anmerkung eines Lehrers, auch noch in der Signalfarbe Rot, macht sicherlich wenig Mut zum Schreiben!

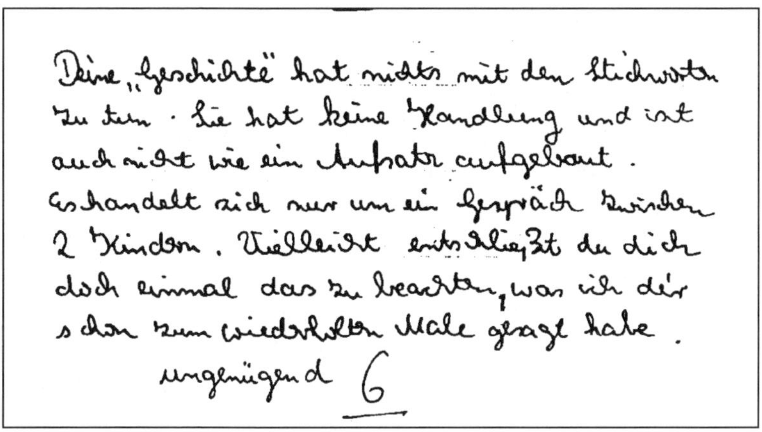
Deine „Geschichte" hat nichts mit den Stichworten zu tun. Sie hat keine Handlung und ist auch nicht wie ein Aufsatz aufgebaut. Es handelt sich nur um ein Gespräch zwischen 2 Kindern. Vielleicht entschließt du dich doch einmal das zu beachten, was ich dir schon zum wiederholten Male gesagt habe.

ungenügend 6

Können Probleme weggeschrieben werden?

Es gibt Kinder und Jugendliche, die sich das, was sie belastet, regelrecht von der Seele schreiben und damit verarbeiten können.

Alexanders Therapie dauerte nur wenige Monate. Unverarbeitete häusliche Erlebnisse und Ängste hatten ihn blockiert. Er schrieb zu Hause und in den Therapiestunden seitenlange Märchen und Vampirgeschichten, die er dann auf Kassette vorlesen wollte. Diese Geschichten waren ihm so wichtig, dass er sie auch bearbeiten wollte, wobei ihn ein Computer unterstützte.

> ... Dort stieg er in ein Auto
> im Auto xxkx saß eime Frau und Trakular wolte gerade zu-
> ßeisen als er einen schlag auf den Kopf bekam und der Mann der
> Frau sagte " jetzt drifst du dich auch schon in meinen Auto X
> mit deinen vererer." Der Mann der/Frau SCHMIS DEN Vampir aus dem
> Auto und fuhr weg. Trakular flog weiter und suchte ein Opfer
> X für die Vampirimen . Da/ unten ein kleines Kind er Holte esxn
> und flog zurückins Schloß und gab den Vampirinen das Kimd .
> und sagte " TEIL ES EUCH AUF und gebt mir dam was weil ich
> Heute noch nichts gegrigt hab ." Dan legte er sich Hin und
> Schlif ein. Am nagsten Abend Wolte er eimen verwanten Besuchen
> der in Frankfurt lebt . Er flog nach Frankfurt und gikxx
> ging zum Heniner Tor . Dort lebte sein Onkel Haribalt.
> Als er eintrat Weinte sein Onkel . Trakular fragte"
> warum Weinst du ". " Weil ich meinen Beruf Wekleln Muß."
> "Und warum muß du deinen Beruf wekleln"=. " Wegen AIDS.

Solche Botschaften eines Kindes können verschlüsselt in Märchen und Geschichten verpackt sein, aber auch unvermittelt in Tagebüchern oder kurzen Botschaften auftauchen, sodass unvorbereitete Eltern irritiert sein können.

Wie sollten Sie damit umgehen? Akzeptieren Sie die Privatsphäre Ihres Kindes und versuchen Sie nicht, heimlich in seine Geheimnisse und Tagebücher einzudringen. Manchmal will ein Kind jedoch, dass die Eltern seine Botschaft lesen. Sie wird bewusst offen liegen gelassen oder Ihnen sogar gegeben. Versuchen Sie sich beim Lesen in die Situation Ihres Kindes einzufühlen und seine Lage zu verstehen. Nehmen Sie sich Zeit, um darüber in Ruhe zu sprechen. Schätzen Sie das Vertrauen Ihres Kindes und nehmen Sie seine Gedanken ernst, aber versuchen Sie nicht zu viel hineinzuinterpretieren. Psychoanalytische Deutungen sollten Fachleuten vorbehalten bleiben!

LESE-TIPPS

- Wünnenberg, H.H.: – Boff – Kinder schreiben sich frei. Agentur Dieck, Heinsberg 1989

Wie kann die Handschrift leserlicher werden?

Dem Schriftbild vieler LRS-Kinder sieht man häufig die Verkrampfung und Anspannung an. Die Schrift wirkt ungelenk, fahrig, zu stark oder zu schwach aufgedrückt, die Zeilen werden nicht eingehalten. Es wird häufig durchgestrichen oder mit einem Tintenkiller korrigiert. Um Fehler zu kaschieren, werden im Zweifelsfall mehrere Möglichkeiten angeboten, in der Hoffnung, dass sich die Lehrerin nur das Richtige aussucht.

Manche Kinder verfügen über unterschiedliche Schriften. Zu Hause kann das Kind sein Schreibtempo selbst bestimmen und das Ergebnis sieht oft ausgeglichen, fehlerarm und sauber aus. In der Schule dagegen kann das Kind unter dem Zeitdruck und der inneren Angespanntheit nur noch krakelig, ungelenk schreiben. Das Ergebnis sind viele Fehler bis hin zu Wortruinen.

Die Gründe, warum LRS-Kinder häufig so schludrige Handschriften haben, sind individuell unterschiedlich und spiegeln sicherlich oft den Seelenzustand und die Gefühle wider, die mit der ungeliebten Tätigkeit Schreiben verbunden sind.

Es fallen auf:

- ➪ feinmotorische Probleme, die mit einem Rückstand in der hand- und graphomotorischen Entwicklung zusammenhängen können, häufig bei Kindern, die vor der Schule bereits dem Basteln, Schneiden und Malen aus dem Weg gegangen sind,
- ➪ falscher Bewegungsablauf bei manchen Buchstaben und Zahlen,
- ➪ eine verkrampfte Stifthaltung, vor allem bei Linkshändern,
- ➪ eine schlechte Sitzhaltung.

Von daher sollten Hilfen zur Verbesserung der Handschrift nie isoliert als reines Training ohne Änderung der Einstellung zum Schreiben erfolgen.

- ❖ Während in Schulheften grundsätzlich mit blauer Tinte oder mit Bleistiften – zur leichteren Korrektur – geschrieben werden sollte, ist es wünschenswert, dass Sie Ihr Kind für sein privates Schreiben zu Hause das Material und Format selbst aussuchen lassen. Es gibt Kinder, die schreiben am liebsten ganz großformatig, andere auf möglichst kleinen Notizblöcken. Desgleichen sollte die Wahl des Schreibgeräts freigestellt werden. Je nach Anlass sucht sich Ihr Kind schon das Passende aus.
- ❖ Um die Wahl des »richtigen« Schreibgeräts wurden schon Glaubenskriege geführt. Erfahrene Schreibdidaktiker raten, Kinder möglichst lange mit Wachsmalstiften oder Bleistiften schreiben zu lassen, bevor sie dem Schulfüller das Feld überlassen.
- ❖ Neben einer Tafel eignen sich in den ersten Schuljahren besonders Stifte und Tintenroller in Dreiecksform.

So sieht die optimale Stifthaltung aus: Der Stift wird mit Daumen und Zeigefinger gehalten und liegt auf dem ersten Glied des Mittelfingers auf.

Statt Füllhalter erleichtern Tintenroller mit auswechselbaren Patronen (z.B. Schneider-Baseballstift) das Schreiben und unterstützen durch die angedeutete Dreiecksform die richtige Stifthaltung.

Hilft eine neue Schreibschrift?

Spätestens mit dem Übergang von der Grundschule zur weiterführenden Schule braucht jedes Kind eine unverkrampfte und relativ lesbare Handschrift. Ihr Kind muss der Diktiergeschwindigkeit seiner Lehrkräfte einigermaßen folgen können und Tafeltexte rasch abschreiben können. Natürlich kann Ihr Kind im Ernstfall einmal Texte des Nachbarn kopieren oder von Ihnen nach Diktat abschreiben lassen. Das kann aber keine Dauerlösung sein. Überlegen Sie mit Ihrem Kind und den LehrerInnen, ob es vielleicht mit einer anderen Schrift sauberer und schneller schreibt. Warum kann es nicht Druckschrift sein? Sie ist in vielen anderen Ländern als Normalschrift akzeptiert. Ich bin immer wieder fasziniert, wie schnell und sauber Jugendliche drucken.

Es ist nie zu spät, noch einmal einen Schnellkurs in einer der verschiedenen Schriften zu absolvieren. Ich habe gute Erfolge mit einer modifizierten Schulausgangsschrift (SAS) erzielt, die die Schwächen der Vereinfachten und Lateinischen Ausgangsschriften ausgleicht und zu der es Übungshefte im Handel gibt, die von einem Kind leicht zu bearbeiten sind. Das Ziel sollte sein, unökonomische falsche, gegenläufige Schreibbewegungen durch ökonomische zu ersetzen:

| Beginn der Schreibbewegung
> Richtung der Schreibbewegung

Zur Übungsmotivation markiere ich im Heft die jeweils sauber und formgerecht geschriebenen Buchstaben oder Wörter mit einem Stern und verabrede kleine Belohnungen für eine – individuelle festzulegende – Anzahl formgerechter, lesbarer Wörter.

Dies ist die Mitteilung eines achtjährigen türkischen Mädchens an seine Lehrerin, die sich über ihre vielen Fehler in ihren Geschichten beklagte. Dieses Kind macht seiner Lehrerin die Rangordnung deutlich, auf was es beim Schreiben ankommt: erst der Inhalt, dann die Form.

Dieses Mädchen hat verstanden, worum es geht!

Kinderkalender, Tagebücher, Klassenchroniken, Ferienbücher zum Selberschreiben und Gestalten motivieren zum Schreiben.

Rechtschreibung

Der unendliche Tango der deutschen Rechtschreibung (Reinhard Mey)

Hab ein altes Heft gefunden
Mit krak'liger Kinderschrift.
Abgewetzt, vergilbt, geschunden –
Und ein böser, roter Stift

Metzelt in den Höhenflügen
Meiner armen Niederschrift
Mit sadistischem Vergnügen
Und verspritzt sein Schlangengift.

Und ich spüre, jeder rote
Strich am Rand trifft wie ein Pfeil.
Die Zensur ist keine Note,
Die Zensur ist wie ein Beil.

Ich spür's, als ob's heut wäre
Und ich blick zurück im Zorn,
Sträflinge auf einer Galeere
Und der Einpeitscher steht vorn:

»Nach L N R, das merke ja,
Stehn nie T Z und nie C K!
Bildest die Mehrzahl du vom
Wort,
Dann hörst die Endung du sofort!
Nimm die Regel mit ins Bett:
Nach Doppellaut kommt nie T Z!
Und merke: Trenne nie S T,
Denn es tut den beiden weh!«

Ich war kein schlechter Erzähler,
Aber es war wie verhext:
Wo ich schrieb, da waren Fehler
Und wo nicht, hab ich gekleckst.

Nachhilfe und guter Wille
Blieben fruchtlos, ist doch klar,
Weil ich meist wegen Sybille
Gar nicht bei der Sache war.

Wenn ich Schularbeiten machte,
Dacht ich immer nur an sie –
Immer, wenn ich an sie dachte,
Litt meine Orthographie …

Und so hab ich mit ihr eben
Lieber probiert, als studiert.
Mich interessiert das Leben
Und nicht, wie man's buchstabiert!

(Quelle: Immer weiter. Maikäfer, Berlin 1994)

Die große Aufmerksamkeit, die der Rechtschreibung in der Schule und in der öffentlichen Diskussion heute zugemessen wird, entspricht keineswegs ihrer eher formalen Bedeutung unter den Zielen des schulischen Deutschunterrichts.

Macht jedoch ein Kind viele Rechtschreibfehler, wird es immer noch fälschlicherweise von manchen LehrerInnen – und unwissenden Eltern – als dumm oder faul abgestempelt, obwohl nachweislich Rechtschreibung und Intelligenz sehr wenig miteinander zu tun haben. Wie sagte schon Mark Twain, der Autor von »Tom Sawyer«: »Wie kann man nur so einfältig sein, das gleiche Wort immer gleich zu schreiben.« Ein Kind spürt jedoch die Ablehnung und gerät leicht in einen Teufelskreis von Lern- und Verhaltensauffälligkeiten. Die negativen Erfahrungen bleiben hängen, wie Reinhard Mey in seinem »Tango der deutschen Rechtschreibung« eindrucksvoll wiedergibt. Manchmal fallen auch die Schwierigkeiten zunächst nicht auf, wenn ein Kind mit gutem visuellen Gedächtnis die wörtlich vorgeübten Diktate auswendig gelernt hat. Die Schwierigkeiten mit der Orthographie können so lange verschleppt werden, bis sie ungeübte Diktate oder Aufsätze in der dritten oder vierten Klasse, manchmal leider erst in der fünften Klasse, zutage treten lassen.

Wir Erwachsenen haben unsere Probleme entweder verdrängt (Eltern möchten verständlicherweise ihren Kindern Schwierigkeiten ersparen, unter denen sie selbst gelitten haben) oder wir wissen, wie wir uns in Zweifelsfällen helfen können (im Wörterbuch nachschlagen, das Wort verlängern oder mehrmals schreiben). Bei welchem Erwachsenen werden auch schon ähnlich kritische Maßstäbe angelegt wie bei Schulkindern? Im Büro können selbst die SpezialistInnen die Rechtschreibung ihrer Texte überprüfen, indem sie ein Wörterbuch oder die Rechtschreibkontrolle im Computer benutzen.

Sind Fehler wichtig?

Ja! Denn aus Fehlern wird man klug, wie schon das Sprichwort sagt.
Beim Schreiben wird aber oft von Kindern erwartet, dass sie es von Anfang an »norm«-gerecht und fehlerfrei können. Wie die Beobachtung der Schreibentwicklung zeigt (Kapitel 2), machen alle Kinder Fehler. Diese sind wichtige Schritte auf dem Weg zur Normschreibung. Der bekannte amerikanische Leseforscher Goodman nennt Fehler »Fenster in das Bewusstsein des Lernenden«.

Wenn ein Kind z.B. die »Blüte« mit »üh« schreibt, so kann sich beim Nachfragen herausstellen, dass es eigentlich eine intelligente Leistung vollbracht hat, nämlich die Anwendung des Prinzips der Ableitung von »blühen«. Pech war, dass das »h« hier zur Endsilbe »hen« und nicht zum Stamm »blü« gehört.

Vieles von dem, was heute als Fehler angestrichen wird, war früher einmal Normalschreibung. Interessant ist z.B., dass im Mittelhochdeutschen um 1200 in »Der Nibelunge Not« außer Eigennamen und Satzanfängen alles klein und lautgetreu geschrieben wurde.

Uns ist in alten mæren wunders vil geseit
von heleden lobebæren, von grôȥer arebeit,
von fröuden, hôchgezîten, von weinen und von klagen,
von küener recken strîten muget ir nu wunder hœren sagen.

Entsprechend der damals durchgängigen Regel, dass man so schreibt, wie man spricht, war früher z.B. die Mehrzahl von »hant« »hende« oder das »ie« wurde getrennt gesprochen: Li-ebe wie in Ferien oder Familie.

LESE-TIPPS

für Interessierte an der Geschichte der Sprach- und Rechtschreibentwicklung

- Bodmer, F.: Die Sprachen der Welt. Parkland Verlag, Köln 1997
- Jean, G.: Die Geschichte der Schrift. Maier, Ravensburg 1991 – Abenteuer Geschichte für Jugendliche
- Uri, H.: Anna am Freitag. Ein Roman über Sprache. Carlsen, Hamburg 1999 – eine Einführung für Jugendliche ab 12 Jahren

Gegen die Diktatur des Diktats

Obwohl Diktate seit Jahrzehnten wegen ihrer höchst zweifelhaften Rolle für das Erlernen der Rechtschreibung von Fachleuten angegriffen werden, halten sie sich in der Schulpraxis als die am weitesten verbreitete Übungs- und leider auch Kontrollform im Deutschunterricht. Dabei zeigt eine neue Umfrage in den Schulministerien aller Bundesländer im Jahr 2000, dass nur in fünf von insgesamt 16 Ländern überhaupt Diktate vorgeschrieben sind (Berlin, Niedersachsen, Rheinland-Pfalz, Saarland und Schleswig-Holstein), und selbst in diesen gibt es Hinweise für Diktatvarianten (Bartnitzky 2000).

Gegen eine starre Benotung der Diktate ihres LRS-Kindes können sich Eltern mit Verweis auf den in ihrem Bundesland gültigen LRS-Erlass und Verordnungen (Kapitel 4) zur Wehr setzen. Generell müssen weder alle Kinder einer Klasse das Gleiche schreiben noch nach den gleichen Kriterien bewertet werden.

Es folgen die Diktate von zwei Frankfurter Schülern:

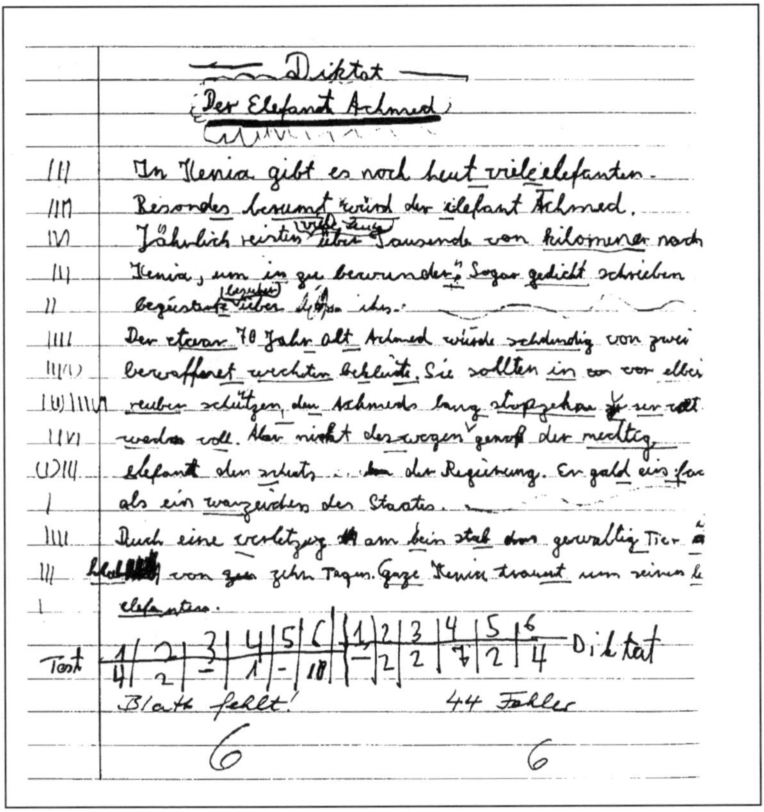

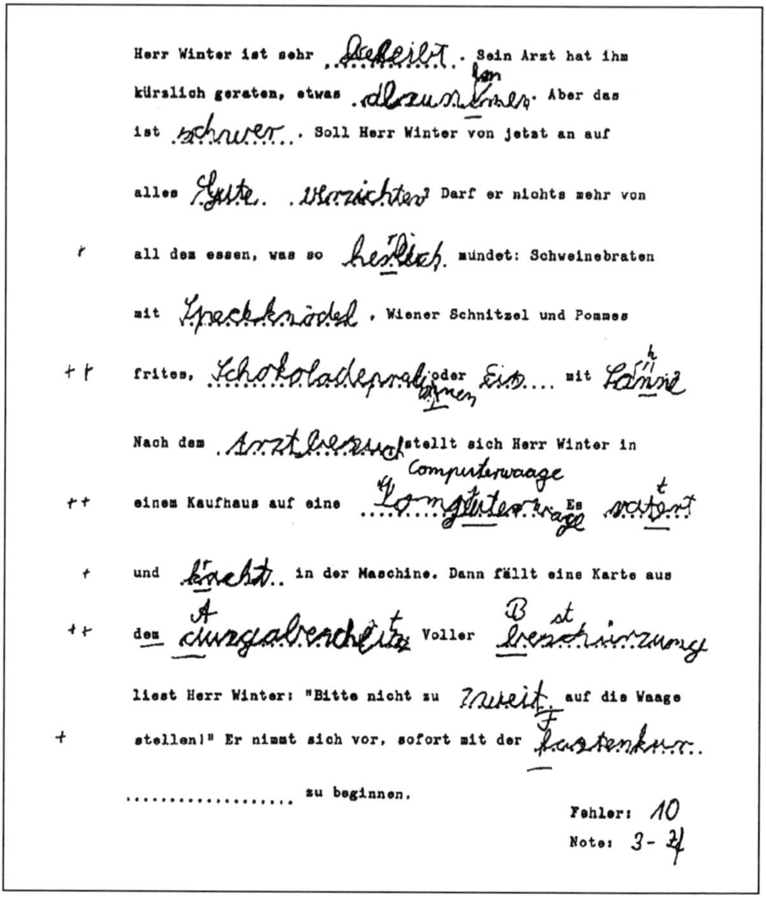

Herr Winter ist sehr .... Sein Arzt hat ihm kürzlich geraten, etwas .... Aber das ist .... Soll Herr Winter von jetzt an auf alles .... ? Darf er nichts mehr von all dem essen, was so .... mundet: Schweinebraten mit .... , Wiener Schnitzel und Pommes frites, ... oder .... mit ....

Nach dem .... stellt sich Herr Winter in einem Kaufhaus auf eine .... Es .... und .... in der Maschine. Dann fällt eine Karte aus dem .... Voller .... liest Herr Winter: "Bitte nicht zu .... auf die Waage stellen!" Er nimmt sich vor, sofort mit der .... zu beginnen.

Fehler: 10
Note: 3-4

Dirk, Schüler der 5. Klasse einer Gesamtschule, mit 44 Fehlern, Note 6 und *Leo*, Klasse vier, mit einem Lückentext: 10 Fehler, Note 3-. Beide waren in ihren Klassen als LRS-Schüler anerkannt und *Dirk* hätte laut gültigem Erlass gar nicht benotet werden dürfen. Die Nachlässigkeit der Lehrerin hatte zur Folge, dass die mühsam aufgebauten Therapieerfolge um Monate zurückgeworfen wurden. Da half auch wenig, dass die Lehrerin auf Einspruch der Mutter die Note zurücknehmen musste. *Leos* Probleme waren insgesamt gravierender. Er hatte aber das

Glück, eine Lehrerin zu haben, die ihm einen Lückentext als Diktat gab. Dies war für ihn bereits ein großer Fortschritt, denn zu Beginn der vierten Klasse hatte er die Diktattexte noch abgeschrieben. Auch zählte sie die richtig geschriebenen Wörter und schrieb *Leo* die Korrekturen hin. Die Benotung orientierte die Lehrerin an seiner Leistungsfähigkeit, nicht an der seiner Klassenkameraden.

Kindern mit großen Schwierigkeiten helfen auch Lückentexte, die die richtigen Schreibweisen zunächst verdeckt, dann nach dem Umklappen zum Vergleichen bieten.

Eltern berichten oft, dass ihr Kind zu Hause beim Üben eines Diktats viel weniger Fehler als in der Schule mache. Dies leuchtet ein, wenn man weiß, dass Stress und Angst blockieren. Ein Kind greift in einer solchen Situation auf die phonetische Schreibweise zurück, die höchst fehlerhaft ist. Zudem ist das Geübte meist kurzfristig trainiert, aber nicht verstanden.

Betrachten Sie bitte die beiden Schriftbilder des gleichen Texts eines Zweitklässlers:

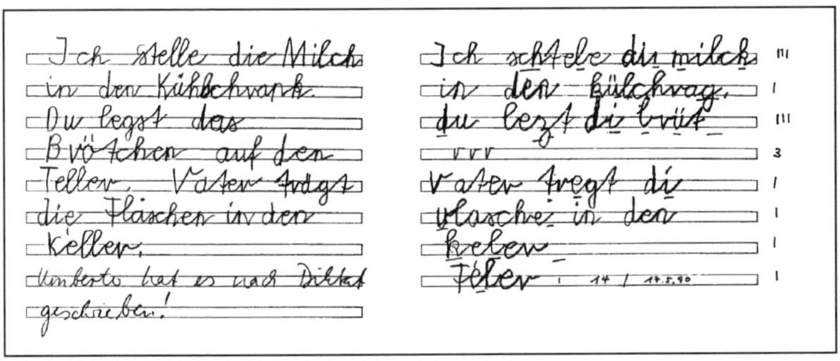

Beide Texte wurden nach Diktat geschrieben. Es fällt nicht schwer zu erkennen, welcher der Texte in der entspannten Fördersituation und welcher im Klassenunterricht entstand!

Ein weiterer Kritikpunkt zu Arbeiten betrifft die bereits erwähnten negativen Kommentare unter den Arbeiten. Da wünscht man sich, dass diese Lehrer eigene Kinder mit Lernproblemen hätten. Dann würden sie vermutlich pädagogischer formulieren.

Eine positive Einstellung zum Schreiben wird sicherlich nicht gefördert durch persönliche Vorwürfe, falsche didaktische Ratschläge und die Vorstellung der Erwachsenen, das Kind müsse nur wollen. Ein Kind, das viele Fehler schreibt, muss nicht nur mit den negativen Reaktionen seiner Umwelt leben, sondern ist auch noch durch Korrekturen oder Abschriften mit einem Vielfachen an Hausaufgaben gestraft.

Diktat-Tipps für Kids

- ✔ Geh die Stresssituation möglichst entspannt an. In fast allen Bundesländern dürfen Diktate von LRS-Kindern nicht voll bewertet werden.
- ✔ Habe dein Schreibzeug und eine Ersatzpatrone griffbereit!
- ✔ Hör beim ersten Vorlesen gut zu, damit du den Text verstehst!
- ✔ Achte auf diktierte Satzzeichen und Endungen!
- ✔ Markiere beim Schreiben Wörter, bei denen du unsicher bist, mit einem Punkt, um beim Durchlesen noch einmal nachzudenken oder zu verbessern!
- ✔ Falls hinterher genügend Zeit zum Durchlesen bleibt, geh den Text von hinten Wort für Wort durch, dann findest du leichter Fehler!

Tipps für Eltern

- ➪ Wenn Sie es schaffen, zu Hause in Ruhe und mit Geduld regelmäßig kurze Zeit mit Ihrem Kind zu üben, wird es nach und nach auch unter schulischem Druck sicherer werden.
- ➪ Lassen Sie Ihr Kind die Wörter schreiben, die es falsch schreibt, nicht solche Wörter, die andere als schwierig be-

zeichnen. Am besten eignet sich daher das Lernen mit einer eigenen Lernkartei.

- ➪ Beim Üben sollten Sie Ihrem Kind viele verschiedene Lösungswege und Arbeitstechniken anbieten (über das Ohr, das Auge, die schreibende Hand, den Kopf und das Nachschlagen im Wörterbuch).
- ➪ Orientieren Sie sich bei jüngeren Kindern am Klassenwortschatz, der im Unterricht geübt wird. Er setzt sich in der Regel aus den im Deutschen häufigsten Wörtern zusammen und solchen, die für Kinder und für das Erlernen der Rechtschreibung wichtig sind. In der Regel stehen die Wortlisten im Anhang des Sprachbuchs oder des verwendeten Übungsmaterials.
- ➪ Zeigen Sie Ihrem Kind schon frühzeitig, wie es in Zweifelsfällen im Wörterbuch und Lexikon nachschlagen kann. Für die Grundschulzeit benötigt Ihr Kind ein für das Alter geeignetes Schülerwörterbuch. Es ist gut, wenn Ihr Kind feststellt, dass auch Erwachsene nachgucken müssen.
- ➪ Belohnen Sie sich und Ihr Kind für zusätzliches Üben! Erwarten Sie nicht, dass sich die Schulnoten schon nach kurzer Zeit des regelmäßigen und systematischen Übens verändern.
- ➪ Haben Sie und Ihr Kind Geduld! In der Schule erlebt Ihr Kind sich schon genug als Versager. Zeigen Sie ihm, dass es – wenn auch zunächst im Kleinen – Erfolg haben kann. Sie fördern das Selbstvertrauen Ihres Kindes, wenn Sie seine Leistung und Anstrengung loben, auch wenn zunächst nicht alles ganz richtig geschrieben ist. Wer zu viel kritisiert oder die Aufmerksamkeit auf die Fehler lenkt, erreicht nur, dass das Kind in Zukunft dem Schreiben aus dem Weg gehen wird.
- ➪ Bei Aufsätzen und Geschichten sollte der Textinhalt im Vordergrund stehen. Erst bei der Überarbeitung geht es um die äußere Form und damit um die Rechtschreibung.
- ➪ Ermutigen Sie Ihr Kind, dass es sich angewöhnt, seine schriftlichen Arbeiten nach einer Pause noch einmal

durchzulesen, bevor es sie aus der Hand gibt! Während dies für normale und gute Rechtschreiber selbstverständliche Routine ist, sind Kinder mit LRS oft so froh, die ungeliebte Tätigkeit hinter sich zu bringen, dass sie diese Chance nicht mehr nutzen können. Bewährt hat sich der Trick, den Text vom Ende her Wort für Wort noch einmal durchzugehen, da dann mit verändertem Blickwinkel gelesen wird und Fehler eher entdeckt werden.

➪ Unterstützen Sie das Lesen Ihres Kindes! Lesen fördert neben vielem anderen auch das Einprägen von geläufigen Schreibungen.

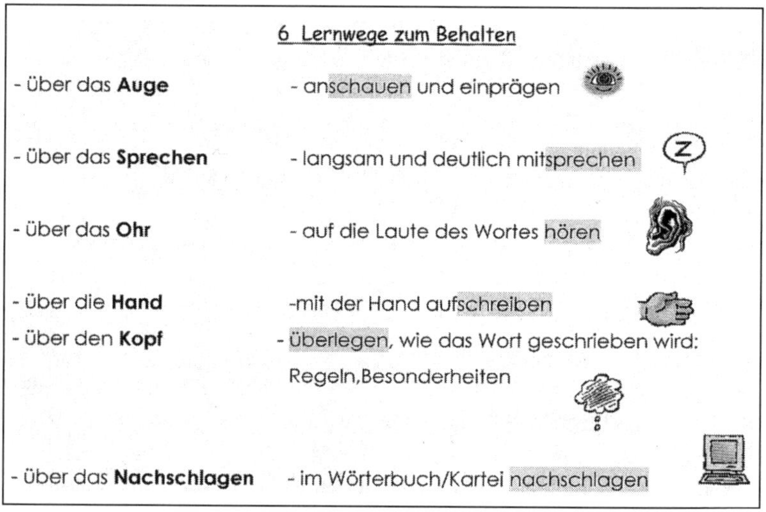

Zugangswege oder »Kanäle« beim Rechtschreiblernen

1. Der Weg über das *Auge:* die optische (visuelle) Lösungshilfe.
   Wortbilder lesen und sich einprägen, schwierige Einzelbuchstaben herauslesen (»Analyse«) und unterstreichen. Schwierige Wörter »zur Probe« auf einen Zettel schreiben und das Wortbild nach dem »Sprachgefühl« überprüfen (s. 4.).
2. Der Weg über das *Ohr:* die akustische (auditive) Lösungshilfe.
   Das Klangbild von Wörtern erfassen, genau hinhören und Einzellaute herauszuhören versuchen (»Analyse«), mit ähnlich klingenden Lauten vergleichen und unterscheiden (»d« – »t«, »b« – »p« usw.).
3. Der Weg über das *Sprechen:* die sprechmotorische Lösungshilfe.
   Wörter deutlich sprechen, Einzellaute genau artikulieren, versuchen Hochdeutsch zu sprechen, denn, wie unter 2., Hören und Sprechen sind eng miteinander verbunden.
4. Der Weg über die *Hand:* die schreibmotorische Lösungshilfe.
   Schwierige Wörter wiederholt aufschreiben; auch die Hand hat ein Gedächtnis. Die Vereinfachte Ausgangsschrift erleichtert ganz entscheidend das Aufgliedern der Wörter und damit die Unterscheidung der einzelnen Buchstaben. Beim Schreiben die Wörter leise mitsprechen, dann wie unter 3.
5. Der Weg über den *Kopf:* die logische Lösungshilfe (Sprachwissen und Sprachdenken).
   a) Rückgriff auf Rechtschreibregeln (Schärfung, Dehnung).
   b) Ableitungen, Wortverlängerungen (Wald/Wälder, kalt/kälter).
   c) Analogiebildungen, wichtig vom ersten Schuljahr an (z.B. mein – kein – sein).
   d) Nachdenken und Sprechen über besondere Schwierigkeiten, wie das »h« in »blühen« (aber: »Blüte«) oder das doppelte »oo« in »Zoo« usw.
6. Der Weg über das *Wörterbuch:* die technische Lösungshilfe.
   Erkennen und Einüben des alphabetischen Ordnungssystems von Wörterbüchern, Abc-Heften, Lernkarteien.

»Diese sechs verschiedenen Wege oder Lösungshilfen können wir den Kindern beim Erlernen der Rechtschreibung anbieten, in der Erwartung, dass sie mit der Zeit den für sie besonders geeigneten Weg selbst herausfinden.«

(Nach Niedersteberg 1983, S. 36.)

Was kann mein Kind?

Den Entwicklungsstand Ihres Kindes in der Rechtschreibung können Sie durch Vergleich der Schreibungen in seinen Heften, Geschichten und Arbeiten mit der Entwicklungstabelle (Kapitel 2) leichter und stressfreier feststellen als mit einem Rechtschreibtest, der vor allem im Grundschulalter wenig mit dem Klassenwortschatz Ihres Kindes zu tun haben muss. Sie sammeln die Fehlerwörter Ihres Kindes beim Durchsehen der Haus- und Arbeitshefte und ordnen sie dann Fehlerschwerpunkten zu (Skelettschreibung, phonetische Schreibung, fehlende Mitlaute/Endungen, Dehnung/Kürzung, Groß-/Kleinschreibung, Falschschreibung bestimmter Laute).

Wie lernt mein Kind richtig Schreiben mit der Lernkartei?

Die Arbeit mit einer Kartei, die die eigenen Fehlerwörter enthält, hat sich als sehr effektive, billige und erfolgreiche Übungsmethode vielfach bewährt. Ihr Kind soll mit einer kurzen, erfolgreichen Übung seine Angst vor Fehlern verlieren, neue Motivation am Schreiben gewinnen und die erworbenen Techniken erfolgreich im schulischen Schreiben umsetzen. Voraussetzung ist jedoch *regelmäßiges, kurzes, systematisches und sorgfältiges Üben*, was erfahrungsgemäß meist nur unter Mithilfe einer erwachsenen Person möglich ist.

Statt Einzelworttraining ist das Üben im Satz sinnvoller, der zwei bis drei Problemwörter enthält. Ab vierter Klasse sollte er aus einem Satzgefüge (Hauptsatz und Nebensatz) bestehen, sodass die Kommasetzung gleich mitgeübt wird. Dabei ist es sinnvoll, die sehr häufig verwendeten Wörter einzubauen (Liste im Anhang, S. 316).

Die Karteiarbeit fördert neben der Rechtschreibung

- ➪ die Satzbildung mit Zeichensetzung,
- ➪ den sprachlich richtigen Ausdruck,
- ➪ genaues Lesen,
- ➪ Vergleichen und übt Lerntechniken ein.

Was wird benötigt?

Anzuschaffen sind:

- ❖ ein Karteikasten mit passenden Karteikarten in vier Farben (DIN A 6 oder DIN A7),
- ❖ ein leeres Schreibheft
- ❖ sowie fünf Karten eines ABC-Registers zur Unterteilung. Die Rückseiten der Registerkarten werden jeweils mit 1–4 und die 5. Karte mit »fertig« beschriftet. Sie bilden den Rahmen für die Karteiarbeit.

Woher kommen die Wörter?

Die Fehler Ihres Kindes in Geschichten, Diktaten, Hausaufgaben, Briefen u.a. sind die Wörter, die geübt werden sollen.

Wie richte ich eine Kartei ein?

Zunächst muss festgelegt werden, welche Kartenfarbe welche Wortart bekommt, am besten so, wie es im Deutschunterricht üblich ist: z.B. alle Nomen auf rote, Verben auf blaue, Adjektive auf gelbe und alle anderen Wortarten auf weiße Karteikärtchen.

Nun werden von einem Erwachsenen die bisher fehlerhaften Wörter einzeln richtig und gut leserlich auf Karteikärtchen der entsprechenden Farbe geschrieben:

Bei Nomen (Namenwörtern) wird der Artikel (evt. die Mehrzahl) ergänzt:

z. B.			
	die Häuser das Haus	die Fabrik die Fabriken	der Fuchs die Füchse

bei Verben das Personalpronomen (persönliche Fürwort) und darunter die Grundform:

z. B.			
	er geht gehen	ihr fallt fallen	sie fährt fahren

bei Adjektiven eventuell eine Verlängerungsform (bei Endungen -ig, -lich) oder ein verwandtes Wort, das die Schreibung näher erklärt:
z. B. gefährlich (fahren) nächster (nach) eklig (ekliger).

Die kritische Stelle im Wort, die den Fehler bewirkte, kann auch noch innerhalb des Wortes farbig markiert werden, z.B. hässlich (der Hass).

Außerdem sollten Dehnung und Kürzung markiert werden: die Länge des Vokals (Selbstlaut) mit einem Strich. Wird er kurz gesprochen, wird darunter ein Punkt gesetzt:
z. B. er fährt (fahren), ihr hasst (hassen), Mutter, Mut–mutig

Alle neuen Übungskarten kommen in das Fach vor der Nummer 1.

Achten Sie bitte darauf, dass auf den einzelnen Karten nicht zu viele Informationen stehen!

Wie wird geübt?

Das Üben erfolgt am sinnvollsten in ein extra dafür angelegtes Heft. Das Ziel sollte sein, dass Ihr Kind möglichst viele Wörter richtig schreibt. Es sollte täglich (außer am Wochenende und dem größten Teil der Ferien) *insgesamt 5–10 Minuten* geübt werden.

- ✔ Ihr Kind nimmt zwei bis vier Karteikarten – später aus unterschiedlichen Fächern – und liest sie sich sorgfältig durch.
- ✔ Es überlegt sich laut einen Satz, in dem die ausgesuchten Wörtern enthalten sind. Damit der Satz sprachlich richtig ist und auch nicht zu viele zusätzliche schwierige Wörter den Lernerfolg gefährden, sollten Sie den Satz ggf. leicht korrigieren. Jetzt werden die Karten umgedreht zur Seite gelegt.
- ✔ Nun diktieren Sie Ihrem Kind diesen gemeinsam überlegten Satz langsam und deutlich ins Heft und kommentieren bestimmte allgemeine Regeln, die Ihr Kind noch nicht ausreichend beachtet: z.B. Wie schreibt man am Satzanfang?
- ✔ Ihr Kind soll diesen Satz sorgfältig allein durchlesen, einmal von vorne, einmal wortweise vom Ende des Textes her (um sich vom Satzzusammenhang zu lösen).
- ✔ Erst danach vergleicht es die Karteiwörter einzeln mit dem Text. Wurde ein Karteiwort richtig geschrieben, erhält die Karteikarte rechts oben ein + und wandert ins nächste Fach (von 0

in 1, 2 in 3 usw.); war das Wort falsch, geht die Karte in Fach 0 zurück und erhält einen Strich: –. Zur Festigung wird dieses Wort nun dreimal richtig unter den Text geschrieben.

- ✔ Nun gehen Sie den Satz durch, zählen alle richtig geschriebenen Wörter und schreiben einen positiven Kommentar unter die Übung, z.B.: »6 von 8 Wörtern richtig, prima!« Ein Sticker, lustige Stempel oder ein zusätzliches Lob erhöhen die Motivation.
- ✔ Wörter, die mindestens fünfmal richtig geschrieben wurden und ins Fach »fertig« gelangt sind, bilden den eigenen, nunmehr gesichert verfügbaren Schreibwortschatz. Diese Wörter können an anderer Stelle alphabetisch gesammelt werden und sollten von Zeit zu Zeit gezählt werden.

Ausschnitt aus Manuels Karteiarbeit: Am Wort »Selbstporträt« ist sein Entwicklungsstand abzulesen: das Verschriften über das Hören.

Alternativen zum Üben im Satz können sein:

- Wörter untereinander in das Heft diktiert bekommen,
- Satz oder Wörter langsam selbst auf eine Kassette sprechen und danach schreiben,
- kleine Geschichten unter Einbezug eigener Wörter erfinden …

Übungswörter aus einer Geschichte:

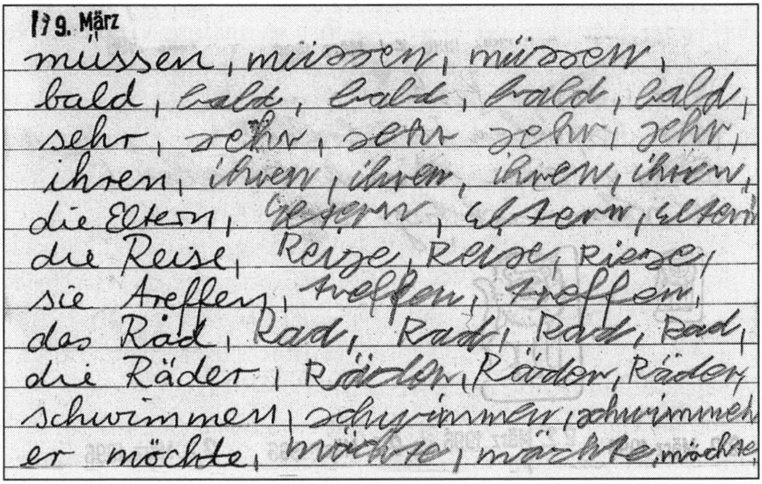

Eignet sich die Kartei zum Vokabellernen?

Ja. Nach einem ähnlichen Prinzip erfolgt das Erlernen von Vokabeln, nur dass hier auf die eine Kartenseite der deutsche Begriff geschrieben wird, auf die andere der fremdsprachliche. Höchstens zehn Karten auf einmal üben! Nach dem Schreiben sollte nach jedem Wort gleich mit der Vorlage verglichen und eventuell bei Fehlern dreimal der richtige fremdsprachliche Begriff geschrieben werden.

Keinesfalls sollte im gleichen Arbeitsgang neben die Vokabeln die deutsche Übersetzung geschrieben werden, da sonst die so genannte »Ranschburgsche Hemmung« bewirkt, dass Ihr Kind verunsichert wird, statt die richtige Schreibung zu festigen.

Tipps für ältere Kinder

Für ältere SchülerInnen kann die Arbeit mit der Lernkartei ebenfalls von großem Nutzen sein. Da Diktate für die Noten in den weiterführenden Schulen zumindest bis Klasse 8 leider immer noch breiten Raum einnehmen, brauchen gerade LRS-Kinder Unterstützung und Hilfe – selbst wenn ihre Chancen bei den gängigen, nur selten dem aktiven Wortschatz entstammenden Diktaten nicht gut stehen. Nach dem Grundsatz, dass nichts geschrieben werden sollte, was nicht zuvor gelesen und verstanden wurde, sollte Ihr Kind den zu schreibenden Text zunächst lesen und schwierige Wörter mit Ihnen klären.

Danach lesen Sie Satz für Satz langsam vor und brechen nach einer vorher vereinbarten Zeit ab. Ihr Kind sollte das Geschriebene sofort sorgfältig mit dem Original vergleichen, die richtigen Wörter zählen und Problemwörter besprechen. Falsche Wörter sollten richtig auf Karteikarten geschrieben werden.

Ältere Schüler sollten ihre Übung schon selbst mit dem Originaltext vergleichen, die Fehler korrigieren und anhand eines Fehlerprofils Übungsschwerpunkte erkennen.

Oftmals möchten Heranwachsende von den Eltern unabhängig werden und bearbeiten lieber selbstständig ein käufliches Material, wie z.B. »Abschreiben erwünscht (CVK)«, das es für die fünfte bis zehnte Klasse gibt.

Materialien zum Rechtschreiblernen

Warnung vor sinnlosen Rechtschreibübungen!

Der Grund für das ebenso reichhaltige wie verwirrende Angebot an Übungsmaterial liegt auf der Hand: Das »Schulkreuz Rechtschreiben« – wie Konrad Duden es bezeichnete – erhält bei zunehmendem Auslesedruck, der von der Wirtschaft oft an der Beherrschung der Orthographie festgemacht und von außen in die Schulen getragen wird, immer mehr Gewicht. Jede Hilfe erscheint lohnend – zumindest im kaufmännischen Sinn.

Der Markt wird beherrscht von Diktatsammlungen und Programmen, die fast alle für LRS-Kinder ungeeignet sind. Kinder, die schreiben können, haben sicherlich Spaß und Vergnügen an diesen Heften. Diejenigen SchülerInnen, die jedoch große Rechtschreibprobleme haben, die über keine oder nur bruchstückhafte Strategien verfügen, machen nach solchen Übungen eher mehr statt weniger Fehler.

Viele LehrerInnen verlassen sich darauf, dass die in Rechtschreibmaterialien und Lehrbüchern angebotenen Übungsformen sprachwissenschaftlich und lernpsychologisch sinnvoll und hilfreich sind. Sie glauben, dass sie bedenkenlos im Unterricht oder zur häuslichen Übung eingesetzt werden können, um so Kindern zum Erwerb der richtigen Orthographie zu verhelfen. Dies ist ein Irrtum, der für Kinder mit LRS deshalb verhängnisvoll ist, weil viele Übungsformen mehr zur Verunsicherung als zum Erlernen der richtigen Schreibweise führen. Auch nach der Rechtschreibreform gibt es kaum ein Material, das durchgängig ohne fragwürdige und falsche Übungsformen auskommt.

Seit mehr als 100 Jahren werden immer wieder solche Ärgernisse kritisiert, trotzdem halten sie sich mit ähnlicher Hartnäckigkeit wie die Ratten in New York und werden noch durch neue sinnlose Spielereien ergänzt:

So nicht:

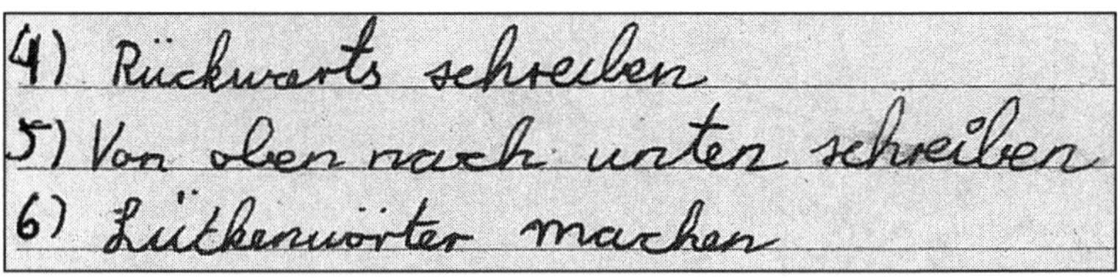

Von den vielen Ärgernissen sollen hier zwei besonders häufig angebotene negative Übungsformen herausgegriffen werden, um ihre Problematik deutlich zu machen:

1. die als Ranschburgsche Hemmung bekannte Erscheinung, die entsteht, wenn Ähnliches bewusst gegenübergestellt wird, und
2. spielerische Übungen, die vom Richtigschreiben ablenken, zu denen so genannte Wortfetzen, Purzelwörter, Auf- und Abbauübungen und Verwirrspiele zählen.

1. Ranschburgsche Hemmung

Das gleichzeitige Darbieten oder Gegenüberstellen einander ähnlicher Inhalte beim Erlernen bewirkt Interferenzen und provoziert Falschschreibungen, wie Paul Ranschburg bereits 1902 in Untersuchungen feststellen konnte:

»Bei gleicher Intensität und gleichem Gefühlswert werden aus einer gleichzeitig (oder nahezu gleichzeitig) einwirkenden Menge von Reizen die einander unähnlichen bevorzugt, während die einander ähnlichen bzw. identischen aufeinander hemmend wirken.« (Zitiert nach Warwel 1983, S. 107)

Ranschburg folgert daraus (1928, S. 274):

»Das Ähnliche ist voneinander zeitlich getrennt anzueignen. Erst wenn ein Element durchaus fest und gesichert eingeprägt ist, darf an die Aneignung des Ähnlichen geschritten werden, wobei sodann das Ähnlichkeitserlebnis sich von selbst einstellt, während die unterscheidenden Merkmale besonders nachhaltig beleuchtet und ausgearbeitet werden müssen.«

So nicht:

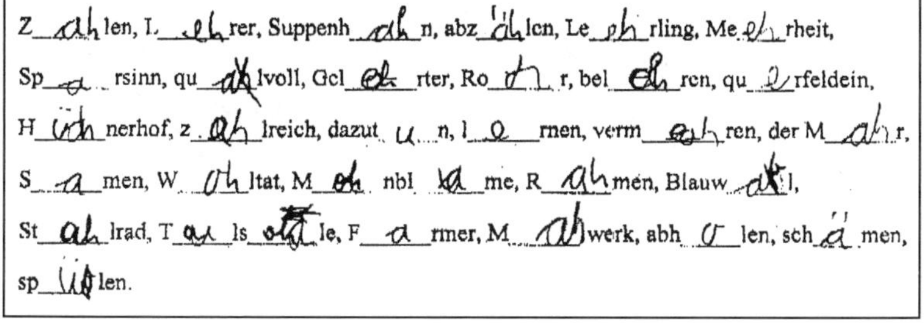
6. Setze ein: a oder ah, e oder eh, o oder oh, u oder uh, ä oder äh, ö oder öh, ü oder üh.

Z___len, L___rer, Suppenh___n, abz___len, Le___rling, Me___rheit, Sp___rsinn, qu___lvoll, Gel___rter, Ro___r, bel___ren, qu___rfeldein, H___nerhof, z___lreich, dazut___n, l___men, verm___ren, der M___r, S___men, W___ltat, M___nbl___me, R___men, Blauw___l, St___lrad, T___ls___le, F___rmer, M___werk, abh___len, sch___men, sp___len.

2. Wortfetzenmethode als Beispiel für eine »spielerische« Übung

Um richtig schreiben zu lernen, benötigen Kinder die Vorgabe richtiger Schreibungen. Alles, was diese verhindert, sollte vermieden werden. Bereits zu Beginn dieses Jahrhunderts kritisierten Pädagogen wie Ernst Meumann (1907) und August Lay (1922) das Anbieten von »durchlöcherten Wortbildern«, die das optische und akustische Wortbild zerreißen. Ihre bereits damals postulierten Grundsätze gelten noch heute: Solche Übungsformen haben wenig pädagogischen Wert, benötigen unverhältnismäßig viel Zeit und Kraft. Schülern ist es vielfach unmöglich, die Aufgaben richtig zu lösen; sie üben sie dann falsch ein. Sie folgern daraus, dass die Schüler so oft als möglich das richtige und nicht das verstümmelte Wort sehen sollen.

So nicht:

Namenwörter (Substantive)
In jedem Buchstabenhaus ist ein Wort versteckt.
Im Lösungsfeld ist es rückwärts geschrieben.

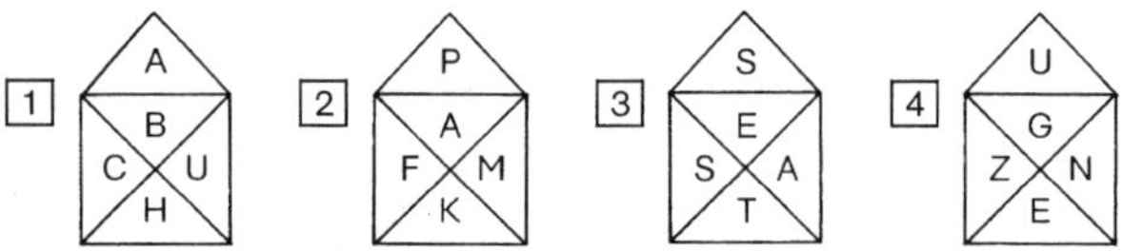

TKRAM 15
EFPÖT 16
RUTAN 19

① Wortgerippe: Hier fehlen die Selbstlaute.

Kndr: Kinder ___ Jhr: Jahre ___
Flckn: Flocken ___ Ns: Nasen ___
Schn: Schnee ___ hln: holen ___

Gibt es gute Rechtschreibmaterialien?

Kaum. Das Übungsangebot in den Arbeitsheften der Sprachbücher ist mehrheitlich für Kinder entwickelt worden, die bereits richtig schreiben können, daher der Hinweis auf die oben kritisierten Verwirrspiele und Ratestrategien, die für Kinder mit LRS höchst ungeeignet sind. Diesen Vorwurf kann man auf die meisten am Markt befindlichen Materialien übertragen, auch die speziell für Legastheniker entwickelten.

Leider gibt es für Übungsmaterialien keinerlei Qualitätskontrollen oder Zulassungsbestimmungen. Deshalb sollten Sie die angegebenen Kriterien sowie die spezifischen Fehlerschwerpunkte Ihres Kindes bei der Auswahl berücksichtigen.

Und wie sieht es bei der Computersoftware aus?

Bei der Computersoftware sieht es, soweit das Angebot – aus Zeit- und Kostengründen – überhaupt noch zu überblicken ist, bisher nicht besser aus als am konventionellen Rechtschreibmaterialmarkt. Auch neueste Veröffentlichungen von Fachleuten bestätigen dies. Selbst Thomas Feibel hat dies in seinem Lernsoftware-Ratgeber 2001 (Heyne, München) feststellen müssen. Wir haben bisher noch kein Computerprogramm gefunden, das den Kriterien für sinnvolle Rechtschreibübungen standhielt.

Besser sieht es bei Textverarbeitungsprogrammen aus, die zum freien Schreiben und damit zum richtigen Schreiben benutzt werden können, wie z.B. das »Junior Schreibstudio« von Microsoft, eine Weiterentwicklung des »Creative Writers« oder das Programm »Malen, Schreiben & Spielen« (TLC-The Learning Company). Letzteres ist jedoch nur mit Einschränkungen zu empfehlen, da die deutsche Anpassung im Wortschatz und bei der Anlauttabelle schlampig und fehlerhaft erfolgte und die

Altersgruppe vom Verlag falsch benannt wurde. Erfreulich hingegen sind die vielfältigen Schreib-, Mal- und Gestaltungsmöglichkeiten. Viele Textverarbeitungsprogramme für Kinder bieten vielfältige Gestaltungsmöglichkeiten über Musik, Bilder, Farbe, Sprache, Fotos oder Spezialeffekte.

Die Vorteile gedruckter Texte liegen klar auf der Hand: Bei Fehlern braucht nicht der ganze Text, sondern nur ein bestimmter Buchstabe/Wort ersetzt zu werden, der Ausdruck ist sauber und das Ergebnis sieht professionell aus, zumal heute Farbe kein Luxus mehr ist. Das Schreiben von Geschichten, Zeitungen, Einladungen, Plakaten u.a. macht aber nur dann Spaß, wenn Ihr Kind mit beiden Händen und mehreren Fingern tippen kann.

Wichtig zu wissen ist, dass das Schreiben von Hand vom Computer nur zum Teil übernommen werden kann. Kinder sollten wichtige Wörter so oft mit der Hand geschrieben haben, dass sie quasi aus dem Handgedächtnis allein laufen. Außerdem ist trotz aller öffentlichen Absichtserklärungen nicht davon auszugehen, dass in absehbarer Zukunft jedem Schüler oder jeder Schülerin in unseren Schulen ständig ein Computer zur Verfügung stehen wird.

Überlegungen vor dem Kauf von Übungsmaterial

- Erkundigen Sie sich zunächst bei der Deutschlehrerin, was sie zum häuslichen Üben für Ihr Kind für geeignet hält, und schauen Sie es sich an. Da im Buchhandel nur selten sinnvolles Übungsmaterial vorrätig ist, sollten Sie Lehrmittelausstellungen besuchen, die Schulbuchverlage in größeren Städten für LehrerInnen eingerichtet haben.
- Berücksichtigen Sie die hier vorgestellten Kriterien bei der Vorauswahl.
- Nehmen Sie sich Zeit und lassen Sie die endgültige Auswahl Ihr Kind treffen. Was nützt eine Anschaffung, wenn Ihr Kind das Material ablehnt.

- Preis, Aufmachung oder grafische Gestaltung sind zwar wichtig, die Übungsarten und der Wortschatz sind aber das entscheidende Kriterium für eine Anschaffung. Orientieren Sie sich an dem Kriterienkatalog oder begrenzen Sie die Auswahl auf die empfohlenen Materialien.

Da ständig neue Materialien erscheinen, die niemand mehr im Einzelnen überblicken kann, folgt ein Kriterienkatalog, der Ihnen die Auswahl erleichtern soll.

Kriterien zur Auswahl von Rechtschreibmaterialien/Software

Allgemeine Informationen

? Ist das Material anonym oder von Fachleuten verfasst?
? Können die richtigen Lösungen der Aufgaben vom Kind allein überprüft werden?
? Werden allgemeine Übungshinweise und Arbeitsstrategien vermittelt?
? Gibt es informatives Begleitmaterial?
? Existiert ein Wörterverzeichnis aller Übungswörter zur Eigenkontrolle?
? Ist das Material in der gültigen Rechtschreibung abgefasst?
? Enthält das Begleitmaterial zur Software alle notwendigen Informationen über Systemvoraussetzungen, Übungsformen, Lernziele und Einsatz des Druckers? Eignet sie sich für die vorhandene Computerausstattung?

Aufbau und Gestaltung

? Sind Inhalt, Umfang und Format für das Kind geeignet?
? Ist das Material bebildert (Fotos, Strichzeichnungen, Farbe, Animationen)?

- ? Werden Textübungen und das Training einzelner Wörter sinnvoll integriert?
- ? Ist – vor allem bei Software – das Programm fehlerfrei und in der gültigen Rechtschreibung abgefasst?
- ? In welcher Schriftart werden die Übungen angeboten? Stimmt diese mit der Schreibschrift des Kindes überein?
- ? Findet ein Wechsel von Schreib- und Druckschrift statt?
- ? Wie ist das Verhältnis von Inhalt, Seitenzahl, Aufmachung und Preis?

Übungsformen

- ? Sind die vorherrschenden Übungsformen ganze Wörter, die abwechslungsreich wiederholt werden?
- ? Sind die Übungen nach dem Prinzip der isolierten Schwierigkeiten und der Fehlervermeidung angeordnet?
- ? Sind die Aufgaben übersichtlich angeordnet, Regeln eindeutig gefasst?
- ? Kann das Kind die Anleitungen allein verstehen und ohne Hilfe bearbeiten?
- ? Sind Möglichkeiten der Selbstkontrolle eingeplant?
- ? Werden Anregungen für eigene Aktivitäten gegeben (Geschichte weiterschreiben, Reimwörter finden u.a.?
- ? Sind im Computerprogramm Wahlmöglichkeiten für inhaltliche Schwerpunkte und verschiedene Schwierigkeitsgrade vorgesehen?
- ? Kann die Bearbeitungsgeschwindigkeit verändert werden?

Wortschatz

- ? Liegt dem Material ein begrenzter, für die Altersstufe geeigneter Wortschatz zugrunde?
- ? Befindet sich eine Liste aller zu übenden Wörter im Anhang?

? Ist das Programm eine Übersetzung aus einer anderen Sprache ins Deutsche? Stimmen die Übersetzungen, wie sind Bild-Wort-Zuordnungen (z.B. bei Anlauttabellen), passt der Wortschatz für die Altersstufe?

Themen und Inhalt des Materials

? Interessieren sie das Kind?
? Passen sie auf seine Altersgruppe/Klassenstufe/Schreibprobleme?

Vermittlung von Arbeitstechniken und Lernstrategien

? Werden bestimmte Arbeitstechniken vermittelt (Abschreiben, Nachschlagen, Diktieren, Arbeit mit dem Wörterbuch, Tippen u.a.)?

Programmtechnische Fragen bei Software

? Ist die Installation einfach durchzuführen?
? Eignet sich das Programm für Ihre Hardware (Prozessorleistung, Arbeitsspeicher, Grafikkarte, Laufwerk, Soundkarte, Internetzugang) und Ihr Betriebssystem?
? Ist es betriebssicher und können einzelne Lernschritte abgespeichert werden?
? Ist während des Ablaufs jederzeit eine Unterbrechung (ohne Abbruch) möglich?
? Sind einzelne Abschnitte wiederholbar bzw. überspringbar?
? Besteht die Möglichkeit, ein bestimmtes Menü abzurufen?
? Können eigene Übungen und Aufgaben ergänzt werden?
? Liefert das Programm Fehleranalysen?
? Können die einzelnen Übungen und Analysen ausgedruckt werden?

Bildschirmgestaltung

- ? Sind Texte und Grafik übersichtlich angeordnet?
- ? Steht das Spielen oder das systematische Üben im Vordergrund?
- ? Werden die grafischen Mittel zur Verdeutlichung des Inhalts genutzt?
- ? Wird der deutsche Zeichensatz in Groß- und Kleinschreibung benutzt?
- ? Ist die Lesbarkeit der Texte gewährleistet?

Tipps und Lesetipps für die Auswahl von Übungsmaterialien und Software

Erfolg versprechend ist in allen Altersgruppen sicherlich die regelmäßige Arbeit mit einer Rechtschreibkartei, mit der die eigenen Fehler aus Haus- und Arbeitsheften geübt und die richtigen Schreibweisen wiederholend gefestigt werden, oder das Schreiben eigener Geschichten mit anschließender Bearbeitung.

Achten Sie unbedingt darauf, dass das Material in der gültigen Rechtschreibung abgefasst ist!

Arbeit mit der Lernkartei:

Naegele, I.M.: Wie können Eltern sinnvoll helfen – Zur Arbeit mit der Rechtschreibkartei. In: Valtin 2000

Richter, S.: Deutsch, 5. und 6. Klasse: Rechtschreibung: Die wichtigsten Regeln. klipp & klar Lerntrainer rororo, Reinbek 1997

Stein, A.: Das Rechtschreibspiel. Kösel, München 1983, 5. Aufl.

Schwerpunkt Grundschule:

(LA-Lateinische-, VA-Vereinfachte-, SAS-Schulausgangsschrift)
Achten Sie darauf, dass sich die Übungen auf den bekannten Klassenwortschatz konzentrieren und keine der kritisierten Verwirrspiele angeboten werden!

- Das Elefantenbuch. Schreiben und Rechtschreiben. Übungshefte für 2., 3. und 4. Klasse. Schroedel, Hannover (LA, VA, SAS) 1998
- Der Rechtschreib-Trolli. 2.–4. Schuljahr. Neubearbeitung von D. Haarmann. Beltz, Weinheim (VA) 1998, 5. Aufl.

Schwerpunkt Sekundarstufe I

Bei den käuflichen Materialien handelt es sich auch nach der Rechtschreibreform schwerpunktmäßig um Diktatsammlungen, die nach schulischen Übungsschwerpunkten zusammengestellt sind und häufig ungebräuchliche Wörter verwenden. Zur Verbesserung der Rechtschreibung ist die systematische Behandlung einzelner Fehlerschwerpunkte sinnvoller.

- Abschreiben erwünscht. Texte zum Abschreiben, Üben und Diktieren. Hefte für 5/6, 7/8, 9/10. Klasse. Cornelsen, Berlin 1997 – eine sehr sinnvolle Kombination von Anleitungen zum Abschreiben, Üben wichtiger Wörter und Einsichten in Regeln, Syntax und Grammatik.
- Rechtschreiben 1–3. Arbeitshefte zur Rechtschreibung und Zeichensetzung. Neubearbeitung. Schroedel, Hannover 1997

Schreib-Lernsoftware, wenn auch mit Mängeln

Cornelsen software, Berlin. www.cornelsen.de:
Fürst Marigor und die Tobis, ab 2. Klasse
Meisterdetektive jagen Lork, ab 4. Klasse
TLC – The Learning Company, Oberhaching.
www.learningco.de:
Malen, Schreiben & Spielen, ab 1. Klasse.
Microsoft, www.microsoft.de:
Junior Schreibstudio

Internetadressen zur schnellen Information zur Rechtschreibung

www.duden.de
www.dpa.de/info.info.html
www.wuerzburg.de/rechtschreibreform/a-tests.html
www.Zeit.de/tag/zeitschreibung/einleitung.html
www.lexikonverlag.de/sprachberatung

LESE-TIPPS

Internet für Schüler

Grabis, B./Kienitz, G.W.: Der Internet Guide für Schüler ab 12 Jahre. Moses, Kempen 2000

9. Ohne Vokabellernen geht es nicht – Hilfen für die Fremdsprachen

Beim Erlernen einer Fremdsprache geht es um das Hör- und Leseverstehen sowie das Sprechen und Schreiben. Wie soll ein Text erfasst, richtig ausgesprochen und später noch fehlerfrei geschrieben werden, wenn die Vokabeln nicht geübt wurden? Obwohl jeder weiß, dass regelmäßiges und frühzeitiges Wiederholen Fehler vermeiden hilft, wird es gerade von SchülerInnen, denen das Lesen und Schreiben schwer fällt, oft so lange verdrängt, bis es Ärger mit den Eltern gibt, weil die Arbeiten schlecht ausfallen.

Muss es in den Fremdsprachen erneut Probleme geben?

Diese Frage lässt sich nicht generell beantworten, da jedes Kind eine unterschiedliche Geschichte mitbringt. Kinder mit LRS im Deutschen müssen keine Schwierigkeiten beim Erlernen einer fremden Sprache haben, da viele inzwischen das, was ihnen beim Zugang zur muttersprachlichen Alphabetisierung fehlte, erworben haben und nun unbelastet ein neues Sprachsystem erwerben können. Manche haben jedoch ähnliche Probleme wie im Deutschen, zumal wenn sie über das Gehör zu verschriften versuchen. Ist ihnen jedoch klar, dass sie sich z.B. in Englisch oder Französisch wegen der größeren Unterschiede zwischen Aussprache und Schreibung von Anfang an ganz anders konzentrieren und die Wörter gezielt handschriftlich einprägen müssen, so wird es wenig Schwierigkeiten geben. Viele Kinder hatten bereits erste Kontakte mit einer Fremdsprache in der Grundschule oder sind durch Musik, Fernsehen, Computerspiele, Internet oder Urlaub positiv motiviert.

Gleich welche Fremdsprache gewählt wird, Eltern sollten von Anfang an – falls es die Schule nicht tut – auf das regelmäßige wiederholende Lernen der Vokabeln achten und dabei unterschiedliche Einprägemethoden ausprobieren. Es führt kein Weg am handschriftlichen Üben vorbei, auch wenn zu den meisten Lehrbüchern Computerlernprogramme angeboten werden. Warum? Das Lernen am Computer aktiviert andere Lernkanäle als das im Unterricht geforderte schnelle Reproduzieren per Hand. Die Schreibbewegungsmuster möglichst vieler wichtiger Wörter sollten verinnerlicht sein, sodass die Hand nur bei Zweifelsfällen stockt. Zudem bieten die meisten CD-ROMs zwar gute Grammatik- und Satzbauübungen, jedoch wenig sinnvolle Hilfen zum Richtigschreiben. Alle Vokabeln, die nach zweimaligem schriftlichen Lernen nicht fehlerfrei geschrieben werden können, sollten mit einer Vokabelkartei in Wiederholungsschleifen gesichert werden. Seitenlanges Wiederholen der im Buch aufgelisteten Wörter kann damit entfallen! Das Vokabellernen mithilfe eines handgeschriebenen Vokabelheftes erscheint wenig sinnvoll, da häufig Fehler beim Abschreiben entstehen und die Handschrift meist nicht klar lesbar ist. Wesentlich sinnvoller sind mit dem Computer erstellte Wortlisten, in denen das Kind die Wörter mehrfach handschriftlich üben kann:

Vokabel	abschreiben	korrigieren	üben	Übersetzung
which	which ✓		which ✓	welcher, welches
hour	hour ✓		hour ✓	Stunde
where	where ✓		where ✓	wo
fly, flew, flown	fly, flew, flown ✓		fly-flew-flown ✓	fliegen

Nur selten beschäftigen sich FremdsprachenlehrerInnen mit LRS und haben daher zunächst wenig Verständnis für gehäufte Fehler. So müssen oftmals die Eltern aufklären und auf die gesetzlichen Erleichterungen und Hilfen aufmerksam machen. Zugegebenermaßen ist es aber auch manchmal schwierig festzustellen, ob Falschschreibungen von LRS, Unsicherheiten in der Grammatik oder nur halb gelernten Vokabeln stammen. Hier hängt viel am persönlichen Kontakt zwischen Lehrkraft, Eltern und Kind.

Ist Latein als erste Fremdsprache die richtige Wahl?

Oft wird LRS-Kindern, die das Gymnasium besuchen wollen, das mehr lautgetreue Latein anstelle von Englisch oder Französisch als erste Fremdsprache empfohlen. Dies ist nicht unproblematisch. Diese Wahl sollte nur von SchülerInnen mit sehr guten grammatikalischen Kenntnissen, hoher Abstraktionsfähigkeit, großer psychischer Belastbarkeit und Motivation getroffen werden, denn diese Entscheidung birgt eine besondere Gefahr in sich. Stellt sich nämlich später heraus, dass das Gymnasium nicht die richtige Schulform war, so gibt es keine Alternativen, da Realschulen kein Latein anbieten. Das Nachholen des Stoffs einer anderen Fremdsprache stellt für die meisten Kinder eine sehr große Belastung dar. Bestehen noch Leseprobleme, so merkt das Kind rasch, dass auch Latein seine Tücken hat, da sich beim Verlesen oder Überlesen einzelner Buchstaben oder Silben ein ganz anderer Sinn ergibt.

✔ Hinweise für erfolgreiches Lernen

Die folgenden Tipps möchten helfen, dass der Fremdsprachenunterricht Spaß macht und erfolgreich ist:

✔ Informieren Sie frühzeitig die FachlehrerInnen darüber, welche Schwierigkeiten Ihr Kind bisher im Deutschen hatte, z.B. ob es sich besonders schwer Wörter merken kann, ob es die Wörter nicht strukturieren kann oder das Lesen noch Sorge bereitet. Dies ist wichtig, da die Lehrwerke und auch die Unterrichtsstile variieren und nicht immer alle Lernwege angesprochen werden. Zunehmend haben auch wieder unsinnige Ratestrategien Einlass in die Lehr- und Übungsmaterialien gefunden, die für LRS-SchülerInnen hoch frustrierend und verwirrend sind.

Ist Ihr Kind z.B. ein Typ, der mehr über das Auge lernt und sich nach Gehör nur mühsam Wörter einprägen kann, so wird es in einem zunächst überwiegend auf Hören und Sprechen angelegten Unterricht unnötige Schwierigkeiten bekommen, die durch das zusätzliche schriftliche Üben aufgefangen werden könnten.

✔ Keine Fremdsprache kommt ohne Vokabellernen aus, auch wenn der Unterricht der Fremdsprache zunächst verstärkt mündlich abläuft und die Lehrkraft meint, die Vokabeln würden sich mit der Zeit einschleifen – ein Ansatz, der in den 70er-Jahren weit verbreitet war. Nach einer Anlaufzeit werden die Vokabeln erwartet und Kinder mit Rechtschreibproblemen brauchen bekanntermaßen mehr Übung. Sie sollten von Anfang an mit Ihrem Kind die Vokabeln mithilfe der Lernkartei üben, die auf S. 210 erklärt wird, damit Ihr Kind seine Vokabeln richtig schreiben lernt und versteht. Bei diesem System werden alle Wahrnehmungskanäle einbezogen: das Auge beim Lesen, das Ohr und die Hand beim Schreiben, der Kopf beim Nachdenken über die Schreibweise.

Aber bitte nicht so:

Anna hat in der siebten Klasse Schwierigkeiten mit der deutschen und englischen Rechtschreibung. Sie kann die Vokabeln zwar mündlich richtig aussprechen und weiß, was sie bedeuten, macht aber trotz Karteiarbeit viele Fehler. Was macht sie falsch? Es stellt sich heraus, dass die Mutter es besonders gut machen will und ihre Tochter gleichzeitig neben die englische Übersetzung auch den deutschen Begriff schreiben lässt. Da jedoch diese beiden Sprachen ähnlich sind, tritt das Gegenteil des Beabsichtigten ein, Anna gerät ganz durcheinander. Fachleute nennen das die Ranschburgsche Hemmung, ein berühmtes Lerngesetz. House–Haus, Cat–Katze sind solche Beispiele.

✔ Zu jedem Lehrwerk gibt es Zusatzmaterialien: Workbooks, Kassetten mit Textteilen und Liedern, kleine Lesetexte, ein Lehrerhandbuch, Tests, Computerprogramme mit den entsprechenden grammatikalischen Übungen. Nutzen Sie die für Ihr Kind sinnvollen Erleichterungen!

✔ Ohne Grammatikkenntnisse sind in den Fremdsprachen langfristig keine zufrieden stellenden Ergebnisse zu erreichen. Es ist daher wichtig, dass Ihr Kind von Anfang an die Strukturen der Fremdsprache versteht. Hier unterscheiden sich die Lehrwerke erheblich voneinander und manchmal kommt man ohne eine spezielle Grammatik zum Lehrwerk nicht aus. Da sich auch die Bezeichnungen der Wortarten, Satzteile etc. ändern, ist es sinnvoll, die Schule zu fragen.

✔ Selbst wenn die im Deutschen überwundenen LRS-Probleme doch in der Fremdsprache auftreten und trotz Lernkartei mehr Fehler entstehen, können diese durch eine aktive mündliche Mitarbeit – die immerhin 50% der Note ausmacht – wettgemacht werden. Durch Musik, Fernsehen, Internet und Computerspiele haben viele Kinder und Jugendliche heute eine weit bessere englische oder französische Aussprache als frühere Generationen; Radio und Fernsehen sowie Kassetten bieten zusätzliche kostenlose Lernprogramme und fremdsprachliche Sendungen.

✔ Da bekanntermaßen dann am besten gelernt wird, wenn die Sache Spaß macht, sollten Sie alles Spielerische unterstützen und Ihrem Kind Freude an der Fremdsprache vermitteln. Viele Kinder haben ja bereits »spielend« in der Grundschule erste Kontakte mit Frühenglisch oder Frühfranzösisch gehabt und damit einen positiven Bezug zu einer anderen Sprache bekommen. Fördern Sie Aktivitäten wie Briefwechsel mit anderssprachigen Kindern, Schüleraustausch, Reisen, bei denen die Kinder auch die Notwendigkeit, in der fremden Sprache zu sprechen, erleben und die Angst davor verlieren.

✔ Nutzen Sie die Vielfalt der Angebote und suchen Sie das aus, was dem Lernstil Ihres Kindes am besten entspricht. Im Fernsehen und im Rundfunk werden regelmäßig fremdsprachliche Programme und Filme dargeboten, Volkshochschulen und private Träger veranstalten Kurse. Kassetten- und Videoprogramme ergänzen die Auswahl. Seit einigen Jahren werden von verschiedenen Verlagen auch Superlearning-Sprachprogramme in den meisten modernen Sprachen sowie Latein angeboten.

Materialien zum Fremdsprachenlernen

Zum Sprachenlernen gibt es heute gerade für jüngere SchülerInnen ein großes Materialangebot, über das Sie sich im Buchhandel, bei Lehrmittelverlagen oder im Internet informieren können.

Da Fremdsprachen-Lernprogramme teuer sind, vor allem die Superlearningprogramme, sollten Sie sich vor dem Kauf Zeit nehmen, sich einhören und den Wortschatz, die Aufmachung, die Übungsformen und Darstellung prüfen. Die Stimme muss Ihrem Kind sympathisch sein. Manchmal gibt es preiswerte Einführungskurse zum Prüfen.

Einige Lehrmittelverlage bieten vielfältige, für jüngere Kinder häufig spielerisch aufgebaute Materialien, wie z.B. BBC, Cornelsen, Oxford University Press, Klett, Hueber oder der Beltz Verlag mit seinen Lern-Trainern zu verschiedenen Sprachen.

Natürlich gibt es auch Brettspiele, wie z.B. Scrabble in der entsprechenden Fremdsprachenfassung, die meisten Jugendlichen fühlen sich allerdings mehr zu den Computer-Abenteuerspielen hingezogen, deren Texte in der Regel im Englischen witziger sind. Der Computerspielemarkt und das Internet bieten einen riesigen, unüberschaubaren Markt. Zeitschriften und Comics wie Asterix, Snoopy oder Calvin & Hobbes motivieren ebenfalls viele Kinder und Jugendliche.

Und schließlich gibt es neben Aufenthalt bei Gastfamilien oder in Sprachschulen noch internationale Feriencamps, die oft mit viel Sport und Landeskunde verbunden sind. Achten Sie jedoch darauf, dass in der Gruppe nicht nur deutsche Kinder sind. Erkundigen Sie sich nach der Seriosität des Anbieters.

LESE-TIPPS

Beltz Lern-Trainer:

- Liebetanz, F.: Vokabeln. Neue Lern- und Merktechniken 6.–9. Klasse. Beltz, Weinheim 1994
- Hofgärtner, H.-P.: Englisch. Basisgrammatik 6./7. Klasse. Beltz, Weinheim 1995
- Klaas, D.: Englisch – Summary-Training 9.–11. Klasse. Beltz, Weinheim 1994
- Bonneau, E.: Französisch. Grammatik gut im Griff 1./2. Lernjahr. Beltz, Weinheim 1996
- Klaas, D.: Französisch. Das Passiv. 3./4. Lernjahr. Beltz, Weinheim 1993
- Overbeck, K.: Latein. Einführung in die Lektüre: Übersetzungstechnik. 3./4. Lernjahr. Beltz, Weinheim 1994

10. Rechnen muss man be»griffen« haben – Sechs Thesen, wie Sie Ihrem Kind mit Rechenschwäche helfen können

»Ich empfehle Ihnen,
all Ihre Überzeugungen infrage zu stellen,
mit Ausnahme der, dass zwei und zwei vier ergeben.«

Voltaire: L'homme aux quarante écus. Zitiert aus:
Dehaene: Der Zahlensinn. Birkhäuser, Basel 1999, S. 79

Mathematisches Wissen muss auf konkreten Situationen und nicht nur auf abstrakten Begriffen aufbauen

Erwachsene kennen viele konkrete Situationen, auf die z.B. die Subtraktion angewandt werden kann:

In einem Korb sind 12 Eier. Davon werden 7 herausgenommen. Es verbleiben 5.

In einem Topf sind 10 Liter Wasser. 3 Liter werden abgegossen. Es bleiben noch 7 Liter übrig.

Helfen Sie Ihrem Kind herauszufinden, welche Minusaufgaben diese Beispiele enthalten. Analog gibt es für die anderen Grundrechenarten (Addition, Multiplikation, Division) konkrete Situationen, auf die sie angewandt werden können.

Der Sinn und die Bedeutung der mathematischen Rechenverfahren muss klar werden

Es genügt nicht, Rechenverfahren, z.B. die Addition, wie ein Kochrezept auswendig zu pauken. Ihr Kind muss begreifen, welcher Sinn hinter diesem Verfahren steckt, dass es sich z.B. um das Hinzufügen oder Vereinigen beliebiger Gegenständen handelt.

Der Stoff muss dem Leistungsniveau Ihres Kindes angepasst und stufenweise aufgebaut werden

Ausgehend von dem, was Ihr Kind schon kann (z.B. die Addition und Substraktion), sind die weiteren arithmetischen Operationen (z.B. die Multiplikation und Division) daran anzuknüpfen, wobei die einzelnen Lernschritte nicht zu groß werden sollen. Wenn Ihr Kind keine Sicherheit im Zahlenraum bis Zwanzig hat, ist es nicht sinnvoll, bereits im Zahlenraum bis 100 oder 1000 zu rechnen.

Kreatives Rechnen und aktives, handelndes Lernen mit Übungsmaterialien helfen dem Verständnis

Damit Rechenverfahren im wahrsten Sinn des Wortes »begriffen« werden können, gibt es eine Vielzahl von Hilfsmitteln (Perlenketten, Spielgeld, Hundertertafel, Muggelsteine, Holzklötzchen …), mit denen die Rechenoperationen konkret dargestellt werden können. Dabei kommt es nicht auf eine möglichst große Anzahl von Materialien an, sondern darauf, dass Ihr Kind die

Anschauungsmittel, die es gerne verwendet, sich durch eigenes Handeln erschließt. Je intensiver die Beschäftigung damit erfolgt, umso eher werden aus dem konkreten Handeln »innere Vorstellungsbilder« über die Rechenverfahren hervorgehen.

Achten Sie darauf, dass Ihr Kind die Rechenverfahren nicht nur nach Ihren Vorstellungen anwendet, sondern angeregt wird, eigene Lösungswege zu finden. Fehler und Umwege sind wichtige Bestandteile des Lernens auf dem Weg zur richtigen Lösung.

Systematische Wiederholung festigt das Begriffene

Nur die Rechenverfahren, die bereits begriffen sind, sollten systematisch wiederholt werden. Durch das Üben wird nämlich nicht das Verständnis gefördert, sondern das Begriffene gefestigt und abrufbereit gemacht. Nachhilfeunterricht ist deshalb häufig nicht erfolgreich, weil er sich meist darauf beschränkt, den Unterrichtsstoff zu wiederholen und nicht das Verständnis zu fördern.

Lob und Ermutigung auch kleinster Lernfortschritte wecken eine gewisse Begeisterung für Mathematik

Nur die Fehler gerechneter Aufgaben anzustreichen ist für jedes Kind entmutigend. Wesentlich hilfreicher ist es, die vorhandenen richtigen Lösungsansätze zu loben und anzuregen, sie weiterzuentwickeln. Auch richtige Teilergebnisse können zu Erfolgserlebnissen führen, die zum Weitermachen anspornen.

Sie helfen Ihrem Kind, ein besserer Rechner zu werden, wenn es Ihnen gelingt, Ihr Kind für das Fach zu interessieren und sich damit zu beschäftigen.

Eltern können das Interesse frühzeitig durch Spiele wecken, die das Zahlenverständnis schulen (z.B. Würfelspiele, Zahlenmemorys, Einkaufsspiele oder geeignete Computerspiele).

Klaus R. Zimmermann

LESE-TIPPS

Röhrich, R.: Mathematik mangelhaft. rororo, Reinbek 1996

Material- und Spieletipps

(weitere Tipps im Kap. 6)

Altenburger-Stralsunder
ASS, Leinfelden
Das Taschengeldspiel
Rauf und Runter

Carlsen Verlag, Hamburg
Übungshefte der Reihe »Leichter Lernen«

Jumbo, Amsterdam
Rummikub

Klee Spiele, Fürth
Kannst du rechnen?
Kannst du die Monate?

Klett Verlag, Stuttgart
Mathe-King im 1. Schuljahr – Manz Lernhilfen
Mein Tausenderbuch (Verpackungseinheit 10 Ex., deshalb am besten über die Schule bestellen)

Ravensburger Spiele, Ravensburg
Einkaufsspiele
1×1 Bingo
Hol's der Geier
Kleine Rechenschule
Schnuff
Trio
Was darf's denn sein?
Wer kennt die Uhr?

Rowohlt, Reinbek
Übungshefte der Reihe »klipp und klar«
F.X. Schmitt, Prien
Figurix

Schroedel, Hannover
Rechenspiele

Spectra-Lernspiele, Dorsten
Rechenpyramide

Texas Instruments,
Little Professor

Veritas, Linz
Rechengalaxie (ab 10)

Computersoftware
Es gibt zurzeit nur wenig geeignete Software für rechenschwache Kinder. Sinnvoll erscheinen mir zwei Materialien von TLC – The Learning Company, Oberhaching (www.learningco.de)
- Billi Banni Rechenzirkus (ab 6)
- Rechenkünstler auf Schatzsuche (ab 7)

11. Lernen, wie man lernt – Lern- und Arbeitstechniken

Was sind Lern- und Arbeitstechniken?

Lernen klappt nicht nach dem Gießkannenprinzip oder mit einem Nürnberger Trichter, denn Kinder lernen unterschiedlich.

Die zum erfolgreichen Lernen nötigen Lern- und Arbeitstechniken sind nach Schräder-Naef »Techniken, Einstellungen und Gewohnheiten …, die der Auswahl, dem Erwerb, der Verarbeitung und dem Weitergeben von Wissensstoff dienen, dem selbstständigen und rationellen Arbeiten, der Zusammenarbeit und der sinnvollen Planung und Gestaltung der eigenen Zeit und der eigenen Ressourcen« (1996, S. 12).

Was vermittelt die Schule?

Beobachtungen im Klassenraum und vor allem von Kindern mit Lernproblemen zeigen, dass vielen von ihnen sinnvolle und effektive Lern- und Arbeitstechniken fehlen, um selbstständig, ökonomisch und erfolgreich lernen zu können. Ott zählt dazu in seinem Lesetraining (München 1989) u.a. die Mithilfe durch einen Finger, Bleistift oder Lineal (anstelle eines durchsichtigen Folienpfeils) oder eine falsche Lesehaltung, die den Blutkreislauf abschnürt und das Atmen behindert.

Zur besseren Veranschaulichung einige Beispiele für falsche Lernstrategien:

Olivers Mutter versteht die vielen Fehler im geübten Diktat nicht, zu Hause waren es mit jedem Üben immer weniger geworden. Die Beobachtung der Lehrerin zeigt, dass er noch im Ranzen rumkramt oder ein Schreibgerät sucht, während der Rest der Klasse schon schreibt, und so gerät er unter Stress. Dazu kommen noch Zweifel über die richtige Schreibweise und schon sieht das Resultat für *Oliver* frustrierend aus. Unrationelles Arbeiten und falsche Zeiteinteilung sowie Vermeidungsverhalten verstärken die Unsicherheiten in der Rechtschreibung.

Ilonka sitzt stundenlang an den Vorbereitungen für die Sachkundearbeit. Sie kann nicht begreifen, dass ihr nichts mehr einfällt, als sie am nächsten Morgen die Fragen beantworten soll. Ihre Probleme sind fehlende Lernpausen, mangelnde Auseinandersetzung mit dem Inhalt und falsche Arbeitsvorbereitung (fehlende Wiederholungsschleifen) sowie Angst, die sie im entscheidenden Moment blockiert.

Anna vertraut ihrem – wie sie meint – guten Gedächtnis. Hausaufgaben zu notieren lehnt sie kategorisch ab oder schreibt sie ins entsprechende Schulheft. Das Ergebnis sind häufige Ermahnungen und Briefe an die Eltern, weil die Hausaufgaben fehlen, sowie mangelnde Übung und häuslicher Stress.

Mario erledigt pflichtbewusst seine Lese-Hausaufgaben, weiß aber hinterher auf Rückfragen wenig und oft Falsches zum Inhalt zu berichten. Seine Lehrerin glaubt ihm nicht, dass er gelesen hat. Ihrer Meinung nach sei er nur faul und wolle nicht üben. Seine Schwierigkeiten sind fehlende sinnverstehende Lesefähigkeit oder unzureichende, der Textart angemessene Lesestrategien.

Claudia paukt nachmittags mündlich seitenlang Englischvokabeln, beim Test am nächsten Tag ist alles wie weggeblasen. Sie kennt keine sinnvolle Arbeitsplanung, überschätzt ihre eigene Merkfähigkeit und verfügt nicht über sinnvolle Hilfen zum Behalten.

Der Psychologe Weinert bringt im Funkkolleg Pädagogische Psychologie die Unterschiede auf den Punkt: »Wenn jemand etwas lernt oder eine schwierige Aufgabe löst, so kann er dabei planvoll vorgehen, er kann sich geschickt anstellen, kann geeignete Hilfsmittel benutzen, effektive Lösungsverfahren anwenden, vorausgegangene Erfahrungen zweckmäßig verwerten und sich wirksamer Einprägungstechniken bedienen; er kann aber auch planlos, unsystematisch, ungeschickt und ineffektiv herumprobieren. Die Lernleistung wird davon in jedem Fall entscheidend beeinflusst werden.« (1983, S. 699)

Leider werden in der Schule und im Studium Fragen, »wie« jedes Kind am besten lernt, bisher leider kaum thematisiert, es bleibt jedem selbst überlassen bzw. Lerntechnik wird vorausgesetzt. Es geht nur um das »was«, um die Lerninhalte und den Wissensstoff. Kinder müssen lernen, ohne das Lernen zu lernen.

Freude am Lernen und Lernerfolge hängen jedoch in hohem Maß davon ab, ob der Lernstoff in angemessener Zeit bearbeitet und später wieder abgerufen werden kann, sonst verschwinden Lust, Konzentration und Motivation und Schulunlust und Lernschwierigkeiten sind eine Folge. Da Umlernen schwieriger als Neulernen ist, sollten Eltern bereits vom Schulanfang an darauf achten, dass ihrem Kind im Unterricht Hilfen für erfolgreiches Lernen vermittelt werden. Dazu gehören z.B. die richtige Schreibhaltung und Schreibbewegung, die Arbeit mit Karteien, Wörterbüchern, Hausaufgabenheft, Wochenplan oder das Einüben von Entspannungstechniken.

In den letzten Jahren wird in vielen Grundschulen nach Wochenplänen gearbeitet, um die Kinder zum selbstständigen Organisieren ihres Lernens hinzuführen. Dabei wird manchmal übersehen, dass Kinder erst behutsam in diese Technik eingeführt werden müssen und zunächst unterschiedliche Strukturierungshilfen benötigen.

Um welche Erkenntnisse der Lernpsychologie geht es?

Leider werden sie in den meisten Schulen viel zu wenig im Unterricht vermittelt, da sie auch vielen LehrerInnen unbekannt sind. Langsam öffnet sich der Unterricht für Visualisierungstechniken, die Bedeutung von Farben, das Einbeziehen aller Sinne (Eingangskanäle), die Rolle des Gedächtnisses mit der unterschiedlichen Speicherung im Ultrakurz-, Kurzzeit- oder Langzeitgedächtnis, die Hindernisse beim direkten Nacheinanderlernen von Ähnlichem (z.B. Rechtschreibung). Nach wie vor wird zu wenig auf das Ausschalten schlechter Lesegewohnheiten wie leises Mitsprechen oder Benutzen des Fingers geachtet. Dabei gibt es Methoden des schnelleren Lesens und Verstehens mit einer durchsichtigen Lesefolie oder Hilfen für das Behalten des Gelesenen mit der 5-Schritte-Lesemethode (vgl. Kapitel 7). In welchen Klassen werden Kinder systematisch in die Karteiarbeit eingeführt, ist die Orientierung im Wörterbuch tägliche Routine? Warum wissen Lehrer und Schüler so wenig von der Rolle der sog. »Ranschburgschen Hemmung«, die Lernerfolge trotz Übens zunichte macht?

Kinder und Jugendliche (und leider auch LehrerInnen) wissen oft nicht um die Bedeutung von

- ➪ Pausen beim Lernen,
- ➪ übersichtlicher Heftführung,
- ➪ Wiederholungsschleifen statt großer Lernblöcke,
- ➪ der Rolle der Ernährung für das Lernen,
- ➪ dem individuell unterschiedlichen Tages- und Lernrhythmus,
- ➪ den äußeren Bedingungen am Arbeitsplatz,
- ➪ der Rolle von Musik beim Lernen,
- ➪ dem richtigen Mitschreiben, der Gestaltung von Berichten, Protokollen, Karteien und Notizen u.a.

Da es gute Bücher und Ferienkurse zum Lernen für die unterschiedlichen Altersgruppen gibt, im Folgenden nur ein paar kurze Anmerkungen zu den wichtigsten Punkten.

Welcher Lerntyp ist Ihr Kind?

An einigen Beispielen soll gezeigt werden, wie unterschiedliche Kinder lernen. Die Situation ist Ihnen sicherlich vertraut: »Das Gedicht lernt ihr bis nächsten Mittwoch.« Diese Aufforderung löst bei Kindern sehr unterschiedliche Empfindungen aus. Hilfen fürs Auswendiglernen oder Merkhilfen werden den Kindern nur selten an die Hand gegeben.

Claudia gehört zu den wenigen Glücklichen, die sich das Gedicht nur zwei-, dreimal durchlesen und einmal zur Probe aufsagen müssen, um am nächsten Morgen vor der Klasse glänzen zu können. Ihr gutes visuelles Gedächtnis ist ihr Geheimnis.

Bei *Rolf* geht es nicht so leicht. Er hasste Gedichte, weil er sich die Reihenfolge der Wörter nicht merken konnte. Er las sich und der Mutter das Gedicht immer wieder langsam vor und trotzdem blieb nichts hängen. Leichter geht es, seitdem er begriffen hat, dass er nach dem Durchlesen mit jemand über den Inhalt und die Reimwörter sprechen muss. Gerät er ins Stocken, hilft er sich mit Handbewegungen oder Bildern, um sich an die jeweilige Zeile zu erinnern.

Nils wiederum braucht zum Auswendiglernen Bewegung. Er muss sich das Gedicht mit dem Zettel in der Hand Vers für Vers erlaufen. Selbst beim Aufsagen bleibt er nicht still stehen.

Florians Leseprobleme erschweren auch das Auswendiglernen. Seitdem er sich das Gedicht langsam auf Kassette vorspricht und diese immer wieder in Etappen abhört und nachspricht, klappt es viel besser.

Umbertos Lehrerin hat eine Kombination von Lern- und Behaltenshilfen in ihren Unterricht eingebaut, die das Lernen und Behalten von Gedichten zum Vergnügen machen: Zunächst lässt sie die Kinder in ganz entspannter Haltung, den Kopf aufliegend oder mit geschlossenen Augen, das Gedicht hören, damit sie sich den Inhalt vorstellen können. Danach tauschen die Kinder ihre Gedanken dazu aus, dann liest sie es ein zweites Mal vor. Die Kinder beginnen, langsam mitzusprechen. Dies wiederholt sie ein drittes oder viertes Mal. Das Mitsprechen ist freiwillig. Manche Kinder können das Gedicht danach bereits auswendig aufsagen. Den Kindern, die es über das Mitlesen und Hören noch nicht genügend erfasst haben, bietet sie Bewegungen an, die angelehnt sind an die Eurythmie der Waldorf-Pädagogik.

Entscheidend für den Erfolg ist das Wissen und richtige Anwenden der eigenen Lerndisposition mit möglichst vielfältigen Techniken.

Je mehr unterschiedliche Lernwege angesprochen werden, umso eher ist gewährleistet, dass der Lernstoff auch verarbeitet und gespeichert wird, wie die folgende Grafik veranschaulicht:

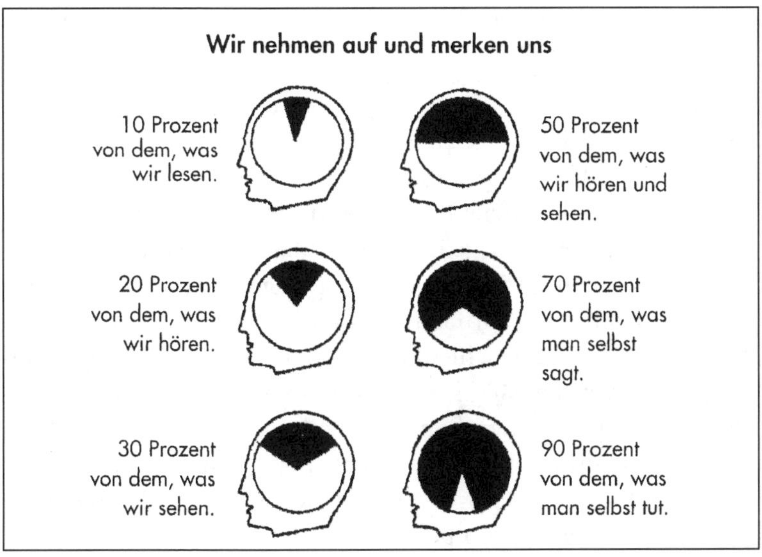

Je jünger Kinder sind, umso wichtiger ist die Anregung möglichst vieler Sinne beim Lernen, das Lernen mit »Kopf, Herz, Hand und Bauch«. Grundschulkinder »begreifen« oder »erfahren« die Welt meist durch konkretes Tun, erst nach und nach entwickeln sie – abhängig von ihrer Informationsaufnahme und -verarbeitung – eigenständige differenzierte Lernstrategien. Vester folgerte aufgrund amerikanischer Untersuchungen, dass sich aufgrund von Anlage und Umwelteinflüssen bei jedem Menschen unterschiedliche Grundmuster im Gehirn ausbilden. Je vielfältiger neue Informationen angeboten werden, desto größer ist die Chance, dass diese zunächst im Ultrakurz-, dann im Kurz- und schließlich im Langzeitgedächtnis verankert werden. Manche Menschen lernen schneller, wenn sie den Lernstoff über das Auge aufnehmen, andere über das Gehör, andere wieder über das Verknüpfen mit bereits Bekanntem. Allerdings gibt es

»Wechselwirkungen, die sowohl vom Lernstoff, von der Umgebung, von den individuellen Assoziationen, Gefühlen und Gewohnheiten als auch von der so unterschiedlichen Reaktion des vegetativen Systems … ausgehen« (Vester 1996, S. 121).

»Solange ein Schüler nicht weiß, dass er eine Information immer für seinen eigenen Lerntyp aufbereiten muss, weil eben der jeweilige Unterricht meist nur einen von vielen verschiedenen Lerntypen anspricht, solange wird er sich beim Lernen verkrampfen. Er wird Komplexe haben, wenn er nicht zufällig jener spezielle Lerntyp ist wie vielleicht sein Nachbar, der beim Zuhören schon alles begreift. Er wird noch so lange Schwierigkeiten haben, bis er seine eigenen Lernmöglichkeiten verstanden hat.« (Vester 1996, S. 130)

Je mehr unterschiedliche Lernwege im Unterricht angesprochen werden, umso eher ist gewährleistet, dass der Lernstoff von allen SchülerInnen verarbeitet und gespeichert wird. Zwar werden Behauptungen widersprüchlich diskutiert, nach denen die beiden Hirnhälften unterschiedlich arbeiten sollen und durch beidseitige Aktivierung Möglichkeiten von »multisensorischem Lernen« geschaffen werden könnten. Richtig ist, dass eine positive Erwartungshaltung und körperliche Bewegung das Lernen unterstützen, indem negative Lernbarrieren durch Entspannung und Internalisierung von positiven Bildern abgebaut werden.

Lerntypen-Tests finden sich u.a. in:

- Endres, W.: Das Anti-Pauk-Buch. Beltz Lern-Trainer, Weinheim, 5. Aufl., 1995
- Kampwerth, K.: Klassenbeste(r) in 4 Wochen. Thienemann, Stuttgart 2002
- Schräder-Naef, R.: Schüler lernen Lernen. Vermittlung von Lern- und Arbeitstechniken in der Schule. Beltz, Weinheim 1996
- Vester, F.: Denken, Lernen, Vergessen. dtv, München 1996

Klappt das Lernen im Schlaf?

Seit einigen Jahren versprechen neue Lernmethodik-Richtungen schnelleres und besseres Behalten unter Schlagwörtern wie Superlearning, Suggestopädie, Brainlinks, Gehirn-Jogging, Edu-Kinesiologie, NLP, Lernen im Thetabereich, Lernen mit Mind-Machines, Brain-Relax …

Alle werben mit sanftem »mühelosem« Lernen ohne Stress. Am weitesten verbreitet sind Fremdsprachenprogramme, daneben auch zur Entspannung, zum Angstabbau, generellem Lernanstieg, Verbesserung der Gedächtnisleistung u.a. Zwar stellten Langzeituntersuchungen kaum Lernunterschiede im Fremdsprachenlernen zwischen konventionellem Lernen und Superlearning fest, trotzdem können solche Fremdsprachenkassetten oder -programme für Kinder und Jugendliche mit Lernproblemen von positivem Nutzen sein. Zum einen sind fast immer Entspannungsübungen einbezogen, die sich auf andere Situationen übertragen lassen. Zum anderen sind einige Programme motivierend gestaltet, das Unterlegen mit Musik ist angenehm und die Vokabeln und Satzmuster prägen sich beim wiederholten Hören gut ein. Positiv sind einsprachige Programme, die das Denken in der Fremdsprache fördern. Kommerzielle Lernprogramme sind häufig praxisbezogener als der schulische Fremdsprachunterricht. Allerdings gibt es große Qualitäts- und Preisunterschiede, und es ist ratsam, sich vor dem Kauf die Zeit zum Probehören zu nehmen oder zunächst eine Demokassette zu bestellen.

Dem Slogan »Mühelos lernen« sollte misstraut werden. Ohne entsprechenden Zeitaufwand geht es auch bei dieser Methode nicht, und sei es nur das wiederholte Hören der Kassetten und Studium des Begleittextes. Ein weiterer Nachteil ist, dass sich der Aufbau der Programme selten mit den schulischen Unterrichtswerken und den im Unterricht verwendeten Vokabeln, Satzmustern und der Grammatik deckt.

Lösen alternative Wege Lernprobleme?

Kinesiologie

Natürlich ist körperliche Bewegung für die gesunde Entwicklung eines Kindes wichtig. Ein Verdienst der Kinesiologie ist es, gymnastische Übungen in neuer Verpackung unter Brain-Gym und ähnlichen Bezeichnungen wieder populär gemacht zu haben. Kritik ist dann jedoch angebracht, wenn suggeriert wird, dass kindliche Lern- und Verhaltensprobleme über einfache Gymnastikübungen (Liegende Acht, Überkreuzgehen und Hüpfen) zu lösen seien, wie z.B.:

So nicht:

FÜR JENE, DIE MEHR WISSEN WOLLEN:

Durch die Stimulierung der „Gehirnknöpfe" wird ein Zusammenschalten beider Gehirnhälften erreicht.

Beim Legastheniker hilft diese Übung

- bei der Zusammenziehung der Konsonanten
- gegen Verwechslungen und Umdrehungen von Buchstaben
- bei der Überschreitung der Mittellinie

Dauer der Übung: 1 Minute

Ausgehend von einer – wissenschaftlich sehr umstrittenen – Gehirnhälften-Theorie, die aus den 50er-Jahren stammt, behauptet z.B. Paul Dennison, dass mit solchen Übungen der Energiefluss ausbalanciert und eine Verbindung der beiden Gehirnhälften hergestellt werde. Die neurologischen Grundlagen der Edu-Kinesiologie, so warnt ein Bericht des Staatsinstituts für Schulpädagogik und Bildungsforschung München, seien »›nicht nur unhaltbar, sondern … eine derartige Versimplifizierung und Verfälschung der Vorgänge des zentralen Nervensystems …, dass die Anwendung so erklärter diagnostischer und therapeutischer Techniken zum Umgang mit Kindern in hohem Maße beunruhigen muss‹. Die Autorin kritisiert nicht nur die allzu simple Problemlösestrategie, mit der Kinder das ›An- und Abschalten‹ (…) als Lösung für Probleme lernen sollen, sondern auch, dass sie sich durch die Manipulationen des Brain-Gym als behandlungsbedürftig und ›nicht in Ordnung‹ erleben« (Zangerle 2000, S. 198).

Subliminals

Von Vertretern aus Wissenschaft und Politik wird vor so genannten Subliminals-Programmen gewarnt, die vor allem in Esoterikläden als Kassetten angeboten werden oder in so genannten »Mind-Salons« oder »Brain-Relax-Studios« Stressabbau oder gesteigerte Lebensenergie versprechen. Ihre unterschwelligen Botschaften, so genannte Suggestionen, sind unhörbar in Musik oder Naturgeräusche verpackt und können durch ihre Manipulationsmöglichkeiten in Bezug auf das Unterbewusstsein Risiken für die Benutzer bergen.

Angebote von Sekten

Auch tummeln sich auf dem Markt der Lerntechniken, oft verdeckt, Sekten wie Scientology oder Landmark, deren Methoden zu Persönlichkeitsveränderungen und Abhängigkeit führen können und denen deshalb mit großer Vorsicht zu begegnen ist.

Hilft die Arbeit mit einer individuellen Lernkartei?

Eine der Methoden, um möglichst viele Lernwege anzusprechen, ist die Arbeit mit einer Lernkartei (ausführlich in Kapitel 8, S. 210). Sie fördert das Behalten in vielen Bereichen: vom Einüben der Rechtschreibung über das Erlernen fremdsprachiger Vokabeln, Mathematikformeln bis zu Sachkundebegriffen. Der Lernstoff wird in kleine Portionen zerlegt, das Kind bestimmt selbst den Übungsumfang und das Lerntempo. Der Lernerfolg wird direkt greif- und sichtbar in der Anzahl der erfolgreich erarbeiteten Karten. Dies wirkt sich positiv auf die Motivation aus.

LESE-TIPPS

- Schräder-Naef, R.: Schüler lernen Lernen. Beltz, Weinheim, 6. überarb. Aufl., 1996
- Stein, A.: Das Rechtschreibspiel. Fehler verstehen und beseitigen. Kösel, München 2001, Neuaufl.

Wie sieht sinnvolles Üben aus?

In Kapitel 5 haben Sie bereits einige Hinweise zum Üben mit Ihrem Kind erhalten. Wenn Sie nun den nachstehenden Tipps des erfahrenen Pädagogen Odenbach (1963, leicht bearbeitet) folgen, kann eigentlich nichts schiefgehen.

- Ohne Übungsbereitschaft kein Übungserfolg. Wenn nicht ein Minimum von Übungsantrieb vorhanden ist, kann nichts erreicht werden.
- Das Erlebnis des Erfolgs weckt neue Übungsbereitschaft.
- Das Üben in sinnvollen Zusammenhängen ist erfolgreicher als das Üben zerstückelten Wissens. Dieses wie auch das nächste Gesetz gründet in dem allgemeinen Prinzip der Gestaltpsychologie »Lernen durch Einsicht«.
- Von der Klarheit und Intensität des ersten Eindrucks hängt das Behalten ab. Bei einsichtigem Lernen lässt sich das wiederholende Üben stark einschränken.
- Das durch Selbstständigkeit Erworbene hat größere Aussicht, behalten zu werden, als das lediglich vom Lehrer Übernommene.
- Der Übungserfolg wird durch Wiederholungen gesichert. Diese Wiederholungen sollen nicht Abzüge vom gleichen Klischee sein, sondern den Lernstoff in möglichst verschiedene Situationen übertragen. Kurze, über einen längeren Zeitraum verteilte Wiederholungen sind bei weitem ergiebiger als langes, gehäuftes Üben.
- Die ersten Übungen und Wiederholungen müssen möglichst bald nach der Neueinführung stattfinden, da die Behaltenskurve gerade in den ersten Tagen stark fällt.
- Wenn auch jüngere Kinder in monotoner Weise lange üben können, so weckt doch ganz allgemein der Wechsel in der Übungsform neue Übungsbereitschaft und bringt daher auch größeren Übungserfolg. Übungen ohne Abwechslung führen zur Übersättigung und damit zum Erlöschen der Übungsbereitschaft.
- Beim Einprägen muss auf die verschiedenen Vorstellungstypen der Kinder Rücksicht genommen werden – visuell, akustisch, motorisch – indem Auge und Ohr, Sprechen und Bewegung, wo immer es möglich ist, beteiligt werden.
- Schleichen sich mit der Übung Fehler ein, ohne sofort korrigiert zu werden, so werden sie im Verlauf des weiteren

Übens bestärkt und beeinträchtigen den Lernerfolg oder heben ihn auf.

- Kinder, die schnell lernen, vergessen oft schneller als Kinder, die langsam lernen. »Wer schnell lernt, vergisst auch schnell!« Das rasche Lernen hat keinen vorteilhaften Einfluss auf das dauernde Behalten.
- Es ist verkehrt, den natürlichen Entwicklungsrhythmus durch forciertes Üben beschleunigen zu wollen. Die Vertiefungsphasen mit scheinbarem Stillstand des Lernfortschritts müssen beachtet werden.
- Übungsfähigkeit und Übungsfertigkeit nehmen mit zunehmendem Alter ab. Im Allgemeinen lernen Kinder langsamer als Erwachsene, behalten aber das Gelernte besser.

Zum erfolgreichen Lernen gehört z.B. auch, sich rasch im Wörterbuch oder Lexikon orientieren zu können. Je früher und je systematischer dies Kinder in spielerischer Form im Unterricht einüben und anwenden, umso größer wird die Sicherheit beim Schreiben. Falls Sie als Eltern merken, dass es versäumt wird, so sollten Sie die Lehrerin oder den Lehrer darauf hinweisen.

Nachschlagewerke, Lexika, geschichtliche, technische, naturwissenschaftliche oder historische multimediale Programme für den Computer, wie z.B. Encarta (Microsoft), LexiRom oder Löwenzahn-Kinderlexikon (tercio) für 6- bis 14-Jährige u.a., zur Verfügung stellen und den Umgang damit üben.

Sind mangelnde Aufmerksamkeit und Konzentration das Problem?

Arbeitet ein Kind überhastet, unreflektiert und kontrolliert es seine Aufgaben nicht, so kann es seinen vielfältigen schulischen und häuslichen Anforderungen nicht nachkommen. Unkonzentriertes Arbeiten und fehlendes Verständnis der Aufgabenstellungen führen zu anhaltenden Misserfolgen und Versagen. »ADS«, »Hyperaktivität« oder »hyperkinetisches Syndrom« sind einige der neuen Schlagwörter.

Dabei gibt es viele Gründe, warum sich heute Kinder immer leichter ablenken lassen und sich nicht über einen längeren Zeitraum konzentrieren können. Da gibt es die Hektik des Alltags, den großen Medienkonsum mit seiner Reizüberflutung, die fehlende Muße, Über- oder Unterforderung im Unterricht oder zu Hause, die Angst vor bestimmten Personen (Lehrern, Eltern, MitschülerInnen) ... Manche Kinder haben ein negatives Selbstbild (»Ich kann ja sowieso nichts!«), leiden unter dem Gefühl, von den Eltern abgelehnt zu werden oder weniger wert als die vermeintlich erfolgreicheren Geschwister zu sein. Und sicherlich gibt es auch im sehr seltenen Einzelfall einmal organische Gründe, denen jedoch sehr sorgfältig nachgegangen werden sollte, wie zum Beispiel der amerikanische Arzt S. Walker in seinem Buch »The Hyperactivity Hoax« (1998) ausführt. Leider muss festgestellt werden, dass einfache Ursachenlösungsversprechen immer wieder große Aufmerksamkeit finden, zumal wenn die Lobby der Pharmaindustrie dahinter steht. Wie bereits in den 70er-Jahren müssen wir leider feststellen, dass ohne intensive Abklärung viel zu viele Kinder mit den unter das Betäubungsmittelgesetz fallenden Psychostimulanzien oder Antidepressiva behandelt werden, obwohl ihre Langzeitwirkungen und Effektivität noch weitgehend ungeklärt und umstritten sind (Amft u.a. 2002). Die im Internet abrufbare achtseitige Fachinformation des Herstellers Ritalin (Novartis Pharma) stellt fest, dass das Medikament nur »als Teil eines umfassenden Therapieprogramms (indiziert ist), zu dem typischerweise auch psychologische, erzieherische und soziale Behandlungsmassnahmen gehören, mit dem Ziel, auffälliges Verhalten von Kindern mit folgenden Charakteristika zu stabilisieren: mäßige bis starke Ablenkbarkeit, rasch nachlassende Aufmerksamkeit, Hyperaktivität (nicht immer vorhanden), emotionale Labilität und Impulsivität«.

Bevor Eltern sich für die Medikamentenlösung entscheiden, sollten sie sich überlegen, aus welchem »gewichtigen Grund«, wie Bettelheim (1994, S. 89) sagt, ihr Kind ein solches Verhalten brauchen könnte. Das bedeutet, dass Eltern lernen müssen, ungünstige Bedingungen zu verändern. Hilfreich ist dabei die Unterstützung von Fachleuten im Rahmen einer Familientherapie. Häufig sind auch Veränderungen im schulischen Umfeld nötig, um Entlastung zu bringen. Besonders erfolgreich haben sich verhaltenstherapeutisch ausgerichtete Therapiekonzepte gezeigt (Armstrong 1997, Döpfner/Schürmann/Frölich 1998; Schiffer/Schiffer 2002; Voß 2000).

? Was benötigen Kinder mit Konzentrationsschwierigkeiten?

- Viel Zuwendung und das Gefühl, geliebt zu werden,
- Hilfen zur Entspannung und Bewegung (s. Kapitel 12),
- Unterstützung bei der Organisation ihres Lernens,
- regelmäßige Pausen beim Lernen,
- Ausschalten von Ablenkungen und Reizüberflutung,
- Wissen, wie Fehler vermieden werden können,
- Aussichten auf Erfolg in ihrem Handeln,
- gezielte Unterstützung in schulischen Problembereichen.

LESE-TIPPS

Da es sich hier jedoch insgesamt um ein ähnlich komplexes Problem von Ursachen, Erscheinungsformen und Hilfsmöglichkeiten wie bei Lernstörungen handelt, sollten Sie sich im Internet unter den Suchbegriffen *Ritalin* oder *Hyperaktivität* informieren, was allerdings zeitaufwändig, aber auch spannend ist.

- Amft, H./Gerspach, M./Mattner, D.: Kinder mit gestörter Aufmerksamkeit. ADS als Herausforderung für Pädagogik und Therapie. Kohlhammer, Stuttgart 2002
- Armstrong, T.: The Myth of the A.D.D.Child. 50 Ways to Improve Your Child's Behavior and Attention Span Without Drugs, Labels or Coercion. Plume Book, Penguin, New York, 1997
- Bettelheim, B.: Ein Leben für Kinder. dtv, München (vergriffen)
- Bornhaupt, B. von/Hurrelmann, K.: Kinder im Stress! Beltz, Weinheim 1991
- Döpfner, M./Schürmann, St./Frölich, J.: Therapieprogramm für Kinder mit hyperkinetischem und oppositionellen Problemverhalten THOP. Beltz Psychologie Verlags Union, Weinheim 1998, 2. korr. Aufl.
- Kret, E.: Verhaltensauffälligkeit, was tun? Arbeitshandbuch für Schule und Familie. Veritas, Linz 1998, 2. Aufl.
- Schiffer, E./Schiffer, H.: Nachdenken über Zappelphilipp – ADS: Beweg-Gründe und Hilfen. Beltz, Weinheim 2002
- Voß, R./Wirtz, R.: Keine Pillen für den Zappelphilipp. Alternativen im Umgang mit unruhigen Kindern. rororo, Reinbek 2000
- Voß, R. (Hrsg.): Verhaltensauffällige Kinder in Schule und Familie. Neue Lösungen oder alte Rezepte? Luchterhand, Neuwied 2000
- Wagner, I.: Aufmerksamkeitstraining mit impulsiven Kindern. Klotz, Eschborn 2001, 8. Aufl.

Als Kinderbuch aus der Feder einer betroffenen Mutter

- Rusch, R.: Zappelhannes. Beltz, Weinheim 1997

Was hilft zur besseren Zeitplanung?

LehrerInnen sollten mehr berücksichtigen, dass Kinder unterschiedlich lange für die Erledigung gleicher Aufgaben brauchen. Vor allem Kinder und Jugendliche mit Schwierigkeiten beim Lernen brauchen Anleitung, um mit ihrer Zeit sinnvoll umzugehen, da sie sowieso weniger Freizeit als ihre MitschülerInnen haben. Die ansonsten von ihrer theoretischen Grundposition her umstrittenen Bayerischen LRS-Förderrichtlinien von 1999 legen erfreulicherweise fest, dass LRS-SchülerInnen »bei Proben, Schulaufgaben und Prüfungen in allen Fächern einen Zeitzuschlag bis zur Hälfte der regulären Arbeitszeit erhalten«.

Zum effektiven Lernen gehört z.B. das Führen eines Hausaufgabenheftes, Timers oder Blöckchens mit den entsprechenden Abkürzungen und Motivationshilfen (Durchstreichen nach Erledigung der Aufgabe, farblichem Absetzen wichtiger Termine/Arbeiten u.a.). Ein Tages- und Wochenplaner verschafft Übersicht, wann man was in welcher Zeit vorbereiten, üben oder erarbeiten sollte, um gut vorbereitet zu sein. Leider werden die Hausaufgaben auch oft weniger vom Biorhythmus oder der besten Lernzeit für ein Kind bestimmt, sondern von den Hortzeiten, den »Freizeit«-aktivitäten, der Fernsehserie oder »Terminen«.

Angi wird sich kaum auf die Hausaufgaben konzentrieren können, wenn sie weiß, dass ihre Freundin mit dem Skateboard wartet oder zur gleichen Zeit ihre »wichtige« Serie im Fernsehen läuft.

Je älter und selbstständiger die Kinder werden, umso wichtiger wird die Zeitplanung bei den Hausaufgaben, in der Vorbereitung auf Arbeiten und Durchführung langfristiger Projekte. Erfolgreiches Lernen hängt davon ab, ob der Stoff nach dem Erarbeiten in genügend Wiederholungsschleifen begriffen und gefestigt werden konnte.

Am Abend vor einer Arbeit, wie bei *Ilonka*, oder am gleichen Morgen nützt das Üben wenig, sondern wirkt eher störend. Wochenplanarbeit kann ein Zugang zum eigenverantwortlichen Lernen sein. Häufig wird jedoch im Unterricht fälschlicherweise vorausgesetzt, dass Kinder dieses Prinzip ohne gezielte Einführung beherrschen.

Wann die Schulaufgaben am besten zu erledigen sind, lässt sich nicht generell klären. Die Antwort wird je nach Lerntyp und Tagesrhythmus sehr unterschiedlich ausfallen. Manche Kinder brauchen nach der Schule erst eine Phase des Abschaltens, andere jedoch sind noch so konzentrationsfähig, dass sie sie direkt erledigen möchten.

Eines sollte auf jeden Fall generell gelten: Computerspiele und Fernsehen sind erst nach dem Erledigen der Hausaufgaben erlaubt!

- Mithilfe eines Kurses/Arbeitsbuchs den eigenen Lerntyp und geeignete Strategien des Lernens und Übens kennen lernen und ausprobieren.
- Eine Zeit lang gemeinsam mit dem Kind in einer Tabelle genau Buch führen über den Tagesablauf. Kinder wundern sich dann oft, wie subjektiv ihre eigene Zeiteinschätzung ist. Ungeliebte Tätigkeiten dauern in ihrer Vorstellung ewig, Zeiten für ihre Lieblingsbeschäftigungen vergehen im Flug.
- Tagesablauf neu planen, abgestimmt auf den eigenen Lerntyp und Zeitrhythmus.
- Ausprobieren, in welcher Reihenfolge die Aufgabenerledigung am günstigsten ist und mit dem Unangenehmsten oder Leichtesten beginnen, dabei nie verschiedene Sprachen hintereinander üben (vgl. Ranschburgsche Hemmung, S. 219.).
- Sich für Erfolge belohnen.
- Fällt das Durchhalten schwer, mit den Eltern Verträge mit Belohnung abschließen.

Für wen lernt Ihr Kind?

Sicherlich ist es oft einfacher und schneller, Fragen von Kindern sofort zu beantworten (z.B. »Wie schreibt man …?« oder »Wo finde ich …?«). Langfristig profitiert ein Kind aber mehr davon, wenn es die Verantwortung selbst übernimmt und lernt, sich selbst zu helfen, z.B. durch Nachschlagen im Wörterbuch, Sachregister oder Lexikon. Das muss allerdings rasch und ökonomisch gehen und ist ohne Übung nicht zu erreichen. Es lässt sich in spielerischer Form gut anhand der Interessengebiete und Hobbys trainieren.

Spiele wie »Das verrückte Lexikonspiel« (Noris, Fürth) oder das Suchen nach Begriffen im Wörterbuch oder Lexikon erleichtern das Zurechtfinden im Wörterbuch/Lexikon. Solche Spiele kann die ganze Familie spielen.

Macht Nachhilfe unselbstständig?

Diese Gefahr besteht bei langfristiger Nachhilfe. Das Kind schaltet dann im Unterricht ab, da es sich darauf verlässt, dass zu Hause jemand den Stoff erklärt. Ein Trugschluss! So werden wichtige Informationsdetails versäumt, die sich spätestens bei den Arbeiten rächen – ganz abgesehen von der fehlenden mündlichen Mitarbeit, die in allen Fächern ein wesentlicher Bestandteil der Notengebung ist.

Kinder sollen ihre Informationen möglichst selbstständig beschaffen und eine wissbegierige Fragehaltung entwickeln – wie sie sie ja meist in der Vorschulzeit hatten und dann verloren haben.

Es ist immer sinnvoller, im Unterricht nachzufragen, wenn man etwas nicht versteht, als zu Hause erst lange zu überlegen und im Zweifelsfalle das Falsche zu machen.

Fazit

Kinder, vor allem die mit Schwierigkeiten beim Lernen, brauchen Hilfen zur Organisation des Lernens und Arbeitens besonders nötig, um Freude am Lernen und Erfolge zu gewinnen.

Der Unterschied zwischen Erfolgreichen und Versagern liegt zum Teil darin, dass Letztere die falschen Lerntechniken anwenden, nie daran, dass sie nicht lernen wollen. Wie überall im Leben so gilt auch hier »Gewusst wie!«.

Wo finden Eltern Rat?

Für SchülerInnen der Sekundarstufen und fürs Studium gibt es vielfältige Lerntechnik- und Arbeitsmethodikbücher und -programme. Einige Titel sind im Anhang aufgeführt. Von Volkshochschulen, privaten und öffentlichen Institutionen und Verbänden werden an vielen Orten solche Kurse angeboten, manchmal auch in Verbindung mit Urlaub, wie z.B. vom Studienhaus St. Blasien. Ob ein Angebot etwas taugt, lässt sich oft nur durch genaues Lesen der Unterlagen und Nachfrage bei früheren TeilnehmerInnen in Erfahrung bringen. Vorsicht ist besonders geboten, da sich in diesem Markt auch Sekten tummeln bzw. inzwischen leider auch kirchliche Einrichtungen und Volkshochschulen dem Kinesiologie- und NLP-Trend frönen.

Für Kinder im Grundschulalter gab es bisher vor allem kinesiologische »Lerngymnastik«-Trainer, deren Problematik bereits angesprochen wurde. In der Schweiz hat die Interkantonale

Lehrmittelzentrale des Kantons Zürich für SchülerInnen der 3.–5. Klasse jetzt ein sehr sinnvolles Lernmethodikheft herausgegeben, natürlich mit schweizerischen Begriffen und ohne /ß/: Hinnen, H.: Ich lerne lernen 3.–5. Klasse. Lehrmittelverlag des Kantons Zürich. Zürich 2000.

LESE-TIPPS

- Bornhaupt, B. von/Hurrelmann, K.: Kinder im Streß?! Ein Ratgeber für die Lebensprobleme der 6- bis 16jährigen. Beltz Verlag, Weinheim 1991
- Endres, W. u.a.: Lernen mit Kniff und Pfiff. Kleine Lernmethodik für Schüler von 9 bis 13 Jahren. Beltz, Weinheim, 7. Auflage, 1995
- Endres, W. u.a.: So macht Lernen Spaß. Praktische Lerntips für Schüler und Schülerinnen. 11–16 Jahre. Beltz Verlag, Weinheim, 14. unveränderte Auflage, 1996
- Endres, W.: Nie wieder Pauken. 99 starke Lerntipps. Beltz, Weinheim 2001 (Neuausgabe)
- Kampwerth, K.: Klassenbeste(r) in 4 Wochen. Thienemann, Stuttgart 2002
- Kowalczyk, W./Ottich, K.: Schülern auf die Sprünge helfen. Lern- und Arbeitstechniken für den Schulerfolg. rororo, Reinbek 1995
- Müller, H.-J./Müller, I.: Das Üben üben. Mehr Spaß – mehr Erfolg. 5. bis 7. Schuljahr. Schroedel, Hannover 1993
- Reuthner, St.: Jeden Tag ein bisschen besser Lernen. So geht's. 7./8. Schuljahr. Cornelsen, Berlin 2000
- Schräder-Naef, R.: Der Lern-Trainer für die Oberstufe. Beltz, Weinheim 1996
- Vester, F.: Denken, Lernen, Vergessen. dtv, München, 23. überarb. Auflage, 1996

Die beiden folgenden Materialien verbinden Lern- und Entspannungsübungen:

Richter, W./Pieritz, R.: Keine Angst vor Klassenarbeiten. Ein Übungsprogramm mit Tonkassette. Ab 12 Jahre. Beltz, Weinheim, 5. Auflage, 1995
Die Hörkassette mit dem gleich lautenden Text in Heftform verbindet Entspannungsübungen in Anlehnung an das Jacobson'sche Entspannungskonzept mit Fallbeispielen als Trainingsprogramm.

Teml, H.: Zielbewußt üben – erfolgreich lernen. Lerntechniken und Entspannungsübungen für Schüler. Veritas, Linz 1989

12. Das tut gut! – Hilfen zur An- und Entspannung

Das Problem mit den Pillen

Immer häufiger klagen Eltern und LehrerInnen über leicht abgelenkte, desinteressierte, hyperaktive und unkonzentrierte Kinder.

Statt nach den Ursachen im häuslichen und schulischen Umfeld zu suchen, werden heute, wie bereits im letzten Kapitel erwähnt, allzu schnell Medikamente verschrieben, deren genaue Wirkung und Langzeiteffekte bisher weitgehend ungeklärt sind.

In den USA, woher diese »schnelle Lösung« kommt, mehren sich inzwischen die kritischen, warnenden Stimmen aus der Ärzteschaft. Ich bin mit Döpfner und seinen KollegInnen der Klinik für Psychiatrie und Psychotherapie des Kinder- und Jugendalters der Universität Köln (1999) der Meinung, dass zunächst alle andere Maßnahmen und Therapieformen versucht werden sollten, bevor bei »sehr stark ausgeprägten hyperkinetischen Auffälligkeiten und dadurch erheblichen Problemen in der Schule eine medikamentöse Therapie sinnvoll ist« (Döpfner 1999, S. 79).

Eltern sollten sich sorgfältig informieren und ggf. auch mit anderen Betroffenen austauschen. Das Internet bietet hierzu ein gutes, allerdings riesiges Forum, zumal sich hier auch die Herstellerfirmen ausführlich äußern.

Wenn keine Pillen, was dann?

Entspannungsübungen, verhaltenstherapeutische Programme, pädagogische und psychotherapeutische Maßnahmen, Aufarbeitung der fehlenden schulischen Lernschritte sowie Veränderungen innerhalb der Familie sind einige der möglichen Hilfen. Manchmal können schon einfache Hausmittel in Form von Kräutertees (z.B. Rosmarintee) oder weniger Süßigkeiten die Konzentrationsfähigkeit unterstützen, wie der österreichische Naturheilarzt Erich Rauch über die Behandlung unruhiger Kinder berichtet (1994, S. 149).

Zangerle (2000) beobachtet mit Sorge die Flucht vieler Eltern und LehrerInnen zu wissenschaftlich umstrittenen Verfahren zur Konzentrationssteigerung, wie z.B. die Anwendung von NLP oder kinesiologischer Übungen im Unterricht, die inzwischen selbst in Unterrichtsmaterialien zu finden sind.

Einige Beispiele aus dem Alltag:

> Ihre Tochter kommt aus der Schule. Sie sehen ihr schon von weitem an, dass die Deutscharbeit wohl wieder danebengegangen ist. Sie nehmen sich vor, diesmal nicht gleich loszuschimpfen, sondern ruhig zu bleiben. Doch als Sie das Heft mit den vielen rot markierten Fehlern in Händen halten, lassen Sie Ihr Kind Ihre Enttäuschung mit Worten und Mimik spüren. Hinterher ärgern Sie sich über sich, denn es ist Ihnen ja klar, dass Ihr Kind viel stärker als Sie unter seinen Schwierigkeiten leidet. Wären Ihnen Entspannungsübungen vertraut gewesen, so hätten Sie Ihrem Kind und sich eine Menge Stress ersparen können. Sie hätten tief durchgeatmet, um Ihren Kopf frei zu bekommen und zur inneren Ruhe zu finden. Dann hätten Sie versucht, Ihre negativen Gefühle zur Arbeit durch eine positive Haltung gegenüber Ihrem Kind auszugleichen.

Patrick schreibt heute eine Englischarbeit. Bis kurz vor der Arbeit hatte er eigentlich ein ganz gutes Gefühl. Er hatte seine Vokabeln gelernt, sie regelmäßig mit seiner Kartei wiederholt, die Grammatik saß auch ganz gut und plötzlich ist absolute Leere im Gehirn, alles wie weggeblasen! Sein ungutes Gefühl bestätigt sich dann auch im Ergebnis. Seinem Freund *Jan* ging es zu Beginn der Stunde ähnlich, doch konnte er sich rasch von seinen negativen Gedanken befreien und sie durch positive ersetzen: »Ich schaffe es. Ich habe mich gut vorbereitet ...« Ihre Wirkung unterstützte er durch einige Übungen der »Progressiven Muskelentspannung« nach Jacobson (Ohm 2000). Der Lernstoff wurde überschaubar, *Jan* wurde ruhiger und konnte die Arbeit zu seiner eigenen Zufriedenheit beenden.

Was können Entspannungsübungen bewirken?

Entspannungstechniken sind natürlich weder ein Allheilmittel noch eine Wunderdroge. Sie können keine Krankheiten »heilen« oder fehlende Einsichten in Lernprozesse, z.B. beim Lesen, (Recht-)Schreiben oder Rechnen, vermitteln. Aber Angst macht dumm, sagt das Sprichwort zu Recht. Stresssymptome wie gehäufte Fehleranzahl gegen Ende einer Arbeit, Blackout beim Vokabeltest oder in der Mathematikarbeit, Flimmern vor den Augen oder Atemnot beim Vorlesen können jedoch vermieden oder abgebaut werden. Entspannungstechniken können helfen, Verspannungen zu lösen, die innere Bereitschaft und Einstellung zum Leben und Lernen zu verändern. So werden Lernerfolge ermöglicht und schwierige Situationen besser bewältigt, verkrampfte Körperpartien – vor allem im Kopf- und Nacken-Schulter-Bereich – gelockert und negative Gedanken losgelassen.

Statt mit Medikamenten sollten sich Eltern bei Schulangst, Denkblockaden, inneren Verspannungen, Nervosität, Schlafstörungen, Hyperaktivität oder anderen körperlichen oder seelischen Symptomen ihres Kindes zunächst einmal bemühen, mehr Ruhe und einen gleichmäßigen Tagesrhythmus im Leben ihres Kindes zu schaffen, einen Kurs in Entspannungsübungen besuchen oder Grundübungen des autogenen Trainings auszuprobieren. Vielleicht verhelfen sie Ihrem Kind so zum besseren Umgang mit Stress, zu einer gelasseneren Einstellung zum Leben und wecken durch Fantasiegeschichten oder -reisen und Malen sein kreatives Potenzial.

Dazu gehört auch das »Lernen im entspannten Feld«, bei dem z.B. Fremdsprachen in Verbindung mit Entspannungsübungen und geeigneter Musik unter dem Schlagwort »Superlearning« angeboten werden (siehe Kapitel 11).

Sinnvoll ist es, wenn Ihr Kind solche Übungen regelmäßig in seine Hausaufgaben einbaut, denn nur dann sind sie im Ernstfall während der Arbeit auch abrufbar. Inzwischen bauen einige LehrerInnen Entspannungsübungen in den Schulalltag ein, weil sich gezeigt hat, dass sie zur Konzentrations- und Leistungssteigerung führen und die Lernfähigkeit verbessern. Die KollegInnen, die kurze Ruhephasen oder Entspannungsübungen in ihre Diktate einbauen, haben festgestellt, dass gerade die schwachen Rechtschreiber deutlich weniger Fehler machen (Scharer 1998).

Vielleicht informieren Sie sich selbst anhand eines Kurses oder eines Buchs über die verschiedenen Verfahren und probieren sie selbst einmal aus, vielleicht zusammen mit Ihrem Kind.

✔ Tipps für entspanntes Lernen

Bevor Ihr Kind seine Hausaufgaben oder zusätzliche Übungen beginnt, sollte sicher sein, dass es körperlich in bestmöglicher Form ist. Wie sagten schon die alten Lateiner: gesunder Geist in gesundem Körper. Was könnte helfen?

- ✔ Grundsätzlich sollte der Fernseher oder der Computer erst nach den Hausaufgaben angeschaltet werden!
- ✔ Ein paar Runden mit dem Fahrrad oder den Rollerskates an der frischen Luft erleichtern das Lernen!
- ✔ Seilspringen ist eine gute Lockerungs- und Koordinationsübung, obwohl es zunächst manchem Kind schwer fällt. Ihr Kind kann es aber in kleinen Schritten lernen.
- ✔ Zur Vorbereitung kann auch helfen: sanfte Musik anstellen, bequem aufs Bett legen, Augen schließen, tief einatmen und dabei an etwas Schönes denken. Man kann z.B. auf eine Fantasiereise gehen oder sich vorstellen – wie es oft auf Kassetten zur Entspannung angeboten wird –, auf einer grünen Wiese im Sonnenschein zu liegen, das Gras zu riechen, die Vögel zwitschern zu hören und sich am Leben zu erfreuen.
- ✔ Noch ein weiterer Vorschlag: 5 Minuten Bewegung – mit Musik oder ohne – zur Entspannung, vor allem des Kopf- und Schulter-Nacken-Bereichs, der bei Stress am meisten in Mitleidenschaft gezogen wird. Jede Übung ca. 5- bis 10-mal. Hier einige Übungen zur Auswahl:
  - Zunächst kurz auf der Stelle laufen, dann die Beine nach hinten zum Po hin abwechselnd ziehen, danach Knie zur Brust und anschließend ausschütteln.
  - Jetzt die Arme mehrmals wie Flügel ausbreiten und über die Körpermitte zurückfallen lassen.
  - Danach abwechselnd die Knie zur Brust ziehen. Das Gleiche geht auch mit Abwechslung: linkes Knie zum rechten Ellbogen, rechtes Knie zum linken.
  - Auf die Fußspitzen stellen und abwechselnd mit gestreckten Armen ganz lang machen, danach kräftig die Arme ausschütteln.
  - Schultern hochziehen und langsam kreisen lassen, abwechselnd nach vorn und hinten.

Antistressübungen für Klassenarbeiten

- Versuche ruhig und gleichmäßig zu atmen! Schließe dabei die Augen!
- Ist dein Nacken verspannt, so ziehe die Schultern hoch und lasse sie kreisen!
- Wippe mit den Füßen, das regt die Durchblutung an!
- Balle deine Hände zur Faust, zähle leise bis sieben, schüttle sie anschließend aus!
- Ändere deine Körperhaltung und richte dich zwischendurch kurz auf!
- Reibe dein Ohrläppchen oder die Nase, um die Durchblutung anzuregen!
- Verdränge deine Nervosität mit einem Glücksstein oder Talismann, der beruhigend wirkt!
- Denke positiv: »Ich schaff's!«, »Diesmal geht's besser!«, statt negativ: »Das kann ich ja sowieso nicht!«
- Vergiss nicht, ordentlich zu frühstücken!

LESE-TIPPS

- Friedrich, S./Friebel, V. (Hrsg): Ruhig und entspannt. Körperübungen, Entspannungstechniken, Meditation und Fantasiereisen für Kinder. rororo, Reinbek 1998
- Holsonback-Windmolders, A./ Timmers, L.: Affentrab und Hasensprung. Ein Bewegungsbuch für Kinder. Gerstenberg, Hildesheim 1997
- Kowalczyk, W./Ottich, K.: Schülern auf die Sprünge helfen. rororo, Reinbek 1995
- Maier, U. (Hrsg.): Streßbewältigung. Unterrichtshilfe für Kinder im Grundschulalter. Hessische Arbeitsgemeinschaft für Gesundheitserziehung, Marburg 1995

- Manteufel, E./Seeger, N.: Selbsterfahrung mit Kindern und Jugendlichen. Kösel, München 1992
- Nitsch, C./Prigent, A.: Geschichten, die Kinder kreativ und glücklich machen. Phantasiereisen zum Vorlesen und Weiterspinnen. Mosaik, München 1997
- Ohm, D.: Progressive Relaxation für Kids. Trias, Stuttgart 2000
- Richter, W./Pieritz, R.: Keine Angst vor Klassenarbeiten. Ein Übungsprogramm mit Tonkassette. Beltz, Weinheim 1996
- Teml, H.: Entspannt lernen. Stressabbau, Lernförderung und ganzheitliche Erziehung. Veritas Verlag, Linz 1989

Teil IV: Therapeutische Hilfe

wir hatten zufiel Hausaufgaben auf.
~~son~~ meine alte lehrerin hat so fil benotet.
sie hat so viel gemäkert.
sie hat ~~stolen~~ mych angeschissen.
sie war unfär.
Meine Schwester ärgert mich.
Dann hau ich sie, dann grieg ich den Ärger.
Mich nerft es das ich immer angeschrihen werde. Mich nerft es daß ich lesen mus.
Meine Eltern sagen mach die mach das mach jenes und dann sagen sie ich wäre faul.

(Simone, 10)

13. Professionelle Hilfe wird notwendig

In der Einleitung wurde darauf hingewiesen, dass dieser Band vorbeugende Maßnahmen und Hilfen zur frühzeitigen häuslichen Unterstützung bei verlangsamter Lese- und Schreibentwicklung sowie Hinweise zu Rechenproblemen geben will, keinesfalls aber als Trainingsprogramm gedacht ist. Es wurde bereits ausführlich auf die schulrechtlichen Bestimmungen und schulischen Fördermaßnahmen eingegangen. Auch wenn es manche LehrerInnen nicht wahrhaben wollen, in allen Bundesländern haben Kinder mit Problemen beim Schriftspracherwerb und – in einigen – beim Rechnen Anspruch auf Hilfe und es gibt keine unterschiedlichen Qualitäten von Fehlern!

Haben LehrerInnen zu wenig Verständnis für die Schwierigkeiten mancher Kinder beim Erwerb der grundlegenden Fertigkeiten und vertrösten sie beunruhigte Eltern, dass sich die Schwierigkeiten von selbst auswachsen, so lassen sie wichtige Entwicklungsphasen ungenützt verstreichen. Ebenso verhängnisvoll kann es sein, wenn sie dafür Erklärungen am Kind festmachen: Es sei faul, wolle nicht lernen, sei desinteressiert, unruhig … bis hin zu: Es gehöre in die Sonderschule.

Ein Kind merkt sehr wohl, wenn es abgelehnt wird und keinen Erfolg beim Lernen hat. Damit verstärken sich seine Probleme und beeinträchtigen das Selbstwertgefühl und die Gesundheit. Spätestens jetzt sollte unbedingt Rat bei Fachleuten eingeholt werden. Einige alarmierende Auffälligkeiten können Vermeiden, Schwindeln, Vergessen von Hausaufgaben, gesteigerte Unruhe, Konzentrationsschwierigkeiten, Bauch- oder Kopfschmerzen, Rückzug von Freunden u.a. sein, auf die bereits in der Einleitung hingewiesen wurde.

Wann hilft eine Beratung?

Oft helfen bereits Gespräche mit einer neutralen Stelle, bei der Eltern und das betroffene Kind über ihre Belastungen sprechen können und eine Analyse des Lernstandes erfolgt. Eltern suchen Klärung, ob ihre Einschätzung der Schwierigkeiten richtig war oder ob es sich um normale Entwicklungsschritte handelt. Dies gehört zu den Aufgaben der Schulpsychologischen Dienste und Erziehungsberatungsstellen inner- und außerhalb der Schulen. Diese Stellen führen allerdings keine Therapien durch, sondern beraten Eltern und SchülerInnen.

Stehen Sorgen um den Rückstand eines Kindes in der Lernentwicklung im Vordergrund, würde ich den Rat einer darauf spezialisierten Therapieeinrichtung suchen. PsychologInnen und ÄrztInnen fehlt in der Regel die entsprechende Ausbildung dafür.

In der Beratung mit Erziehungsberechtigten und Kind erscheint es uns wichtig zusammenzutragen, was das Kind bereits an Einsichten in Lernprozesse erworben hat, bevor in der kindlichen Entwicklungs- und Lerngeschichte nach Gründen für Probleme gesucht wird. Im Mittelpunkt der Beratung steht natürlich die Analyse des Entwicklungsstands im betroffenen Lernbereich. In die Analyse wird u.a. ein vom Kind verfasster Brief einbezogen, in dem es schreibt, was es mag und hasst, wie z.B. *Marc* in dem Beispiel auf S. 274.

Hilfestellungen und Anregungen zur Selbsthilfe sind Bestandteil der Beratung. Fast immer sind Informationen nötig über die rechtlichen Rahmenbedingungen und ihre schulischen Konsequenzen.

Die Sorge, dass eine Beratungsstelle die Schwierigkeiten Ihres Kindes aus Geschäftssinn vielleicht dramatisieren könnte, besteht bei seriösen Einrichtungen nicht, da eher Wartezeiten für einen Therapieplatz die Regel sind.

Selbstverständlich sollten Sie Ihr Kind auch ärztlich untersuchen lassen, um abzuklären, ob irgendwelche organische Störungen oder verschleppte Krankheiten Mitverursacher für die

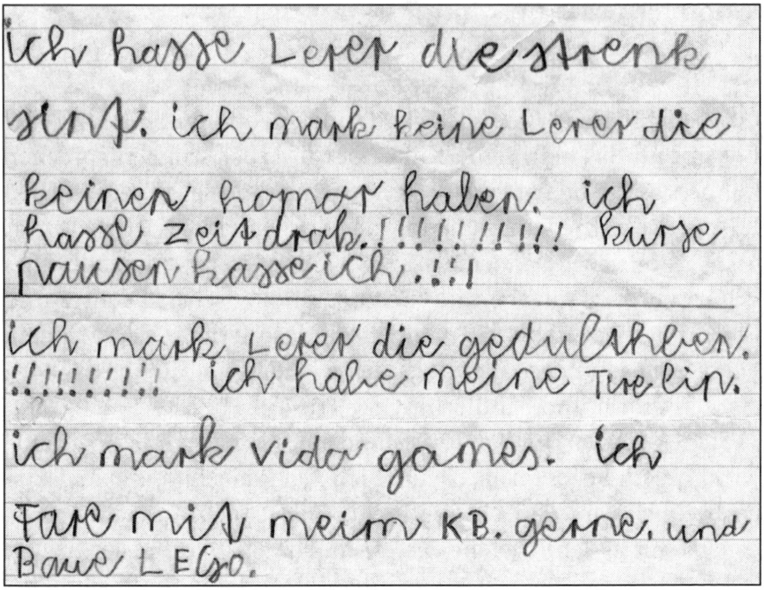
ich hasse Lerer die strenk
sint. ich mark keine Lerer die
keinen homor haben. ich
hasse zeitdrak.!!!!!!!!! kurse
pausen hasse ich.!!!
ich mark Lerer die gedulthben.
!!!!!!!!! ich habe meine Ture lin.
ich mark vido games. ich
Fare mit meim KB. gerne. und
Baue LEGO.

Marcs Brief

schulischen Schwierigkeiten sein könnten. Dazu gehört immer die Überprüfung des Hör- und Sehvermögens und im Einzelfall der Sprachentwicklung. Falls die Familie und das Kind großen seelischen Belastungen ausgesetzt ist (Unfälle, Trennungen, Scheidung u.a.), sollte in einer psychologischen oder kinderpsychiatrischen Praxis Rat und Hilfe gesucht werden.

Da ein Kind kaum mehrere Therapien gleichzeitig bewältigen kann, muss dort angesetzt werden, wo die Probleme am größten sind. Allerdings ist darauf zu achten, dass z.B. bei einer Familien- oder Spieltherapie die gestörten Lernprozesse nicht bagatellisiert werden und unbehandelt bleiben. Dies kann im Einzelfall für die schulische Karriere eines Kindes gravierende Folgen haben. Aus diesem Anliegen heraus hat sich als Kombinationstherapie die »Integrative Psycho- und Lerntherapie« entwickelt.

Ein Beispiel für eine Beratung

Ein typischer Anruf: »Meine Tochter leidet unter Konzentrations- und Wahrnehmungsstörungen. Bieten Sie Therapien an?« Rückfrage: »Was hat Ihr Kind denn?« »Sie hat große Probleme in Deutsch und macht nicht mehr mit, deshalb waren wir von der Deutschlehrerin zur Kinder- und Jugendpsychiatrie geschickt worden. Sie wurde dort intensiv getestet.« »Warum hat sie die Lehrerin dorthin geschickt?« »Weil sie auf einem Kongress gehört habe, dass das etwas Medizinisches sei und eine Krankheit.« »In welche Klasse geht denn Ihre Tochter?« »In die sechste Klasse. Sie schreibt in Deutsch und Englisch nur Fünfen und Sechsen und es geht ihr schlecht.« »Warum wird Ihre Tochter denn in Deutsch und Englisch benotet? Sie fällt doch unter den LRS-Erlass.« »Was ist das? Davon habe ich noch nie gehört. Die Lehrer sagen, sie gehört nicht ins Gymnasium, und wenn ich den Psychologen richtig verstanden habe, ist meine Tochter ja irgendwie behindert.« In der Beratung mit Mutter und Tochter, unter Einbezug schulischer Unterlagen und freier Texte, stellt sich heraus, dass in der Grundschule nur vorgeübte Diktate geschrieben wurden, die *Anja* mit ihrem guten visuellen Gedächtnis und aufgrund intensiven Übens auswendig gelernt hatte. Erst nach dem Lehrer- und Schulwechsel wurde ihr wahrer Stand in der Beherrschung der Schriftsprache deutlich. Die Analyse ihrer Arbeiten, Haushefte und freien Texte zeigt, dass sie versucht, das Gehörte möglichst lautgetreu zu verschriften, was sehr fehlerträchtig ist. Einige Beispiele: »mechtig, lengt, Könich«. Sie hat sich eine bei vielen Kindern anzutreffende, aber falsche Regel über die Dehnung und Kürzung angeeignet: »Was ich lang höre, muss ich lang schreiben.« Dabei hat sie die Aufmerksamkeit auf den Konsonanten statt auf den Vokal gelegt. Außerdem hat sie – fälschlicherweise – gelernt, dass sie immer klatschen soll, um zu hören, ob ein oder zwei Mitlaute kommen. Das erklärt dann Schreibungen wie »dehn-nen« oder »wen-nig« oder »vor-rüber«. Die Mutter hat bei der Untersuchung im Krankenhaus erfahren, dass *Anja* unter einer auditiven Wahrnehmungsstörung leide, weil sie d-t und g-k nicht unterscheiden könne. Die Analyse zeigt aber, dass sie nur das Prinzip der Wortfamilie und der Verlängerung nicht kennt und deshalb »Glüg« und »stant« schreibt. Es beruhigt die Mutter, als sie merkt, dass es sich bei ihrer Tochter nicht um ein organisches Leiden, sondern um ein Lernproblem handelt, das durch Einsichten und regelmäßiges Üben mit ihren Problemwörtern in Sätzen aufgefangen werden kann. *Anja* erhält von uns Hinweise zum handschriftlichen Üben der englischen Vokabeln und Tipps zur Verbesserung der Lesetechnik und -geschwindigkeit. Die Schule verlangt noch ein Gutachten, damit die Benotung der Rechtschreibung in Arbeiten, die schlechter als ausreichend sind, ausgesetzt wird und *Anja* die Angst vor Fehlern in den Arbeiten verlieren kann.

Welche therapeutischen Qualifikationen sind notwendig?

Die therapeutischen Ansätze mögen verschieden sein, wichtig ist – neben der fachlichen Qualifikation – vor allem die Liebe zum Kind und der Glaube, dass es es schaffen kann, mit seinen Schwierigkeiten fertig zu werden. Da LRS jedoch zunächst einmal Störungen im Schriftspracherwerb sind, müssen alle TherapeutInnen auch in diesem Bereich qualifiziert sein, d.h., sie müssen den Nachweis eines Fachstudiums (Staatsexamen für Grundschule, Diplompädagogik mit Schwerpunkt Schule und da wiederum Erstlesen/Erstschreiben, Germanistik mit Schwerpunkt Schriftsprache) oder ähnliche Zusatzqualifikationen vorweisen. Um die Probleme, die im Zusammenhang mit Lern- und Leistungsstörungen entstehen, dauerhaft beheben zu können, sind neben fundiertem Wissen in den Grundlagen des betroffenen Lernbereichs auch psychologische und psychotherapeutische Qualifikationen nötig (Gesprächs-, Verhaltens-, Familien- und Spieltherapie, Entspannungstechniken, psychomotorische Kenntnisse u.a.). Eine Ergo- oder Motopädie kann dies nicht leisten.

Je nach persönlicher Entwicklungsgeschichte, Alter und Problem der betroffenen Kinder und Jugendlichen müssen individuell unterschiedliche Schwerpunkte in der Therapie gesetzt werden.

Checkliste für die Auswahl der Therapieeinrichtung

? Empfinden Ihr Kind und Sie die Atmosphäre der Praxis als angenehm und vertrauensvoll?

? Wie wirkt der Therapeut/die Therapeutin auf Ihr Kind (und Sie) und welche Qualifikationen liegen vor? (Vorsicht: Pädagoge oder Psychologe kann sich jeder nennen!)

? Ist für die Therapiedauer die gleiche Bezugsperson sichergestellt?

? Wie geht man mit Ihnen und Ihrem Kind um? Stehen die individuellen Probleme Ihres Kindes im Mittelpunkt der Therapie? Werden Sie als Eltern einbezogen?

? Ist die Kontaktaufnahme und Absprache mit den Lehrkräften Ihres Kindes vorgesehen?

? Welche Therapieform (einzeln, Gruppe) und inhaltliche Ausrichtung/Kombination (Psychotherapie, Lerntherapie, Spieltherapie, Psychagogik, autogenes Training, Motopädie ...) werden angeboten?

? Falls Grupentherapie vorgesehen ist: Nach welchen Kriterien wird die Größe und Auswahl getroffen?

? Sind in der Praxis vielfältige Materialien und Medien vorhanden, die auch eingesetzt werden?

? Wie viel Wochenstunden (45, 50, 60 Minuten, Einzel-, Doppelstunden) sind für Ihr Kind vorgesehen?
? Welche Stundenhonorar/Monatshonorare kommen auf Sie zu? Wie sind die Ferienzeiten geregelt? Müssen Sie langfristige Verträge abschließen?
? Wie lange wird die Therapie voraussichtlich dauern?
? Können Finanzierungszuschüsse vom Jugendamt, dem Arbeitgeber oder den Krankenkassen eingeplant werden?

? Wie finde ich die passende Einrichtung?

➪ Adressen von Beratungsstellen und therapeutischen Praxen finden Sie am besten über persönliche Empfehlungen. Erkundigen Sie sich im Bekanntenkreis. Sie glauben ja gar nicht, wie viele Familien ähnliche Probleme haben.
➪ Lassen Sie Ihr Kind in der Klasse/Schule bei MitschülerInnen und FreundInnen fragen, wer wohin »gern und mit Erfolg« zur Förderung geht.
➪ Versuchen Sie beim Gespräch mit LehrerInnen in Erfahrung zu bringen, ob sie Kinder im Unterricht haben, bei denen außerschulische Maßnahmen erfolgreich geholfen haben. Von hier bis zum Kontakt mit der entsprechenden Praxis ist meist ein kleiner Schritt.
➪ Erscheint Ihnen eine Anzeige in der Zeitung oder eine Werbebroschüre interessant, so vereinbaren Sie eine Beratung, in der Ihr Kind, Sie und eventuell die Familie die Atmosphäre der Praxis und das Know-how der TherapeutInnen kennen lernen können.

Was kostet eine Therapie?

Für außerschulische Fördermaßnahmen gibt es keine festen Honorarsätze, wie z.B. für ärztliche Leistungen. Eine qualifizierte integrative Psycho- und Lerntherapie, die fast immer eine Einzelmaßnahme sein muss, hat ihren Preis. Es kostet oftmals Mühe, Eltern davon zu überzeugen, dass ihnen die berufliche Zukunft ihres Kindes schon so viel wert sein sollte wie ihr Auto oder Kühlschrank!

Eltern sollten bei der Suche nach der geeigneten Kraft Wert auf eine solide wissenschaftliche Ausbildung an einer anerkannten Hochschule legen. Zusatzqualifikationen und kontinuierliche Weiterbildung sollten selbstverständlich sein.

In die Stundenhonorare fließen jedoch auch Leistungen ein, die zunächst nicht sichtbar sind, die die Qualität der Therapie aber prägen: intensive Beschäftigung mit Ihrem Kind in der Planung und Nachbereitung der Therapie, Berichte, Aufzeichnung der Therapieverläufe, vielfältige Materialien und Spiele. Das Stundenhonorar wird u.a. auch von den Mieten und Umlagen mitbestimmt, die regional sehr unterschiedlich sind. Zum Vergleich der Honorarkosten ist es wichtig zu wissen, ob die Ferien mitbezahlt oder nur die effektiv gehaltenen Stunden berechnet werden.

Und schließlich gibt es Unterschiede zwischen Einzel-, Zweier- oder Gruppentherapien. Der Fachverband für Integrative Lerntherapie geht von durchschnittlich 100 bis 150 Stunden für eine Einzeltherapie bei gravierenden Lese-, Rechtschreib- oder Rechenproblemen aus, für die zwischen DM 15.000 und 20.000 anzusetzen sind.

Wer übernimmt die Kosten einer Therapie?

Wünschenswert wäre es, wenn Deutschland eine ähnliche Kostenregelung hätte wie die Schweiz. Dort übernimmt die Invalidenversicherung in der Regel die Therapiekosten, sofern die Auffälligkeiten vor dem neunten Lebensjahr diagnostiziert und in Behandlung genommen werden.

Bei uns – wie fast überall sonst – müssen leider im Regelfall die Eltern die Kosten für außerschulische Hilfen selbst tragen. So bleibt oft als einzige Entlastung die Möglichkeit, die finanziellen Aufwendungen als außergewöhnliche Belastung steuerlich geltend zu machen. Bei gravierenden und umfassenden Lernstörungen mit Auswirkungen auf das Selbstwertgefühl kann die Kostenübernahme einer Therapie in Einzelfällen über das zuständige Sozialamt/Jugendamt nach dem Kinder- und Jugendhilfegesetz (KJHG) beantragt und abgerechnet werden (vgl. S. 111).

Was passiert in einer LRS-Therapie?

»Liebe, Hilfe von einem Menschen, der dafür ausgebildet worden war, Lernbehinderungen abzubauen, jede Stunde mit einem Erfolgserlebnis beenden und ein sicherer Ort« sind nach Mary MacCracken notwendig, um Kindern mit Schwierigkeiten beim Lesen-, Schreiben- und Rechnenlernen zu helfen. Auch wenn sich die therapeutischen Schulen und inhaltlichen Schwerpunkte unterscheiden, das Wesentliche ist die Liebe zum Kind, fachliche Kompetenz und der feste Glaube, dass es seine Schwierigkeiten meistern kann.

Wie bereits mehrfach angesprochen, brauchen diese Kinder mehr als nur eine Nachhilfe im Problembereich, andererseits kann eine Psycho-, Spiel-, Ergo-, Moto- oder andere Therapie ohne die passende Didaktik die fehlenden Lese- und Rechtschreib- oder Rechenfertigkeiten nicht herbeizaubern. Nur ein integratives Vorgehen, das unterschiedliche therapeutische Richtungen und methodisch-didaktische Ansätze der Pädagogik und Fachwissenschaft verbindet, wird dauerhaft helfen können.

Drei Stundenprotokolle als Beispiele der integrativen Psycho- und Lerntherapie

Es leuchtet sicherlich ein, dass sich dieser Ansatz in jedem Einzelfall und jeder Stunde unterschiedlich gestaltet, da die Inhalte weitgehend vom Kind und seinen Bedürfnissen bestimmt werden und die therapeutische Aufgabe darin besteht, auf eine Balance aus Spiel, Gespräch, Entspannung und Lernen zu achten.

Die folgenden Kurzprotokolle stammen vom selben Tag, *Katja* und *Nina* besuchen die fünfte, *Martin* die vierte Klasse. Alle kommen jeweils zwei Stunden – aber damit sind die Gemeinsamkeiten bereits erschöpft. Die Namen wurden geändert.

Katja

Katja, zehn Jahre, ist die jüngste von drei Geschwistern. Wegen ihrer Körperlänge wurde sie bereits mit fünfeinhalb Jahren eingeschult. Die Grundschulzeit wurde immer wieder von längeren Krankheitsphasen unterbrochen, im vierten Schuljahr versäumte sie fast ein Drittel des Unterrichts. Lese- und vor allem Rechtschreibprobleme begleiteten die Grundschulzeit. Trotzdem waren die Eltern und sie selbst nicht zu einer freiwilligen Wiederholung der vierten Klasse zu bewegen, das Übergangszeugnis zum Gymnasium war reichlich geschönt. So musste sie im Gymnasium im ersten Jahr viele Misserfolge in Kauf nehmen und erleben, wie sie langsam von den KlassenkameradInnen ausgegrenzt wurde. Die Therapiestunden halfen ihr, die Enttäuschungen und Wut zu verarbeiten und in Spielen abzureagieren – und nebenbei langsam einen verfügbaren Schreibwortschatz aufzubauen; an der grundsätzlichen Situation änderte sich jedoch erst etwas, als die Eltern und sie selbst die Notwendigkeit einer Klassenwiederholung akzeptieren konnten.

Erzählen, Spielen

Katja kommt direkt nach dem Unterricht. Beim gemeinsamen Mittagessen berichtet sie von den neuesten Ereignissen zu Hause und aus der Schule, diesmal ausführlich von einem Schulausflug mit vielen Hindernissen. Durch Nachfragen zeige ich nicht nur mein Interesse, sondern helfe ihr auch zu klarerem sprachlichen Ausdruck.

Das ausgeliehene Buch »Rennschwein Rudi Rüssel« von Uwe Timm hat sie zu Hause vor lauter Begeisterung ausgelesen, obwohl wir nach dem Anlesen nur ein weiteres Kapitel vereinbart hatten. Es wird nach einem Bericht in ihren Lesepass mit Datum aufgenommen und aus unserer Ausleihe ausgestrichen. Danach tobt sie sich bei »Looping Louie« (MB-Spiel) kräftig aus, verteidigt ihre Hühner gegen das kreisende Flugzeug und haut kräftig drauf. Beim Stand von 4:2 beenden wir.

Lesen, Schreiben

Da als Deutscharbeit ein Aufsatz angekündigt ist, hat sie sich in der Vorwoche zwei Geschichtenanfänge ausgesucht und weitergeschrieben. Beim Vorlesen fällt auf, dass ihre Pointen originell, aber sehr kurz ausfallen. Die Grundschullehrerin hätte ihre fantasievolle, ausführliche Erzählweise immer kritisiert, hat sie als Erklärung parat. Zur Bearbeitung braucht sie noch Unterstützung, damit sie sprachliche Ungereimtheiten und Wortwiederholungen durch eigene Vorschläge ersetzen kann, die Endlossätze durch Punkte oder Kommas untergliedert und auf Rechtschreibfehler durch Punkte am Seitenrand aufmerksam gemacht wird. Während sie überlegt und die richtige Schreibweise in ihrem Heft ausprobiert, nehme ich ihre Fehlerwörter direkt in die Kartei auf:

- »grät« als »er kräht – krähen« auf eine blaue Verbkarte, das »k« rot markiert und unter das »äh« ein Strich für Dehnung;
- »erzelung« als »die Erzählung« auf eine rote Nomenkarte, unter das »äh« ein Strich und darunter als Ableitungshilfe »die Zahl«.

Es folgen noch drei bis vier andere Karten.

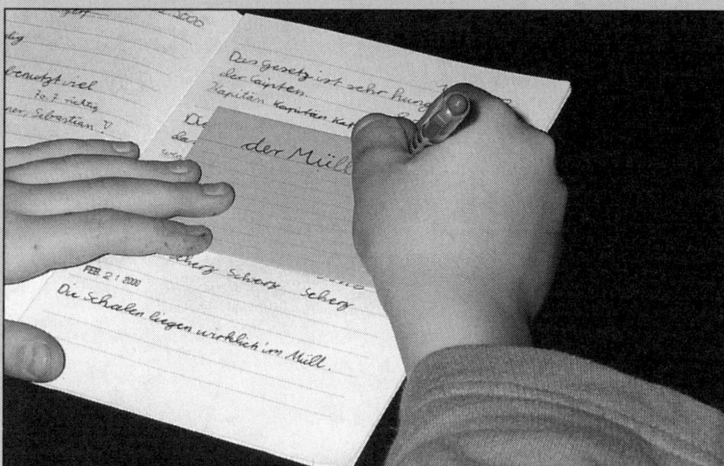

Katja hat bis auf »kräht« ihre Fehler selbst gefunden, den Text korrigiert und die falschen Wörter dreimal richtig geschrieben. Beide Texte werden, mit Stempeln und positiven Anmerkungen versehen, weggepackt, nachdem wir zusammen noch ein Bild für eine neue Geschichte ausgewählt und kopiert haben.

Beim Kontrollieren des Hausaufgabenhefts stellt sie fest, dass sie unbedingt noch mit mir ihre Deutschaufgabe durchgehen will, obwohl wir eigentlich am Computer ein Abenteuer weiter lösen wollten.

Schreiben, Spielen

Während sie ihre Aufgabe vorschreibt, überfliege ich die Geschichte im Deutschbuch. Ihre Antwort fällt wieder sehr knapp aus, sie lässt sich noch zu einer notwendigen Ergänzung überreden. Sie freut sich besonders, dass alles fehlerfrei ist. Mit *Oliver*, der eine Viertelstunde zu früh kommt, spielen wir auf ihren Vorschlag hin das Schreibspiel »Onkel Otto plätschert heute lustig in der Badewanne«. Die beiden mögen es, weil sie den Frust über ihre Geschwister in komischen, fantasievollen Sätzen loswerden können; ich, weil sie nebenbei grammatikalisch richtige Satzmuster einüben.

Beratung mit der Mutter

Mit der Mutter kann ich noch kurz meine Beobachtungen zur Lernmotivation austauschen und bin beruhigt, dass *Katja* auch zu Hause ausgeglichener ist, weniger Fehler macht und wieder gern zur Schule geht.

Nina

Nina, zwölf Jahre, kommt seit drei Monaten wegen mangelnden Selbstwertgefühls und großer Rückstände in ihrer Schreibentwicklung und im mathematischen Denken. Sie hat bereits die vierte Klasse freiwillig wiederholt und besucht jetzt die erste Klasse einer integrierten Gesamtschule. Die Mutter hat ihr aufgrund eigener Erlebnisse in ihrer Jugend wenig Freiräume geben können, beide leiden unter Korpulenz. Die Mutter führt jetzt regelmäßige Gespräche in einer Erziehungsberatungsstelle, eine Vorbedingung für die Kostenübernahme der Therapie durch das Jugendamt. In der vergangenen Woche haben wir Möglichkeiten überlegt und ausprobiert, wie *Nina* sich gegen einen Jungen in ihrer Klasse wehren lernt, der sie immer wieder ärgert und schlägt, obwohl er viel kleiner ist als sie.

Sprechen, Spielen

Heute muss sie gleich berichten, wie sie sich bei der ersten Gelegenheit gewehrt hat. *Manuel* sei so überrascht gewesen, dass sie erst mal Ruhe hatte. Doch es gibt ein neues Problem, das mit dem Sportunterricht zusammenhängt. *Nina* berichtet, was sie so im Sportunterricht erlebt. Es ist wenig Positives dabei: Sie werde verlacht, weil sie zu dick sei, werde nicht beim Ballspielen angespielt, das Schwimmen klappe auch noch nicht. Wir überlegen gemeinsam, welchen Sport sie denn gern machen würde, und tragen der Mutter erneut auf, sich doch um einen Schwimmkurs zu kümmern. Für die morgige Stunde soll erst einmal ein Verband die verletzte Hand schützen.

Bevor wir ihre Karteiarbeit und Matheprobleme angehen, holt sie ihr Lieblingsspiel »MonsterMix« (Parker-Spiele). Die 27 Karten werden in drei Reihen gelegt. Ziel ist es, als Erster fünf Monster, die sich in drei Dingen unterscheiden, richtig zu erkennen und mit einer Fliegenpatsche zu holen. Es fällt ihr nicht leicht, aber sie siegt auch dieses Mal wieder.

Lesen, Schreiben, Lerntechniken

In den letzten sieben Tagen hat *Nina* nur zwei Sätze geschrieben. Sie will ohne die Mutter allein üben. Auch mit dem älteren Bruder klappe das nicht, der helfe ihr aber bei Englisch. Der Emanzipationsprozess ist wichtiger als ein paar Fehler, die wir gemeinsam verbessern können. Sie bildet mit drei

Karteiwörtern einen Satz, schreibt und sieht alles nach. Sieben von neun Wörtern sind richtig, die beiden Fehler werden besprochen und dreimal richtig geschrieben.

Mathematik

Da *Nina* beim Addieren und Subtrahieren noch immer die Finger benutzt, spielen wir »Schnuff« (Ravensburger Spiele), ein Kopfrechenspiel, bei dem es darum geht, möglichst unter festgelegten Zehnerzahlen zu bleiben oder Chips abgeben zu müssen. Wir üben einige Minuten mit Stecksteinen, damit ihr die jeweilige Ergänzung zum Zehner ohne Finger gelingt, und malen ein Poster mit der Summenformel für ihr Zimmer. Sie nimmt zehn Steckwürfel zum Üben mit.

Verhaltensänderung, Hobbys

Dann holt sie aus ihrem Mäppchen einen kleinen Zettel, auf dem sie täglich Buch geführt hat, wie oft sie sich in der vergangenen Woche gemeldet hat (mit Strich) und wie oft sie drangenommen wurde (mit x). Bilanz einer Woche: achtmal gemeldet, zweimal drangekommen. Für *Nina* ist dies bereits ein sichtbarer Fortschritt, zumal sie einmal von der Lehrerin gelobt wurde. Als Belohnung erhält sie die versprochene Münze und ich schreibe eine neue Liste für die nächste Woche. Ihr Ziel ist es, sich jeden Tag zweimal zu melden und einmal dranzukommen.

Sie hat ihre Muschel- und Gesteinssammlung mitgebracht und zeigt ihre Schätze. Ich verspreche, bis zum nächsten Mal ein Buch zu besorgen, damit wir die uns unbekannten Steine richtig zuordnen können; eine weitere Anregung zum Lesen.

Martin

Martin hat trotz seiner elf Jahre bereits eine ziemlich frustrierende Schulkarriere hinter sich. Obwohl er bei Schulbeginn fließend deutsch und englisch sprach und über einen großen Wortschatz in beiden Sprachen verfügte, gelang es ihm nicht, im Verlauf des ersten Schuljahres erfolgreich lesen und schreiben zu lernen. Wie sich später in der Beratung ergab, hatte er die Fibeltexte dank seines guten visuellen Gedächtnisses auswendig gelernt, er konnte gesprochene Wörter jedoch nicht in ihre Lautbestandteile zerlegen. Fehlende Differenzierung im Unterricht, Ausgrenzung durch Klassenkameraden und Verlagerung der Verantwortung auf die Eltern, die ihn mit täglicher Nachhilfe zu fördern glaubten, bewirkten, dass *Martin* mit Konzentrationsproblemen, Vermeidungsstrategien und Unruhe reagierte. Auch die Wiederholung der zweiten Klasse verstärkte nur sein negatives Selbstbild als Versager, da er zwar inzwischen Lernfortschritte gemacht hatte; diese aber im Unterricht nicht zu Erfolgserlebnissen führten. Als er Ende dritter Klasse die Therapie begann, verweigerte er alles, was mit Lesen und Schreiben zusammenhing, und war voller Hass auf Schule. Letzteres verarbeitete er intensiv mit Puppen im szenischen Spiel. *Martin* konnte inzwischen groß gedruckte einfache Texte langsam erlesen und die gesprochenen Laute den Buchstaben zuordnen. Da ihm Einsichten in die Regeln fehlten, versuchte er sich voll auf die Wiedergabe des Gehörten beim Schreiben zu konzentrieren, was nicht nur sehr anstrengend, sondern höchst fehlerträchtig – und damit frustrierend – war.

Stressabbau, Arbeitstechniken, Schreiben und Rechtschreiben

Sturmgeklingel kündigt *Martin* an. Seine Tasche fliegt in eine Ecke und der Boxsack in der Diele wird zunächst kräftig bearbeitet. Er leert seine Schultasche auf den Tisch und berichtet, was er heute in der Schule erlebt hat. Dann sortieren wir die losen Arbeitsblätter und heften sie in die passenden Ordner ein. So erhalte ich Einblick in seine Erwerbs- und Arbeitsstrategien und kann ihm gezielte Hifestellung anbieten. Heute gehen wir seinen Deutschordner durch. Ich frage nach, wenn mir etwas unklar erscheint. Manchmal erkennt er bereits seine Fehler und verbessert sich selbst und wir kommentieren den Grund für die Schreibung. Andere Wörter werde ich später in die Kartei aufnehmen. Aus seinem Mäppchen holt er das Blöckchen, auf dem er die Hausaufgaben notiert hat. Bis auf einen Tag hat er sie notiert, Grund für einen Griff in die Stickerdose als Belohnung. Da am nächsten Tag ein Diktat geschrieben werden soll, möchte er noch etwas üben. Deshalb muss unsere normale Karteiarbeit entfallen. *Martin* liest zunächst den Übungstext einmal vor und wir kommentieren schwierige Wörter, die mir z.T. bereits aus den Unterlagen aufgefallen sind: falsche Übergeneralisierung: sie siend, wier, alls, fehlende Strategien und Einsichten: lekte, Topte, endschdant. Diese Wörter schreibe ich auf farbig unter-

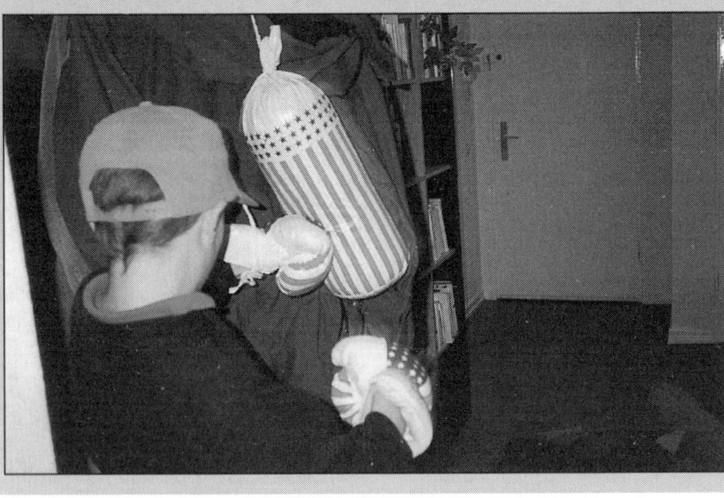

schiedliche Karteikarten: auf blaue Karten die Verben: sie sind, wir tobten – toben, es entstand – ent-standen. Das Wörtchen »als« kommt auf eine weiße Karte. *Martin* will statt ins Heft oder an die Tafel diesmal auf dem Teppich mit Wachsstiften auf Papier schreiben, nachdem er die Karten sorgfältig gelesen hat. Beim Schreiben kommentiere ich an Stellen, die ihm schwer fallen: »Satzanfang schreibt man wie?« oder »Legte kommt von …«, und er ergänzt: »legen«, sodass der von mir verkürzte Text mit den wichtigsten Diktatwörtern nach seinem Durchlesen fast fehlerfrei dasteht und nur wenige Wörter auf einer Wortliste zum Üben fürs Diktat übrig bleiben. Wir vereinbaren, dass er das Angebot der Lehrerin annehmen wird, diesmal nur den ersten Teil des Diktats mit- und den Rest abzuschreiben. Seine Entspannungsübungen will er nicht vergessen.

Spielen

Bevor ich Spielvorschläge machen kann, hat er bereits »Halli Galli« (Amigo) aus dem Regal geholt und ausgepackt. Es fällt ihm nicht schwer, seine überlegene schnelle Reaktion unter Beweis zu stellen und mich zu besiegen. Nach drei Runden gebe ich mich geschlagen.

Lesen

Sein ausgeliehenes Buch liegt bereits neben seinem Lesepass. Nachdem er den Inhalt kurz wiedergegeben hat, trägt er den Titel mit dem heutigen Datum ein, stellt es ins passende Regal zurück und entscheidet sich nach genauem Prüfen für eine neue Lektüre: *Max* von B. Graham (Carlsen). Das Buch entspricht seinen Wünschen: viele Bilder, große Schrift, wenig Text und Spannung. Bevor er den Anfang auf seine Kassette liest, machen wir gemeinsam ein paar Atemübungen und lassen die Schultern zur Entspannung vor und zurück kreisen. Nach ca. fünf Minuten Vorlesen unterbreche ich an einer spannenden Stelle, um die Lust aufs Weiterlesen zu erhalten. Das Buch wandert in seine Tasche.

Entspannung, Spielen

Vor die Wahl gestellt, in den letzten 20 Minuten am Computer seine »Waschbärengeschichte« weiterzuschreiben und zu illustrieren oder zu spielen, entscheidet er sich für »Splat« (MB-Spiele), das so genannte Knet-Mörderspiel, das sich derzeit großer Beliebtheit erfreut. Zunächst beim Kneten, dann beim »Käfermorden« kann er sich nochmals richtig abreagieren, bevor er vom älteren Bruder abgeholt wird.

Beispiele von Therapiekonzepten

Eltern, die für ihr Kind mit großen Lese-, Rechtschreib- oder Rechenschwierigkeiten Hilfe suchen, werden zunehmend mit einer Fülle von »Behandlungsmethoden« konfrontiert, deren Qualität und Nutzen sie nur schwer beurteilen können.

Um betroffenen Eltern einen Leitfaden an die Hand zu geben, auf was sie bei außerschulischen Therapieangeboten achten sollten, werden im Folgenden exemplarisch zwei Einrichtungen vorgestellt, die über langjährige fundierte Erfahrungen in der Diagnose und Therapie bei LRS und Rechenproblemen, bei denen meist die seelische Entwicklung und Konzentrationsfähigkeit mit betroffen ist, verfügen.

Institut für Lernförderung
Praxis für
pädagogisch-psychologische Therapien
60487 Frankfurt/M.

Unser integratives psycho- und lerntherapeutisches Konzept, das Frankfurter Integrative Therapiemodell FIT, will dem Kind helfen,

- aus dem Teufelskreis von Lern- und Verhaltensproblemen herauszukommen,
- Selbstvertrauen in seine Fähigkeiten zu entwickeln,
- die fehlenden schriftsprachlichen/mathematischen Grundlagen und Einsichten aufzubauen,
- neue Motivation durch sinnvolles, erfolgreiches Üben zu erhalten,
- und dafür sorgen, dass sich die Einstellungen der häuslichen und schulischen Bezugspersonen ändern.

Seit 1986 wird es im Institut für Lernförderung, einer privaten und unabhängigen pädagogisch-psychologischen Einrichtung in Frankfurt, erfolgreich umgesetzt (Informationen im Internet unter www.LRS-Schulprobleme.de oder abc-netzwerk.de).

Das Konzept der integrativen Psycho- und Lerntherapie verbindet Erkenntnisse der entsprechenden Fachwissenschaften/Didaktiken mit Modellen der Kognitionspsychologie sowie Elementen der Spiel-, Gesprächs- und Verhaltenstherapie. Es ist das Ergebnis langjähriger fachwissenschaftlicher, schulischer und auch persönlicher Auseinandersetzung und Erfahrungen mit Lernproblemen. Aufgrund der Analyse des schriftsprachlichen (oder mathematischen) Wissenstandes des Kindes werden die fehlenden Kenntnisse schrittweise aufgebaut, Problemlösungsstrategien vermittelt, das Selbstvertrauen durch Spiele und Lernerfolge gestärkt. Der Einbezug der Erziehungsberechtigten ist für eine erfolgreiche Arbeit wichtig. Um ihre Unterstützung zu erreichen und damit Änderungen innerhalb der Familie im Interesse des Kindes, finden regelmäßige Elterngespräche statt sowie Absprachen über ein regelmäßiges, kurzes häusliches Training (Karteiarbeit, Lesen, Rechenaufgaben). Diese Übungen sollen langfristig Sicherheit auf- und ineffektiven Lernstress und emotionale Spannungen abbauen. Kontakte zu den Lehrerinnen und Lehrern sind wichtig, da ein einheitliches Vorgehen den Erfolg unterstützt. Weil jedes Kind unterschiedliche Stärken und Schwächen mitbringt, ist eine individuelle Passung der Lern- und Spielangebote notwendig, sodass nur Einzeltherapien angeboten werden, die in der Regel einmal wöchentlich zwei Stunden stattfinden. Die durchschnittliche Therapiedauer liegt bei einem bis eineinhalb Jahren. Die Therapie wird beendet, wenn sich das Selbstwertgefühl des Kindes stabilisiert und seine Lese-/Rechtschreib-/Rechenleistung so verbessert hat, dass es befriedigende oder konstant ausreichende Benotungen in der Schule erhält.

Was ist das Ziel unserer therapeutischen Arbeit?

- Schaffen neuer Motivation für das Lesen und Schreiben und/oder Rechnen in einem positiven, stimulierenden Umfeld,
- Erkennen der Bedürfnisse und Nöte des Kindes und die Durchführung gezielter Hilfe,
- Aufbau der fehlenden schriftsprachlichen oder mathematischen Grundlagen und Einsichten,
- Vermittlung geeigneter Lern- und Arbeitsstrategien sowie Entspannungstechniken,
- Ausbau der persönlichen Stärken, Entwicklung von Selbstvertrauen und Selbstständigkeit.

Wie kann dies erreicht werden?

Die Therapie beinhaltet

- ➪ das Erstellen und Durchführen eines individuellen Förderkonzepts,
- ➪ die Erarbeitung systematischer schriftsprachlicher und orthographischer Erkenntnisse sowie grundlegenden arithmetischen und geometrischen Wissens,
- ➪ ständige förderdiagnostische Analyse der Arbeiten der Kinder als Basis für neue Aktivitäten,
- ➪ individualisiertes Lese-, Schreib-, Rechtschreib- und/oder Rechentraining, das sich an den persönlichen Interessen und Lernwegen des Kindes orientiert. Dazu gehören z.B. das Schreiben eigener Texte, das Lösen sachbezogener Rechenaufgaben, Übungen zur Schulung des logischen Denkens oder das Lesen von Büchern,
- ➪ Entspannungs- und Konzentrationsübungen,
- ➪ Karteiarbeit als Rechtschreibübung und Lernmethodik,
- ➪ Projekte und Wettbewerbe,
- ➪ Einsatz vielfältiger Medien: didaktische Materialien, Computerprogramme, Kinder- und Jugendbücher, Spiele,
- ➪ kontinuierliche Supervision und Weiterbildung der TherapeutInnen,
- ➪ Öffentlichkeitsarbeit (Lehrerfortbildung, Lehrer- und Elternseminare, Publikationen).

Ist das Selbstwertgefühl des Kindes stabilisiert, sind die Einsichten in die Prinzipien der Schriftsprache oder des Rechnens gesichert und Lesen zum persönlichen Bedürfnis geworden, erfolgen.

- ➪ die allmähliche Anpassung an die schulischen Anforderungen in der Auswahl von Lese-, Schreib- oder Rechenaufgaben,
- ➪ der Einbau von Frustrationselementen bei Spielen oder Aufgaben und
- ➪ die langsame Lösung von der therapeutischen Bezugsperson.

Was geschieht in einer FIT-Therapie?

Voraussetzung für eine Therapie ist ein großer Leidensdruck und die Einsicht, dass man mit seinen bisherigen Strategien gescheitert ist. Dies ist der Ausgangspunkt für elterliche Aktivität. Sie suchen Hilfe, weil sich die Lehrerin über schlechte Schulleistungen beschwert, das Kind trotz Nachhilfe und Üben mangelhafte Noten erhält, das häusliche Üben zum Drama geworden ist, das Kind über Bauch- oder Kopfschmerzen klagt, auffällig geworden ist, sich von Freunden zurückzieht, seufzt, Albträume hat, unkonzentriert wirkt …

Das Kind soll in der Therapie neue, erfolgreichere Wege ausprobieren können. Es soll erlittene Verletzungen aufarbeiten können. Zunächst muss das Kind Vertrauen zur Therapeutin/zum Therapeuten aufbauen und sein angegriffenes Selbstwertgefühl und Selbstvertrauen müssen gestärkt werden. Aus diesem Grund orientiert sich unsere Arbeit zu Beginn an den Stärken

und Interessen des Kindes, seinen Hobbys, den Lieblingsspielen, der Wut auf bestimmte Personen. In einer Therapie sind wichtig: gegenseitiges Vertrauen, Empathie, Sorge um das Wohlergehen, Parteinahme für das Kind, Verantwortung.

Die Kinder oder Jugendlichen kommen einmal wöchentlich zwei Stunden zur Einzeltherapie. Diese Zeit ist nötig, um die verschiedenen Bereiche einzubeziehen: Spielen, Malen, Fantasiereisen, Ausagieren von Frustrationen.

In ihren Übungen erleben die Kinder durch die Passung der Aufgabenstellungen sofortige Erfolgsrückmeldung. Nicht die Fehler oder Versäumnisse, sondern die richtigen Lösungen werden hervorgehoben und verstärkt. Bilder-, Kinder- und Jugendbücher unterschiedlicher Lesestufen und zu unterschiedlichsten Themen sowie eine umfangreiche Spielesammlung unterstützen diese Arbeit. Natürlich gehören auch Computer mit kindgemäßen Textverarbeitungsprogrammen und Spielen dazu.

Leistungsdruck und emotionale Belastungen werden in der therapeutischen Arbeit weitestgehend ausgeklammert. Neben spiel- und gesprächstherapeutischen Maßnahmen sind in die Arbeit motivierende Übungen zum Aufbau der fehlenden schulischen Fertigkeiten integriert wie

- die Arbeit an individuellen Fehlern, wobei die Übungen in Sätze eingebettet sind,
- das Schreiben von freien Texten, der Aufbau eines verfügbaren Wortschatzes, die Vermittlung von Einsichten in die Grundlagen und Regelungen der deutschen Rechtschreibung und Grammatik sowie Angebote zum Lesen,
- Sicherheit im Kopfrechnen einfacher arithmetischer Aufgaben ohne Anwendung der »Zählmethode«,
- Automatisierung der schriftlichen Rechenverfahren, sobald sie ausreichend »begriffen« wurden, und Erarbeitung erfolgreicher Strategien zur Lösung von so genannten Text- oder Sachaufgaben.

Diese Arbeit wird ständig förderdiagnostisch begleitet. Vielfältige Medien und Techniken erleichtern das Lernen.

DIAGNOSE
BERATUNG
THERAPIE

Kinderzentrum für
Entwicklungs- und Lerntherapie
Dr. Ilona Löffler
Dr. Ursula Meyer-Schepers
44803 Bochum und 44135 Dortmund

Welches Therapiekonzept liegt vor?

Das Konzept ist eine mehrdimensional kombinierte Entwicklungstherapie, deren Anteile je nach Einzelfall verschieden gewichtet zum Tragen kommen:

Schriftsprachliche Fertigkeiten werden mit dem LautAnalytischen RechtschreibSystem (LARS) aufgebaut. LARS ist ein System des Schriftsprachaufbaus, das auf Grundlage der sprachwissenschaftlichen Auswertung von Falschschreibungen für die lerntherapeutische Anwendung entwickelt wurde. Es ist seit Anfang der 80er-Jahre im Kinderzentrum in Bochum und Dortmund in therapeutischem Einsatz und wurde seitdem ständig weiter entwickelt (Meyer-Schepers 1991; Löffler/Meyer-Schepers 2000). Anstelle der schulischen Unterrichtsmethodik, die auf das Einprägen von Wortbildern zielt, wird durch die Methode der systematischen Lautanalyse die mangelnde Merkfähigkeit der LRS-Kinder für Wortbilder ausgeglichen. In den meisten Fällen muss ein Wortbild-/strukturspeicher bei den Kindern überhaupt erst entwickelt werden.

Der Schriftsprachaufbau im Kinderzentrum ist kein programmierter Lehrgang, sondern wird auf den Entwicklungsstand des Kindes abgestimmt. Vor und während des Verlaufs der Lerntherapie wird der Schriftsprachstatus der Kinder anhand einer linguistisch begründeten Fehlerauswertung (DoRA, Dortmunder RechtschreibfehlerAnalyse) ermittelt. So werden die Aneignungsschwierigkeiten ständig systematisch erfasst und für die Therapieplanung nutzbar gemacht.

Der verhaltens- und gesprächspsychotherapeutische Anteil dieser Kombinationstherapie wurde auf Kinder angepasst. Er ist notwendig, da bei LRS-Kindern ein breites Spektrum begleitender Probleme vorliegen kann. Neben Mängeln in der Organisation des Lernverhaltens (z.B. schlechte Heftführung, Vergessen von Schulutensilien/Hausaufgaben) und des persönlichen Arbeitsstils (impulsiver unüberlegter Arbeitsstil) können sich wegen der täglichen Überlastung dieser Kinder in der Schule auch Konzentrationsprobleme entwickelt haben. Die andauernden schulischen Versagenserlebnisse können zudem psychische Fehlentwicklungen im Erleben der eigenen Person und der Umwelt verursachen. Die Auswirkungen der Lernstörung auf das Selbstkonzept führen zum Teil zu gravierenden psychischen und psychosomatischen Schäden, die ebenso schwerwiegend wie eine Behinderung durch körperliche Krankheiten sind.

Werden die Eltern und LehrerInnen einbezogen?

Begleitend zur Kindertherapie werden im Kinderzentrum regelmäßig Elternseminare und individuelle Elternberatungen veranstaltet. Nach unserer Auffassung ist die therapeutische Arbeit mit Kindern von der Kooperation der Eltern und ihrem aktiven Einbezug mit abhängig. Wir erfahren tagtäglich, wie wichtig für das Kind die Haltung der Familie und anderer enger Bezugspersonen zu seinen Lernproblemen ist. Kinder entnehmen dem Verhalten der Eltern und LehrerInnen vor allem die Einschätzung, ob ihre Lernstörung unabänderlich oder veränderbar ist, und orientieren sich an dieser Prognose.

Neben der Aufklärung und Information dient der kontinuierliche Kontakt mit der Lehrperson des Kindes vor allem dazu, gemeinsam zu verfolgen, inwieweit die Fortschritte in der Therapie sich auch positiv auf außertherapeutische Alltagssituationen (häusliche Schulaufgaben, verbesserte Unterrichtsbeteiligung, Integration im Klassenverband etc.) ausdehnen.

Wie viele Kinder nehmen an einer Therapiesitzung teil?

Die Kombinationstherapie des Kinderzentrums findet nicht in Gruppen, sondern ausschließlich als Einzel- bzw Zweiertherapie statt, d.h. mit einem Partnerkind, das nach analysiertem Fehlerprofil, Persönlichkeitsvariablen und entsprechender Problemlage ausgesucht wurde. Es werden Zweierkonstellationen kombiniert, die einen positiven Effekt auf die Entwicklung der beiden beteiligten Kinder im Lernen und psychischen Erleben hervorrufen. Die passende Zusammenstellung zweier Kinder trägt mit dazu bei, dass positive Lernerfahrungen gemacht werden. Ebenso können Probleme des sozialen Verhaltens in therapeutischen Rollenspielen provoziert und behandelt werden. Sind diese Effekte nicht (mehr) zu erwarten, werden Einzeltherapien durchgeführt bzw. ein neues Zweierteam gebildet.

Wie häufig finden die Therapiesitzungen statt?

Die Kinder kommen einmal pro Woche ins Kinderzentrum. Die Therapie mit einem Kind dauert 45 Minuten und die Zweiertherapie 60 Minuten. Die TherapeutInnen stellen für den Rest der Woche auf die Kinder abgestimmte häusliche Übungen zusammen, da die erarbeiteten Teilziele der Therapie automatisiert werden müssen, was gut zu Hause erledigt werden kann. Eine Bezugsperson des Kindes – in der Regel ist es die Mutter – wird als Cotherapeutin für die Durchführung das Trainings zu Hause angeleitet. Dies ist wichtig, um die familiäre Situation zu entspannen, da das häusliche Üben für die Schule meist konfliktbelastet ist. Im Durchschnitt dauern die Therapien zwischen 2,5 bis 3 Jahren.

Welche Qualifikationen liegen vor?

Die TherapeutInnen des Kinderzentrums üben ihre diagnostische, beratende und therapeutische Tätigkeit hauptberuflich und in festem Anstellungsverhältnis aus. Sie arbeiten im Kinderzentrum z.T. seit seinem Bestehen, d.h. seit 1982. Sie verfügen demzufolge über eine profunde diagnostisch-therapeutische Berufserfahrung in den spezifischen Störbildern des Klientels des Kinderzentrums.

Ausbildungsabschlüsse liegen in den Fachrichtungen Sprachwissenschaft, (Sozial-)Pädagogik und Psychologie (Promotionen, Diplome bzw. Staatsexamen) vor. Durch interne Fortbildungen werden die vorhandenen »Expertenperspektiven« auf die Problematik unseres Klientels hin zusammengeführt. Die TherapeutInnen des Kinderzentrums verfügen über zwei gleichwertige Kompetenzschwerpunkte: ein profundes Sachwissen über den Lerngegenstand selbst, über die Prozesse eines gestörten

Schriftspracherwerbs und therapeutische Fertigkeiten im Bereich von Lernstörungen, Leistungsängsten und Leistungsversagen, d.h. im Bereich einer gestörten Lern- und Persönlichkeitsstruktur.

Aufgrund der Fortbildungen in Diagnostik und Therapie sowie der nachgewiesenen erheblichen therapeutischen Erfahrung im Kinderzentrum wurde den TherapeutInnen die Approbation nach dem neuen Psychotherapeutengesetz erteilt. Sie verfügen somit als »Psychologische PsychotherapeutInnen« und »Kinder- und JugendlichenpsychotherapeutInnen« über die staatlich geschützte Befugnis zur beruflichen Ausübung der Heilkunde.

Ilona Löffler und Ursula Meyer-Schepers

Anstelle eines Schlusswortes: Thesen zum Entstehen und Abbau von Lernproblemen

- Alle Kinder kommen zunächst neugierig zur Schule und hoffen, möglichst rasch lesen, schreiben und rechnen zu können. Entstehen Schwierigkeiten, dann hat das Kind dafür nach Bettelheim (1994) *gewichtige* Gründe, die es herauszufinden gilt.
- Probleme beim Erwerb der Schriftsprache und mathematischer Einsichten haben stets vielfältige, individuell unterschiedliche Ursachen. Je länger sie andauern, umso komplexer werden sie, wenn nicht geholfen wird. Sie bleiben kein isoliertes »Teil«-Leistungsversagen, da sie auf alles schulische Lernen wirken und zu Lernblockaden und psychosomatischen Auffälligkeiten führen können.
- Jedes Kind weist eine eigene Geschichte seines Scheiterns auf. Beteiligt daran sind neben dem schulischen Lernen (Methodik, Didaktik und Beziehungen zur Lehrkraft) und ungünstigen individuellen Lernvoraussetzungen beim Kind auch die familiäre Situation und die Beziehungen zu Gleichaltrigen und Freunden.
- Gemeinsam ist allen Betroffenen die Masse an Verstößen gegen die Normschreibung in ungeübten Texten, eine oft nicht altersadäquate Lesefähigkeit und/oder mangelndes Verständnis des Gelesenen. Sie haben falsche oder gar keine Vorstellungen hinsichtlich des Systems unserer Schriftsprache und bleiben auf niedrigen Erwerbsstufen im Lese- und/oder Schreiblernprozess stehen.
- Bei Rechenschwierigkeiten ist allen Betroffenen die große Anzahl an Rechenfehlern gemeinsam, ein nicht ausreichendes Zahlenverständnis, verbunden mit Unsicherheiten oder falschen Strategien bei der Durchführung der Rechenoperatio-

nen. Es fehlen häufig die notwendigen Einsichten in das Stellenwertprinzip unserer Zahlen und die mathematischen Zusammenhänge der vier Grundrechenarten. Angesichts der stufenweise aufgebauten Lehrpläne führt dies zu Problemen in allen Bereichen der Arithmetik. Fehlendes Leseverständnis ist eine weitere Hürde beim Lösen von Textaufgaben.

- Die kritische Phase für das Entstehen von LRS oder Rechenproblemen sind die ersten Schuljahre, wenn das Kind grundlegende Erfahrungen mit Schrift und Zahlen macht. Aufgabe der Schule ist es, *allen* Kindern genügend Zeit und verschiedenartige Lernwege für einen positiven Zugang zur Schriftsprache oder der Welt der Zahlen bereitzustellen. Je differenzierter und individueller der Anfangsunterricht gestaltet wird und je vielfältiger die Kinder angeregt werden, umso weniger Kinder müssen scheitern. Unzureichend ausgebildete Lehrer, fehlende Unterrichtszeit sowie didaktisch und methodisch häufig falsches Übungsmaterial erschweren vielen Kindern das Lernen.
- Auf dem Hintergrund eines komplexen Ursachenverständnisses kann es keine einfachen, schnellen Lösungen geben, die jedoch lauthals angepriesen werden.
- Auch wenn es trivial klingt, so muss bei der Fülle an Behandlungsmethoden ohne Bezug zum Problem klargestellt werden:

  Lesen kann man nur durch Lesen lernen.
  Normgerecht schreiben lernt man nur durch sinnvolle Rechtschreibübungen.
  Ein Zahlenverständnis ist nur durch systematische und wiederholende Beschäftigung mit unserem Zahlensystem aufzubauen und bedarf konkreter anschaulicher Hilfsmittel.

- Förderung ist nur dann erfolgreich, wenn sie beim individuellen Erwerbsstand ansetzt, regelmäßig stattfindet und motivierend gestaltet ist. Ein einfaches Wiederholen des Unterrichtsstoffes reicht nicht aus. Neben gezielten Hilfen zum Erwerb der Schriftsprache/Aufbau von Zahlenverständnis sollten Gespräche, Spiel- und Entspannungsangebote sowie sinnvolle Arbeits- und Lerntechniken in das Förderkonzept integriert sein. Förderung muss die Versagensängste und emotionalen Probleme der Kinder einbeziehen.

- Für LehrerInnen ist es wichtig zu wissen, dass es einzelne Kinder gibt, deren Schwierigkeiten mit schulischen Fördermöglichkeiten nicht zu lösen sind – seien es psychische Belastungen oder komplexe Entwicklungsverzögerungen. In solchen Fällen werden außerschulische integrative psycho- und lerntherapeutische Maßnahmen notwendig.
- Eltern sollten das Neugierverhalten ihres Kindes unterstützen, wachsam bei Auffälligkeiten sein und den Kontakt zur Schule suchen. Bei auftretenden schulischen Schwierigkeiten ist Verständnis und Hilfe statt Strafe wichtig. (Vielfältige Hinweise und Anregungen sind in diesem Ratgeber enthalten.)

Sirius, ein Schüler, der bereits in der Einleitung und im Spielekapitel zu Wort kam, äußert sich in einem Interview dazu wie folgt:

»Ich finde, Eltern sollten das Problem nicht so tragisch nehmen, auch wenn das Kind mal eine Sechs schreibt. Ich versteh ja, dass es sie aufregt, aber das hilft doch nicht. Sie sollten ihr Kind nicht schlagen oder krasse Verbote erteilen, wie es einem Mitschüler geht. Die Eltern fordern einfach gute Noten, da bekommt das Kind noch mehr Angst, und je mehr es panikt, umso schlechter wird es auf jeden Fall. Nicht, dass die Eltern jetzt antiautoritär werden sollen. Strafe ist nicht gut, Verständnis und Hilfe wären besser.« (Naegele 1995, S. 231)

Teil V: Anhang

»Lehrer sollten dem Schüler eine Hilfe anbieten, wie er mit seinem Problem fertig wird. Es bringt nichts, wenn sie sagen, dass du irgendwas dagegen machen musst. Blöde Bemerkungen helfen mir nicht weiter: Das ist nicht akzeptabel, das muss besser werden, das musst du aber können. Da frag ich mich doch, warum ich in der Schule bin.«

Roland, 16 Jahre

Auszug aus den Grundsätzen zur Förderung von Schülern mit besonderen Schwierigkeiten beim Erlernen des Lesens und des Rechtschreibens

(Beschluss der Kultusministerkonferenz vom 20.04.1978)

Es gibt Schüler, die besondere Schwierigkeiten im Lesen und Rechtschreiben haben. Ausmaß, Erscheinungsbild, Zustandekommen und Folgen solcher Schwierigkeiten wurden in den letzten Jahren unter der Bezeichnung »Legasthenie« ausführlich diskutiert und untersucht. Die umfangreiche pädagogische, psychologische und medizinische Forschung auf diesem Gebiet hat noch viele Fragen offen gelassen. Unbestritten ist jedoch, dass Fördermaßnahmen für Schüler notwendig sind, die besondere Schwierigkeiten im Lesen und Rechtschreiben haben.

Die nachstehenden Grundsätze sollen dazu beitragen, die von den Kultusverwaltungen getroffenen Regelungen der Fördermaßnahmen für Schüler mit besonderen Schwierigkeiten im Lesen und Rechtschreiben einander anzugleichen und zu verbessern und damit für diese Schüler bessere Chancen zu schaffen, auftretende Schwierigkeiten beim Erlernen des Lesens und Rechtschreibens zu überwinden.

1. Lesen- und Schreibenlernen als Aufgabe der Schule

Der Beherrschung der Schriftsprache kommt für die sprachliche Verständigung, für den Erwerb von Wissen und Informationen, für den Zugang zum Beruf und für das Berufsleben besondere Bedeutung zu. Das Lesen und Schreiben zu lehren gehört daher zu den Hauptaufgaben der Grundschule, und es ist ihre pädagogische Aufgabe, dafür zu sorgen, dass möglichst wenige Schüler gegenüber diesen Grundanforderungen versagen.

Um besondere Schwierigkeiten im Lesen und Rechtschreiben zu vermeiden oder zu überwinden, ist es nötig:

- diejenigen Fertigkeiten und Fähigkeiten systematisch zu entwickeln, die Voraussetzung für das Erlernen des Lesens und Schreibens sind;
- die Lehrgänge und den Unterricht für das Erlernen des Lesens und Rechtschreibens ständig weiter zu verbessern;
- Schüler zusätzlich zu fördern, die trotz eines fachgerechten Unterrichts besondere Schwierigkeiten beim Erlernen des Lesens und Rechtschreibens haben.

2. Lesen- und Schreibenlernen

2.1 *Voraussetzungen*

Das Erlernen des Lesens und des Schreibens vollzieht sich in einem differenzierten Prozess. Zu den Voraussetzungen gehören besonders Sprach- und Sprechfähigkeiten, Fähigkeiten der optischen und akustischen Wahrnehmung und Differenzierung, der rhythmischen Gliederungsfähigkeit, des Symbolverständnisses und der feinmotorischen Fertigkeit der Hand.

Wichtig sind aber auch allgemeinere Lernvoraussetzungen wie Selbstvertrauen, Freude am Lernen, Konzentrationsfähigkeit, Merkfähigkeit, intellektuelle Neugierde, Denkfähigkeit, Kommunikations- und Kooperationsfähigkeit.

Weil die Schulanfänger unterschiedliche Lernvoraussetzungen mitbringen, hat der Lehrer zu Beginn der Jahrgangsstufe 1 die Ausgangslage zu berücksichtigen. Soweit die Kinder die erwarteten Fertigkeiten und Fähigkeiten im Vorschulalter nicht erworben haben, müssen diese im Unterricht systematisch entwickelt werden.

2.2 *Unterricht*

Ein sorgfältig durchgeführter Erstlese- und Schreibunterricht, in dem die einzelnen Stufen und Phasen des Lese- und Schreiblehrgangs gründlich abgesichert sind, ist die entscheidende Grundlage, ein Versagen im Lesen und Schreiben zu verhindern.

Dabei muss sich der Unterricht an den unterschiedlichen Lernvoraussetzungen, dem individuellen Lernverhalten und Lerntempo orientieren. Der Rechtschreibunterricht sollte in angemessener Weise in den Sprach- und Sachunterricht einbezogen werden. Daneben sollten Versuche angestellt werden, ob sich der Rechtschreibunterricht auf einen Grundwortschatz beziehen kann.

Individualisierung des Unterrichts wird vor allem durch differenzierende Maßnahmen wie Binnendifferenzierung und Förderunterricht erreicht. In den »Empfehlungen zur Arbeit in der Grundschule« (Beschluss der Ständigen Konferenz der Kultusminister der Länder in der Bundesrepublik Deutschland vom 2. Juli 1970) sind die verschiedenen Möglichkeiten der Differenzierung dargelegt.

Förderunterricht sollte in den Jahrgangsstufen 1 und 2 dann angesetzt werden, wenn sich trotz Binnendifferenzierung bei Schülern besondere Schwierigkeiten im Erlernen des Lesens/Rechtschreibens zeigen, sofern nicht ihre Sonderschulbedürftigkeit erwiesen ist. Zu empfehlen sind zeitlich begrenzte, in der Zusammensetzung wechselnde Gruppen.

Es ist zu erwarten, dass in dem Maße, wie der Erstlese- und Schreibunterricht in den Anfangsjahren der Grundschule systematisch und sachgerecht erteilt wird, die Anzahl derjenigen Schüler sich verringert, die nach der Jahrgangsstufe 2 besonderer Fördermaßnahmen bedürfen.

3. Fördermaßnahmen

Fördermaßnahmen haben größere Aussicht auf Erfolg, wenn die Ursachen der Lernschwierigkeiten erkannt sind. Die bloße Feststellung des Ausmaßes von Versagen, zum Beispiel durch normorientierte Tests, reicht nicht aus.

Ausgangspunkt für Fördermaßnahmen sind daher die Beobachtungen des Lehrers zum sprachlichen, kognitiven, emotional-sozialen und zum motorischen Entwicklungsstand sowie zur Sinnestüchtigkeit des einzelnen Schülers mit Lernschwierigkeiten.

In einzelnen Fällen wird es nötig sein, die Beobachtungen durch gezielte Untersuchungen zu ergänzen. Soweit der Klassenlehrer/Klassenleiter oder der Fachlehrer für Deutsch Untersuchungen nicht selbst durchführen kann, sollten besonders fachkundige Lehrer (z.B. Förderkursleiter, Beratungslehrer, Sonderschullehrer) damit beauftragt werden. Gegebenenfalls sollte der Schulpsychologe und/oder der Schularzt eingeschaltet werden. In besonderen Fällen sind den Erziehungsberechtigten ohrenärztliche, augenärztliche und andere Spezialuntersuchungen zu empfehlen.

Die pädagogische Entscheidung über die Förderbedürftigkeit des einzelnen Schülers und über Art und Umfang der Fördermaßnahmen trifft im Rahmen der geltenden Bestimmungen die Schule. Die Bestimmungen über die Umschulung/Überweisung in die Sonderschule bleiben davon unberührt.

3.1 *Allgemeine Fördermaßnahmen*

In den Jahrgangsstufen 3 und 4 sind erforderlichenfalls die Maßnahmen der Binnendifferenzierung fortzuführen.

Die klasseninterne Förderung sollte vor besonderen Fördermaßnahmen in Erwägung gezogen werden, weil

- Schüler mit Lernschwierigkeiten in der gewohnten sozialen Umgebung bleiben;
- sämtlichen Schülern durch Einzel-, Partner- und Gruppenarbeit Möglichkeiten zu gegenseitiger Hilfe und zu sozialem Handeln eröffnet werden;

- den Schülern mit Lernschwierigkeiten spezielle Übungen im unmittelbaren Zusammenhang mit dem Deutschunterricht angeboten werden;
- die förderbedürftigen Schüler zeitlich nicht durch zusätzliche Unterrichtsstunden belastet werden.

3.2 *Besondere Fördermaßnahmen*

Besondere Fördermaßnahmen sollen für Schüler vorgesehen werden, die die Ziele des Lese- und/oder Rechtschreibunterrichts der Jahrgangsstufe 2 noch nicht erreicht haben, sowie für Schüler der Jahrgangsstufen 3 und 4, deren Leistungen im Lesen und/oder Rechtschreiben über einen Zeitraum von mindestens drei Monaten hinweg schlechter als ausreichend bewertet werden. Zur Objektivierung der Leistungsbewertung sind gegebenenfalls auch informelle und standardisierte Tests heranzuziehen.

Besondere Fördermaßnahmen können in klasseninternen, klassenübergreifenden und in Ausnahmefällen in jahrgangsstufenübergreifenden und schulübergreifenden Gruppen durchgeführt werden. Das ist im Rahmen von Verfügungsstunden oder in zusätzlichen Fördergruppen möglich.

Fördergruppen sollten nach Möglichkeit aus Schülern der gleichen Jahrgangsstufe gebildet werden. Sie sollen in der Regel vier bis acht Schüler umfassen.

Die Zahl der Förderstunden sollte je nach Bedarf zwei bis fünf Wochenstunden betragen. Sie können sowohl parallel zum entsprechenden Regelunterricht der Klasse als auch zusätzlich erteilt werden. Die zusätzliche Belastung des einzelnen Schülers sollte zwei Wochenstunden nicht überschreiten.

Die Zusammenarbeit zwischen Klassenlehrer/Klassenleiter, Fachlehrer für Deutsch und dem Lehrer der Fördergruppe ist eine wichtige Voraussetzung für eine erfolgreiche Hilfe.

Besondere Fördermaßnahmen sind zusätzliches Lese- und Rechtschreibtraining:

- Das Lesetraining dient in Verbindung mit Maßnahmen zur allgemeinen Sprachförderung vor allem dazu, Lesehemmungen abzubauen, die Lesefertigkeit zu steigern und die Schüler zum sinnentnehmenden Lesen zu befähigen. Motivierendes Lesematerial soll zur selbstständigen Beschäftigung mit Büchern anregen.
- Das Rechtschreibtraining soll dem Schüler helfen, seine Lücken in der Rechtschreibung zu schließen. Rechtschreibtraining ist umso erfolgreicher, je systematischer es aufgebaut ist.
  Es umfasst unter anderem auch Besonderheiten der rechtschreibbezogenen Übungen, z.B. Training der Merkfähigkeit, Einüben von Regeln,

Wortsammlungen unter Sach- und Rechtschreibgesichtspunkten, Übungen im Benutzen von Wörterbüchern, Ableitung der Rechtschreibung aus der Wortgeschichte und Sammeln von Wortfamilien.

Für Schüler, deren besondere Schwierigkeiten im Lesen und/oder Rechtschreiben bis zum Ende der Grundschule nicht behoben werden konnten, sind in den Jahrgangsstufen 5 und 6 die Maßnahmen der Binnendifferenzierung fortzuführen.

Soweit binnendifferenzierende Maßnahmen, insbesondere bei großen Schwierigkeiten im Rechtschreiben, nicht ausreichen, können entsprechende besondere Fördermaßnahmen fortgesetzt werden.

Es ist davon auszugehen, dass durch die Förderung in den Jahrgangsstufen 1 bis 6 Schwierigkeiten im Lesen und Rechtschreiben im Wesentlichen behoben sind. Soweit bei einzelnen Schülern besondere Schwierigkeiten im Rechtschreiben auch noch nach Jahrgangsstufe 6 vorhanden sind, soll die Schule weiterhin versuchen, diese durch geeignete Maßnahmen zu beheben.

4. Leistungsfeststellung und -bewertung

Auch Schüler mit besonderen Schwierigkeiten im Lesen und Rechtschreiben unterliegen grundsätzlich den für alle Schüler geltenden Maßstäben der Leistungsbewertung.

4.1 Bei Schülern, für die besondere Fördermaßnahmen vorzusehen sind, gilt – allenfalls bis zur Jahrgangsstufe 6 – zusätzlich Folgendes:

4.1.1 Der Lehrer soll nach seinem pädagogischen Ermessen die Leistungserhebung dem aktuellen Leistungsstand des einzelnen Schülers anpassen.

Zur Feststellung des Lernfortschritts sind mündliche und schriftliche Übungen, Klassenarbeiten und informelle Verfahren heranzuziehen sowie Beobachtungen zu nutzen, wie sich der Schüler beim Lesen und Schreiben verhält und ob und wie er Hilfsmittel (z.B. Wörterbuch, Wörterliste) u.a. Hilfen (z.B. Partner- und Gruppengespräche) nutzt.

4.1.2 Die Bewertung der Leistungen im Lesen und Rechtschreiben geschieht unter pädagogischen Gesichtspunkten. Das kann z.B. bedeuten:

- die Leistung wird nur verbal und ohne Bezug zum herkömmlichen Notensystem beurteilt;
- die Leistung wird durch Noten und zusätzlich durch eine verbale Aussage beurteilt.

4.1.3 Diese Prinzipien gelten grundsätzlich auch für die Halbjahres- und Jahreszeugnisse. Sollten Lesen und Rechtschreiben nicht gesondert ausgewiesen werden, sind sie bei der Festsetzung der Deutschnote zurückhaltend zu gewichten.

4.2 Besondere Schwierigkeiten im Rechtschreiben allein dürfen kein Grund sein, bei sonst angemessener Gesamtleistung einen Schüler vom Übergang an eine weiterführende Schule auszuschließen.

4.3 Abgangs- und Abschlusszeugnisse werden nach den für alle Schüler geltenden Bestimmungen erteilt.

5. Zusammenarbeit mit den Erziehungsberechtigten

Die Erziehungsberechtigten von Schülern mit besonderen Schwierigkeiten im Lesen und Rechtschreiben sollen über Erscheinungsformen und Ursachen der Schwierigkeiten und die Möglichkeit, sie zu überwinden, informiert werden. Ihnen sind Hinweise auf die jeweils angewandte Lese- und Rechtschreibmethode, auf die besonderen Lehr- und Lernmittel, auf häusliche Übungsmöglichkeiten, geeignete Fördermaterialien, Motivationshilfen und Leistungsanforderungen zu geben. Die Erziehungsberechtigten sind über schulische Fördermaßnahmen und deren Verlauf frühzeitig zu unterrichten. Im Einzelfall sollten Hinweise für eine psychologische Untersuchung gegeben werden. (…)

Auszug aus der Internationalen Klassifikation psychischer Störungen (ICD-10) der Weltgesundheitsorganisation

F81.0 Lese- und Rechtschreibstörung

Das Hauptmerkmal dieser Störung ist eine umschriebene und eindeutige Beeinträchtigung in der Entwicklung der Lesefertigkeiten, die nicht allein durch das Entwicklungsalter, durch Visus-Probleme oder unangemessene Beschulung erklärbar ist. Das Leseverständnis, die Fähigkeit, gelesene Worte wieder zu erkennen, vorzulesen und die Leistungen bei Aufgaben, für welche Lesefähigkeit benötigt wird, können sämtlich betroffen sein. Mit Lesestörungen gehen häufig Rechtschreibstörungen einher. Diese persistieren oft bis in die Adoleszenz, auch wenn im Lesen einige Fortschritte gemacht wurden. Kinder mit einer umschriebenen Lese- und Rechtschreibstörung haben in der Vorgeschichte häufig eine umschriebene Entwicklungsstörung des Sprechens und der Sprache. Eine sorgfältige Beurteilung der Sprachfunktionen deckt oft entsprechende subtile gegenwärtige Probleme auf. Zusätzlich zum schulischen Misserfolg sind mangelhafte Teilnahme am Unterricht und soziale Anpassungsprobleme häufige Komplikationen, besonders in den späteren Hauptschul- und den Sekundarschuljahren. Die Störung wird in allen bekannte Sprachen gefunden, jedoch herrscht Unsicherheit darüber, ob ihre Häufigkeit durch die Art der Sprache und die Art der geschriebenen Schrift beeinflusst wird.

Diagnostische Leitlinien:

Die Leseleistungen des Kindes müssen unter dem Niveau liegen, das aufgrund des Alters, der allgemeinen Intelligenz und der Beschulung zu erwarten ist. Dies wird am besten auf der Grundlage eines individuell angewendeten standardisierten Testverfahrens zur Prüfung des Lesens, der Lesegenauigkeit und des Leseverständnisses beurteilt. Die spezielle Art des Leseproblems hängt ab vom erwarteten Niveau der Leseleistungen, von der Sprache und vom Schrifttyp. In den frühen Stadien des Erlernens einer alphabetischen Schrift kann es Schwierigkeiten geben, das Alphabet aufzusagen, die Buchstaben korrekt zu benennen, einfache Wortreime zu bilden und bei der Analyse oder der Kategorisierung von Lauten (trotz normaler Hörschärfe). Später können dann Fehler beim Vorlesen auftreten, die sich zeigen als

1. Auslassen, Ersetzen, Verdrehungen oder Hinzufügen von Worten oder Wortteilen.
2. Niedrige Lesegeschwindigkeit.
3. Startschwierigkeiten beim Vorlesen, langes Zögern oder Verlieren der Zeile im Text und ungenaues Phrasieren.
4. Vertauschung von Wörtern im Satz oder von Buchstaben in den Wörtern.

Ebenso zeigen sich Defizite im Leseverständnis z.B. in:
5. Einer Unfähigkeit, Gelesenes wiederzugeben.
6. Einer Unfähigkeit, aus Gelesenem Schlüsse zu ziehen oder Zusammenhänge zu sehen.
7. Im Gebrauch allgemeinen Wissens als Hintergrundinformation anstelle von Information aus einer Geschichte beim Beantworten von Fragen über die gelesene Geschichte.

In der späteren Kindheit und im Erwachsenenalter sind die Rechtschreibprobleme meist größer als Defizite in der Lesefähigkeit. Charakteristischerweise zeigen die Rechtschreibschwierigkeiten Fehler in der phonetischen Genauigkeit, und es scheint, dass Lese- wie Rechtschreibstörungen sich zum Teil von einer Störung in der phonologischen Analyse herleiten. Über die Natur und Häufigkeit von Rechtschreibfehlern bei Kindern, die eine nicht-phonetische Sprache lesen, und über die Fehlertypen bei nichtalphabetischen Schriften ist wenig bekannt.

Umschriebenen Entwicklungsstörungen des Lesens geht meist eine Vorgeschichte von Entwicklungsstörungen des Sprechens oder der Sprache voraus. In anderen Fällen kann das Kind die Sprachentwicklung im normalen Alter durchlaufen haben, jedoch noch Schwierigkeiten bei der Informationsverarbeitung akustischer Reize haben, die sich in Problemen der Klangkategorisierung, beim Reimen und möglicherweise in Defiziten der Sprach-Laut-Unterscheidung, beim Behalten akustischer Sequenzen und der akustischen Assoziation zeigen. In einigen Fällen können darüber hinaus Probleme bei der visuellen Informationsverarbeitung bestehen (der Buchstabenunterscheidung) und bei der akustischen Differenzierung; jedoch sind diese Probleme bei Kindern, die gerade damit beginnen, lesen zu lernen, häufig und aus diesem Grunde wahrscheinlich nicht ursächlich mit der mangelnden Lesefähigkeit verknüpft. Aufmerksamkeitsschwierigkeiten, oft begleitet von Überaktivität und Impulsivität, sind ebenfalls häufig. Das genaue Muster von Schwierigkeiten in der Entwicklung im Vorschulalter variiert stark von Kind zu Kind, ebenso ihr Schweregrad; dennoch sind solche Probleme meist vorhanden.

Begleitende emotionale und Verhaltensstörungen sind ebenfalls während des Schulalters vorhanden. Emotionale Probleme kommen häufiger während der frühen Schulzeit vor, Störungen des Sozialverhaltens und Hyperaktivitätssyndrome treten eher in der späteren Kindheit und in der Adoleszenz auf. Ein niedriges Selbstwertgefühl ist häufig, ebenso wie Anpassungsprobleme in der Schule und in der Beziehung zu Gleichaltrigen.

F81.2 Rechenstörung

Diese Störung beinhaltet eine umschriebene Beeinträchtigung von Rechenfertigkeiten, die nicht allein durch eine allgemeine Intelligenzminderung oder eine eindeutig unangemessene Beschulung erklärbar ist. Das Defizit betrifft die Beherrschung grundlegender Rechenfertigkeiten wie Addition, Subtraktion, Multiplikation und Division, weniger die höheren mathematischen Fertigkeiten, die für Algebra, Trigonometrie, Geometrie und Differential- sowie Integralrechnung benötigt werden.

Diagnostische Leitlinien:

Die Rechenleistung des Kindes muss eindeutig unterhalb des Niveaus liegen, welches aufgrund des Alters, der allgemeinen Intelligenz und der Schulklasse zu erwarten ist. Dies wird am besten auf der Grundlage eines standardisierten Einzeltests für Rechenfähigkeit beurteilt. Die Lese- und Rechtschreibfähigkeiten des Kindes müssen im Normbereich liegen, nach Möglichkeit beurteilt auf der Grundlage einzeln angewendeter, angemessener standardisierter Testverfahren. Die Rechenschwierigkeiten dürfen nicht wesentlich auf unangemessene Unterrichtung oder direkt auf Defizite im Sehen, Hören oder auf neurologische Störungen zurückzuführen sein. Ebenso dürfen sie nicht als Folge irgendeiner neurologischen, psychiatrischen oder anderen Krankheit erworben worden sein.

Rechenstörungen wurden weniger untersucht als Lesestörungen, und die Kenntnis über Vorläufer, Verlauf, Korrelate und Prognose ist relativ begrenzt. Dennoch scheinen bei Kindern mit diesen Störungen die akustische Wahrnehmung und die verbalen Fähigkeiten eher im Normbereich zu liegen, während die visuellräumliche und Fähigkeiten der optischen Wahrnehmung eher beeinträchtigt sind, anders als bei vielen Kindern mit Lesestörungen. Einige Kinder haben zusätzlich soziale und emotionale Verhaltensprobleme, jedoch ist über deren Charakteristika oder Häufigkeit wenig bekannt. Man glaubt, dass Schwierigkeiten in der sozialen Interaktion besonders häufig auftreten.

Die Rechenschwierigkeiten, die auftreten, sind verschiedenartig. Es kommen vor: ein Unvermögen, die bestimmten Rechenoperationen zugrunde liegenden Konzepte zu verstehen; ein Mangel im Verständnis mathematischer Ausdrücke oder Zeichen; ein Nichtwiedererkennen nummerischer Symbole; eine Schwierigkeit, unsere Standardrechenschritte auszuführen; eine Schwierigkeit im Verständnis, welche Zahlen für das in Betracht kommende arithmetische Problem relevant sind; Schwierigkeiten, Zahlen in die richtige Reihenfolge zu bringen oder Dezimalstellen oder Symbole während des Rechenvorgangs einzusetzen; mangelnder räumlicher Aufbau von Berechnungen; und eine Unfähigkeit, das Einmaleins befriedigend zu lernen.

Liste sehr häufig vorkommender Wörter der deutschen Sprache und Hinweise zum Üben mit Wortkarten

Kinder, die nur langsam Lesen und Schreiben lernen, benötigen Hilfen, um rascher vom Aneinanderreihen einzelner Laute zum Verständnis – und damit zur Freude am Lesen – zu gelangen. Sind die Schriftzeichen und der Zusammenhang zwischen den Lauten und den entsprechenden Buchstaben bekannt, helfen oft Übungen mit sehr häufig vorkommenden Wörtern. Früher wurde dies mit seitenlangen Schönschreibübungen oder per Leselernmethode trainiert. Das war meist sehr frustrierend. Die folgenden Übungen sollen dem Kind helfen, nicht jedes Wort über den Klang der Sprache neu entdecken und in Buchstabenfolgen umsetzen zu müssen. Hierzu gehören natürlich die Wörter aus dem Leselernmaterial. Dazu kommen aber viele »kleine Wörter«, die von den Kindern oft gar nicht als solche wahrgenommen werden, die aber das Verständnis eines Textes beeinflussen.

Wie stellt man die Wortkarten her?

Weiße Kartonstreifen, ca. 40–50 cm lang und 8–10 cm breit, eignen sich gut, die in großer Druckschrift (Gemischtantiqua) mit einem breiten Filzstift beschriftet werden. Man sollte darauf achten, dass die Buchstaben gut lesbar sind – das a wie in der Fibel *a*. Die Schrägstriche in einigen Wörtern der Liste werden nicht auf die Karten übertragen. Sie sollen mögliche Knickstellen andeuten. So erlebt das Kind, wie sich Wörter verändern, bzw. welche immer wiederkehrenden Teile enthalten sind.

Wie kann man mit den Wortkarten spielerisch üben?

Das Kind versucht aus ca. 1–2 m Entfernung die jeweils gezeigte Wortkarte laut zu erlesen. Das Ergebnis wird von einem Luftsprung begleitet. Im Anschluss wird das Wort durch Auf- oder Umknicken verändert. Jedes erlesene Wort wird wieder spielerisch durch einen Sprung bekräftigt. Das Wortangebot und die Übungsdauer sollten dem Entwicklungsstand des Kindes angepasst sein und die ganze Übung nicht länger als 5 Minuten dauern.

Häufigkeitswörter der deutschen Sprache

ich, du, er, es, in, am, an, d/er, den, da/s, die/s/er, des, dem, die, sie, nie, hier, für, aber, bei, wie, wie/der, H/und, o/der, gegen, ja, habe/n, ein, s/ein/e/n, hin/ein, k/ein/e/r, zu/m, zu/r, unter, b/is/t, von, vor, vom, s/ich/er, m/ich, mit, nur, nun, uns, B/ohne, f/all/e/n, soll/en, über, schön/e/r, n/ich/t, d/ich/t/e/r, hier, ihr/e/n, ihm, ihn/en, noch, B/auch, 1/auf/e/n, als, N/ach/t, durch, L/ist/e, im/mer, r/aus, durch, einzeln/en, ganz, schon, welche/r, wir/d- dir – mir, wenn, denn, dann, M/aus, H/aus, r/aus, s/ein, k/ein, d/ein, m/ein, f/ein, wo, so, man ist, er kann, ich war, wir w/er/den, sie wird, bei uns, er hat, wir haben, sie s/in/d, er muss, wir müssen.

Quellen: Valtin, R. (Hrsg.): Rechtschreiben lernen in den Klassen 1–6. Frankfurt 2000, S. 77 Meier, H.: Deutsche Sprachstatistik, Hildesheim 1964

Weiterführende Leseempfehlungen

Empfehlenswerte Bücher, zum Teil in Romanform (R)

- ANDRESEN, U.: So dumm sind sie nicht. Von der Würde der Kinder in der Schule. Beltz, Weinheim, 9. Aufl., 1998
- BETTELHEIM, B.: Ein Leben für Kinder. Erziehung in unserer Zeit. Deutsche Verlags-Anstalt, Stuttgart, 3. Aufl., 1991 (vergriffen)
- BETTELHEIM; B.: Zeiten mit Kindern. Herder, Freiburg, 2. Aufl., 1994
- BORNHAUPT, B. v./HURRELMANN, K.: Kinder im Streß?! Ein Ratgeber für die Lebensprobleme der 6- bis 16jährigen. Beltz, Weinheim (vergriffen)
- BRÜGGEBORS, G.: So spricht mein Kind richtig. rororo, Reinbek 1987
- FRIEDRICHS, S./FRIEBEL, V. (Hrsg.): Ruhig und entspannt. rororo, Reinbek 1998
- GRÜTTNER, T.: Helfen bei Legasthenie. Text-o-phon, Wiesbaden
- KOHLER, B.: Hausaufgaben. Helfen – aber wie? Beltz, Weinheim, 5. Aufl., 1998
- MacCRACKEN, M.: Charlie, Eric und das ABC des Herzens. Fischer TB, Frankfurt/M. (vergriffen)
- NAEGELE, I.M./HAARMANN, D. (Hrsg.): Schulanfang heute. Beltz, Weinheim, 3. Aufl., 1999
- NADOLNY, S.: Die Entdeckung der Langsamkeit. Piper, München 1987 (R)
- PENNAC, D.: Wie ein Roman. Kiepenheuer & Witsch, Köln 1994 (R)
- PETERMANN, U.: Entspannungstechniken für Kinder. Beltz, Weinheim 1999
- PREUSCHOFF, G.: Von 6 bis 9. Alltag mit Schulkindern. Papyrossa, Köln, 5. Aufl., 1996
- VOSS, R./WIRTZ, R.: Keine Pillen für den Zappelphilipp. Alternativen im Umgang mit unruhigen Kindern. rororo, Reinbek 2000, Neubearbeitung

Literaturverzeichnis

AMFT, H./GERSPACH, M./MATTNER, D.: Kinder mit gestörter Aufmerksamkeit. Kohlhammer, Stuttgart 2002

ARMSTRONG, T.: The Myth of the ADD Child. Plume Book, New York 1997

BARTNITZKY, H.: Rechtschreibkonzepte in aktuellen Lehrplänen. In: Valtin, R. (Hrsg.): Rechtschreiben lernen in den Klassen 1–6. Grundschulverband, Frankfurt 2000

BETTELHEIM, B.: Ein Leben für Kinder. Erziehung in unserer Zeit. Deutsche Verlags-Anstalt, Stuttgart 1991

BETTELHEIM, B.: Zeiten mit Kindern. Herder Spektrum, Freiburg 1994

BETTELHEIM, B./ZELAN, K.: Kinder brauchen Bücher. Deutsche Verlags-Anstalt, Stuttgart 1977

BOSCH, B.: Grundlagen des Erstleseunterrichts. Reprint der 1. Auflage. Arbeitskreis Grundschule, Frankfurt 1984

DÖPFNER, M./SCHÜRMANN, St./FRÖLICH, J.: Therapieprogramm für Kinder mit hyperkinetischem und oppositionellem Problemverhalten. Beltz Psychologie Verlags Union, Weinheim, 2. korr. Aufl., 1999

HEIDTMANN, H.: Kriterien zur Beurteilung von Hörspiel- und Literaturkassetten für Kinder und Jugendliche. In: Materialien Jugendliteratur und Medien. Heft 19. VJA 1988

HUSTON, A.M.: Understanding Dyslexia. A Practical Approach for Parents and Teachers. Madison Books, Lanham, New York 1987

INGENKAMP, K.H.: Die Fragwürdigkeit der Zensurengebung. Beltz, Weinheim, 9. Aufl., 1995

INTERNATIONALE KLASSIFIKATION PSYCHISCHER STÖRUNGEN (ICD-10). 2. korr. Aufl., Huber, Bern 1993

JACOBSON, E.: Entspannung als Therapie. Progressive Relaxation in Theorie und Praxis. Pfeiffer/Klett-Cotta, 4. verb. Auflage, 1999

KÄSTNER, E.: Kästner für Erwachsene. Ausgewählte Schriften Band 4: Als ich ein kleiner Junge war. Atrium Verlag, Zürich 1966

KALLBACH, K. (Hrsg.): Hören – Lesen – Hören. Kassetten für Kinder. Mensch & Leben, Bad-Homburg (Periodikum)
KLAGES, S.: Mein Freund Emil. Beltz & Gelberg, Weinheim 1990
KLESSMANN, E.: Christiane. Goethes Geliebte und Gefährtin. Artemis & Winkler, Zürich, 2. Aufl., 1993
LINDER, M.: Über Legasthenie. In: Zeitschrift für Kinderpsychologie 18/1951, H. 4
LÖFFLER, I. u.a.: Das LautAnalytische RechtschreibSystem (LARS). In: Naegele/Valtin (Hrsg.): LRS in den Klassen 1–10. Band 2. Beltz, Weinheim 2000
LORENZ, J.H./RADATZ, H.: Handbuch des Förderns im Mathematikunterricht. Schroedel, Hannover 1993
MacCRACKEN, M.: Charlie, Eric und das ABC des Herzens. Fischer Verlag, Frankfurt/M. 1990
MEYER-SCHEPERS, U.: Linguistik und Problematik des Schriftspracherwerbs. Lang, Frankfurt 1992
MÜLLER-WOLF, H.M.: Persönlichkeitsmerkmale von Legasthenikern. In: Angermaier, M. (Hrsg.): Legasthenie. Fischer, Frankfurt 1976
MÜNDER, J. u.a.: Frankfurter Lehr- und Praxis-Kommentar zum KJHG/SGB VIII mit §§ 78a ff. Votum, Münster 1998, 3. völlig überarb. Aufl., Stand 1.1.1999
NAEGELE, I.M.: Lese-Rechtschreib-Schwierigkeiten. Ein Elternhandbuch. Beltz, Weinheim 1995
NAEGELE, I.M./HAARMANN, D.: Darf ich mitspielen? Beltz, Weinheim, 4. Aufl., 1993
X NAEGELE, I.M./PORTMANN, R. (Hrsg.): Lese- und Rechtschreib-Schwierigkeiten in der Sekundarstufe I. Beltz, Weinheim 1989
NAEGELE; I.M/HAARMANN, D. (Hrsg.): Schulanfang heute. Beltz, Weinheim, 3. Aufl., 2001
NAEGELE, I.M./VALTIN, R. (Hrsg.): LRS – Legasthenie – in den Klassen 1–10. Band 1 und Band 2, Beltz, Weinheim 2002 und 2001
NIEDERSTEBERG, I.: Aufbau eines Grundwortschatzes Klasse 1 und 2. CVK, Bielefeld 1983
ODENBACH, K.: Die Übung im Unterricht. Westermann, Braunschweig, 7. Aufl., 1981
OTT, E.: Der Lese-Freund. Lentz Aktivbuch. München 1989
PAUL, D.: Das Linkshänderbuch. Knaur, München 1994
RANSCHBURG, P.: Die Lese- und Schreibstörungen des Kindesalters. Halle 1928

RAUCH, E./KRULETZ, P.: Heilkräuterkuren. Aus dem Schatz der Naturmedizin. Haug, Heidelberg, 2. Aufl., 1994
ROCKEFELLER, N.: Don't Accept Anyone's Verdict That You Are Lazy, Stupid or Retarded. TV Guide (16.10.1978)
RÖHRIG, R.: Mathematik mangelhaft. rororo, Reinbek 1996
RUSS, H.J.: Legasthenie und Hochbegabung. Schelzky & Jeep, Berlin 1992
SCHARER, P.: Entspannung in der Schule. In: Friedrich, S./Friebel,V. (Hrsg.): Ruhig und entspannt. rororo, Reinbek 1998
SCHRÄDER-NAEF, R.: Schüler lernen Lernen. Beltz Verlag, Weinheim, 6. überarb. Aufl., 1996
SCHWEISTHAL, G.: OIROPA. In: Huber/Kegel/Speck-Hamdan (Hrsg.): Einblick in den Schriftspracherwerb. Westermann, Braunschweig 1998
SPRINGER, K.: Ich seh dich. Lesebuch für einen individuellen, entwicklungsfördernden und heilsamen Unterricht. Veritas, Linz (Österreich) 1990
VALTIN, R./NAEGELE, I.M. (Hrsg.): Schreiben ist wichtig. Arbeitskreis Grundschule, Frankfurt/M., 3. Aufl., 1993
VALTIN, R.: Erstunterricht mit Großbuchstaben. In: Grundschule, Braunschweig H. 7 und 8, 1990
VALTIN, R. (Hrsg.): Rechtschreiben lernen in den Klassen 1–6. Grundlagen und didaktische Hilfen. Grundschulverband, Frankfurt 2000
VESTER, F.: Denken, Lernen, Vergessen. dtv, München, 23., neu überarb. Aufl., 1996
VOSS, R. (Hrsg.): Verhaltensauffällige Kinder in Schule und Familie. Neue Lösungen oder alte Rezepte? Luchterhand, Neuwied 2000
WALKER, S.: The Hyperactivity Hoax. St. Martin's Paperback, New York 1998
WEINERT, F.E.: Lernübertragung. In: Weinert u.a.: Funk-Kolleg Pädagogische Psychologie 1 und 2, Fischer, Frankfurt/M. 1974
WELTGESUNDHEITSORGANISATION: Internationale Klassifikation psychischer Störungen: ICD-10, Kapitel VCF; klinisch-diagnostische Leitlinien. Huber, Bern, 2. korr. Aufl., 1993
ZANGERLE, H.: Angebote des Psycho-Marktes. Kritische Sichtung und Wertung. In: Naegele/Valtin (Hrsg.): LRS in den Klassen 1–10. Band 2. Beltz, Weinheim 2001

✉ Nützliche Anschriften

In den entsprechenden Kapiteln wurden bereits eine Reihe von hilfreichen Anschriften gegeben. Hier einige zusätzliche, die Ihnen vielleicht weiterhelfen können:

✉ ABC-Netzwerk gegen Lehrversagen. Franz-Rücker-Allee 58, 60487 Frankfurt, www.abc-netzwerk.de

✉ Arbeitskreis für Jugendliteratur e.V., Metzstr. 14, 81667 München, Tel. 089/4580806, E-Mail: A.K.J.@t-online.de

✉ Arbeitskreis Grundschule e.V., Schloßstr. 29, 60486 Frankfurt/M., Tel. 069/776006

✉ BDP, Berufsverband Deutscher Psychologen e.V., Heilsbachstr. 22, 53123 Bonn 1, Tel. 0228/641054

✉ BDDP, Berufsverband Deutscher Diplom-PädagoInnen e.V., Bundesgeschäftsstelle, Richard-Wagner-Str. 11–13, 28209 Bremen, Tel. 0421/349224

✉ Bundeskonferenz für Erziehungsberatung e.V., Amalienstr. 6, 90763 Fürth, Tel. 0911/977140

✉ Bundesvereinigung Stotterer-Selbsthilfe e.V., Gereonswall 112, 50670 Köln, Tel. 0221/1391106, www.byss.de

✉ Fachverband für Integrative Lerntherapie e.V., Geschäftsstelle, Obere Str. 45, 72119 Ammerbuch 1, Tel. 07073/1659

✉ Interessenvertretung für Linkshänder-ONRSI, Sendlinger Str. 17, 80331 München, Tel. 089/268614

✉ »Nummer gegen Kummer«: Sorgentelefon des Deutschen Kinderschutzbundes. Bundeseinheitliche Telefonnummer 0800/1110333

✉ Schulpsychologische Dienste im örtlichen Telefonbuch, z.T. unter Schulen/Schulamt

✉ Verzeichnis der Kinder- und Jugendtelefone/Sorgentelefone des Deutschen Kinderschutzbundes und anderer Träger ist erhältlich bei BAG (Bundesarbeitsgemeinschaft Kinder- und Jugendtelefon), Kleiner Werth 34, 42275 Wuppertal 1, Tel. 0202/2590590

✉ Anschriften der Kultusministerien

✉ **Überregional**
Ständige Konferenz der Kultusminister der Länder in der Bundesrepublik Deutschland, Lennéstr. 6, 53113 Bonn, Tel. 0228/501-0

✉ **Baden-Württemberg**
Ministerium für Kultus, Jugend und Sport Baden-Württemberg, Schloßplatz 4, 70173 Stuttgart, Tel. 0711/279-0

✉ **Bayern**
Bayerisches Staatsministerium für Unterricht und Kultus, Salvatorstr. 2, 80333 München, Tel. 089/2186-0

✉ **Berlin**
Senatsverwaltung für Schule, Jugend und Sport. Beuthstr. 6–8, 10117 Berlin, Tel. 030/9026-7

✉ **Brandenburg**
Ministerium für Bildung, Jugend und Sport des Landes Brandenburg, Steinstr. 104–106, 14480 Potsdam, Tel. 0331/866-0

✉ **Bremen**
Senator für Bildung und Wissenschaft, Rembertiring 8–12, 28195 Bremen, Tel. 0421/361-0

✉ **Hamburg**
Behörde für Schule, Jugend und Berufsbildung, Hamburger Str. 31, 22083 Hamburg, Tel. 040/42863-1

✉ **Hessen**
Hessisches Kultusministerium, Luisenplatz 10, 65185 Wiesbaden, Tel. 0611/368-0

✉ **Mecklenburg-Vorpommern**
Ministerium für Bildung, Wissenschaft und Kultur. Mecklenburg-Vorpommern, Werderstr. 124, 19055 Schwerin, Tel. 0385/588-0

Niedersachsen
Niedersächsisches Kultusministerium, Schiffgraben 12, 30159 Hannover, Tel. 0511/120-0

Nordrhein-Westfalen
Ministerium für Schule und Weiterbildung, Wissenschaft und Forschung des Landes Nordrhein-Westfalen, Bereich Schule, Völklinger Str. 49, 40221 Düsseldorf, Tel. 0211/896-03

Rheinland-Pfalz
Ministerium für Bildung, Wissenschaft und Weiterbildung des Landes Rheinland-Pfalz, Mittlere Bleiche 61, 55116 Mainz, Tel. 06131/16-0

Saarland
Ministerium für Bildung, Kultur und Wissenschaft, Hohenzollernstr. 60, 66117 Saarbrücken, Tel. 0681/503-1

Sachsen
Sächsisches Staatsministerium für Kultus, Carolaplatz 1, 01097 Dresden, Tel. 0351/564-0

Sachsen-Anhalt
Kultusministerium des Landes Sachsen-Anhalt, Turmschanzenstr. 32, 39114 Magdeburg, Tel. 0391/567-01

Schleswig-Holstein
Ministerium für Bildung, Wissenschaft, Forschung und Kultur – Bereich Bildung –, Brunswiker Str. 16–22, 24105 Kiel, Tel. 0431/988-0

Thüringen
Thüringisches Kultusministerium, Werner-Seelenbinder-Str. 1, 99096 Erfurt, Tel. 0361/379-00

Bildquellen

Fotos: Ingrid M. Naegele, Heike Urban, Klaus R. Zimmermann;
S. 202: Hoglie

Register

Die AutorInnen

Prof. Dr. Dieter Haarmann, em. Professor, Fachbereich Erziehungswissenschaften der Johann-Wolfgang-Goethe-Universität in Frankfurt/Main. Buchenbuschweg 11, 61839 Schmitten.

Dr. Ilona Löffler, Leiterin des Kinderzentrums für Entwicklungs- und Lerntherapie, Ostwall 18, 44135 Dortmund

Dr. Ursula Meyer-Schepers, Leiterin des Kinderzentrums für Entwicklungs- und Lerntherapie, Ostwall 18, 44135 Dortmund

Dipl.-Päd. Ingrid M. Naegele, Leiterin der pädagogisch-psychologischen Praxis: Institut für Lernförderung, Franz-Rücker-Allee 58, 60487 Frankfurt. www.LRS-Schulprobleme.de

Prof. Dr. Renate Valtin, Humboldt-Universität Berlin, Philosophische Fakultät IV, Institut für Schulpädagogik und Pädagogische Psychologie, Unter den Linden 6, 10099 Berlin

Dipl.-Math. Klaus R. Zimmermann, Leiter der pädagogisch-psychologischen Praxis: Institut für Lernförderung, Franz-Rücker-Allee 58, 60487 Frankfurt